Début d'une série de documents
en couleur

MÉMOIRES ET TRAVAUX

PUBLIÉS PAR DES PROFESSEURS

DES FACULTÉS CATHOLIQUES DE LILLE

Fascicule III

ESSAI CRITIQUE

SUR LE

RÉALISME THOMISTE

COMPARÉ A L'IDÉALISME KANTIEN

PAR

l'Abbé H. DEHOVE

MAITRE DE CONFÉRENCES A LA FACULTÉ CATHOLIQUE DES LETTRES

DOCTEUR ÈS LETTRES

LILLE

FACULTÉS CATHOLIQUES
60, Boulevard Vauban, 60

Librairie B. BERGÈS
RENÉ GIARD, Successeur
2, rue Royale, 2

1907

MÉMOIRES ET TRAVAUX
DES FACULTÉS CATHOLIQUES DE LILLE

Fasc. I. — E. Lesne: **La hiérarchie épiscopale**, *provinces, métropolitains, primats en Gaule et Germanie* depuis la réforme de saint Boniface jusqu'à la mort d'Hincmar (742-882) xv-350 p. — 1905. . . . . 6 »

Fasc. II. — Albert Delplanque: **Saint François de Sales** *humaniste et écrivain latin*, xii-176 p. — 1907. 3 50

Fasc. III. — H. Dehove: **Essai critique sur le Réalisme thomiste** *comparé à l'Idéalisme kantien*, xi-235 p. — 1907 . . . . 6 »

IMPRIMERIE LEFEBVRE-DUCROCQ, LILLE

Fin d'une série de documents en couleur

ESSAI CRITIQUE

SUR LE

RÉALISME THOMISTE

COMPARÉ A L'IDÉALISME KANTIEN

MÉMOIRES ET TRAVAUX

PUBLIÉS PAR DES PROFESSEURS

DES FACULTÉS CATHOLIQUES DE LILLE

Fascicule **III**

ESSAI CRITIQUE

SUR LE

RÉALISME THOMISTE

COMPARÉ A L'IDÉALISME KANTIEN

PAR

l'Abbé H. DEHOVE

MAITRE DE CONFÉRENCES A LA FACULTÉ CATHOLIQUE DES LETTRES

DOCTEUR ÈS LETTRES

LILLE

FACULTÉS CATHOLIQUES
60, Boulevard Vauban, 60

Librairie B. BERGÈS
RENÉ GIARD, Successeur
2, rue Royale, 2

1907

A LA MÉMOIRE

DE

M. Am. DE MARGERIE

TABLE GÉNÉRALE

	Pages
AVANT-PROPOS	I
INDEX BIBLIOGRAPHIQUE	IX

Chapitre préliminaire. — Objet, méthode et division du présent travail 1

PREMIÈRE PARTIE
EXPOSÉ DU RÉALISME THOMISTE

Chapitre I. — Vue d'ensemble de la doctrine thomiste 25

Chapitre II. — La nature de l'opération intellectuelle. — 1. Notion plus approfondie de l'abstraction. — Son fond intuitif 44

Chapitre III. — La nature de l'opération intellectuelle. — 2. Limites de l'intuition et rôle du discours 72

Chapitre IV. — Les principes de l'opération intellectuelle. — Intellect agent et intellect possible 92

Chapitre V. — Les produits de l'opération intellectuelle. — Caractère analogique de notre connaissance du suprasensible 117

DEUXIÈME PARTIE
LE RÉALISME THOMISTE AU POINT DE VUE CRITIQUE

Chapitre VI. — Le réalisme thomiste et l'idéalisme en général. 135

Chapitre VII. — Le réalisme thomiste et l'idéalisme kantien. — 1. Le problème de la science 147

Chapitre VIII. — Le réalisme thomiste et l'idéalisme kantien. — 2. Le problème de la croyance 190

CONCLUSION 219

TABLE ANALYTIQUE 229

ERRATA 235

AVANT-PROPOS

On sait quelle faveur ont retrouvée depuis un peu plus d'un demi-siècle les études thomistes. Ce n'est pas ici le lieu de rechercher les lointaines origines ni de retracer, même à grands traits, l'histoire de ce mouvement remarquable à plus d'un titre [1]. Aussi bien le présent travail n'a-t-il pas pour objet la philosophie de saint Thomas dans son ensemble, mais seulement la théorie de la connaissance intellectuelle, qui en est d'ailleurs une des parties maîtresses. C'est aussi l'une de celles qui ont attiré les premières et retenu le plus longuement l'attention des modernes disciples de saint Thomas. Rien qu'à ce point de vue particulier, la littérature du sujet est déjà

---

8. Cf. C. BESSE, *Deux centres du mouvement thomiste, Rome et Louvain*, Paris, 1902. — E. BUONAIUTI, *Il neo-tomismo*, etc., dans les *Studi religiosi* de Florence, 1904, p. 489 sq. — F. PICAVET, *Esquisse d'une histoire générale et comparée des philosophies médiévales*, ch. IX: La Restauration thomiste au XIXᵉ siècle. — A. PELZER, *Le mouvement thomiste*, dans la *Revue néo-scolastique*, 1904, p. 478 sq. et 1905, p. 250 sq. — M. SCHNEID, *Die neuere Litteratur des Thomismus*, dans le *Litterarischer Handweiser* (Münster), 1881, p. 266 sq., 322 sq., 390 sq., 450 sq. (très complet). — T. WEHOFER, *Die geistige Bewegung im Anschluss an die Thomasencyclica Leos XIII vom 4. August 1879*, Vienne, 1897. — O. WILLMANN, *Geschichte des Idealismus*, Braunschweig, 1896 (t. III, sect. XVIII, § 119 sq.) — M. DE WULF, *Le mouvement thomiste*, dans la *Revue néo-scolastique*, 1901, p. 76, 205 et 404 sq.

considérable. Il faut même renoncer, dans un exposé de l'état de la question, à mentionner en détail toutes les publications parues jusqu'ici, pour s'en tenir aux œuvres de première importance, à celles qui ont exercé par elles-mêmes une réelle influence et desquelles relèvent plus ou moins directement toutes les autres. Dans la mesure où une classification est possible en pareille matière, il semble que l'on soit fondé à les partager en trois groupes assez nettement caractérisés.

Ce sont en premier lieu les ouvrages à visées tout à fait générales, qui s'attachent à quelque grand problème de philosophie ou d'histoire de la philosophie et qui se réfèrent à la théorie thomiste de la connaissance intellectuelle comme à leur idée inspiratrice et directrice. Deux écrivains surtout doivent être cités à cet égard, et tout d'abord l'un des néo-thomistes de la veille, l'un des propres initiateurs même de la restauration scolastique au XIXᵉ siècle, l'allemand Kleutgen. Né en 1811, membre de la Compagnie de Jésus, auteur de remarquables travaux théologiques, il publia, de 1859 à 1863, la *Philosophie der Vorzeit*[1], qui, avec les ouvrages similaires de K. Werner[2] et de E. Plassmann[3] et la volumineuse histoire de la philosophie médiévale d'A. Stöckl[4], contribua puissamment, surtout

---

1. Exactement *Die Philosophie der Vorzeit vertheidigt*, 2 vol. Münster, 1859 et 1863, traduite en français sous le titre de *La philosophie scolastique exposée et défendue* par C. Sierp, Paris, 1868, 4 vol.
2. *Der heilige Thomas von Aquino* (IIᵉʳ Bd, Lehre), 1858.
3. *Die Schule des hl. Thomas von Aquino*, Soest, 1857-1862 (d'après Goudin).
4. *Geschichte der Philosophie der Mittelalters*, 3 vol. Mayence, 1864 à 1866.

en Allemagne, au réveil des idées thomistes. Estimant à bon droit que, si la théorie de la connaissance est presque toujours la clé d'un système, cette loi se vérifie en particulier du système de saint Thomas, Kleutgen commence par fixer avec soin les principes sur lesquels repose l'idéologie du docteur angélique [1]. C'est également à la lumière de cette doctrine que, tout près de nous, la *Critériologie générale* [2] de Mgr Mercier, fondateur et jusque dans ces derniers mois directeur de l'Institut supérieur de philosophie de Louvain, examine sous ses divers aspects le problème général de la certitude.

La seconde catégorie contiendrait les exposés d'ensemble, dans lesquels, quelque développement qu'elle reçoive, la théorie de saint Thomas ne figure qu'à la place qui lui revient dans le système. Ici encore, on peut dire que la liste est ouverte par un autre et fécond précurseur du néo-thomisme, G. Sanseverino, chanoine et professeur de métaphysique au lycée archiépiscopal de Naples, converti à la philosophie de l'École vers 1840 [3]. Il s'occupe de la doctrine thomiste sur l'intelligence dans le tome VI [4] de sa *Philosophia christiana cum antiqua et nova comparata*, œuvre considérable, riche en indications et références de diverses sortes, fruit d'un labeur opiniâtre de vingt années, publiée de 1862 à 1876, malheureusement inter-

---

1. Erste Abhandlung, *Von den intellectuellen Vorstellungen* (t. I, p. 25 sq.).
2. *Critériologie générale ou traité général de la certitude*, Paris-Louvain, 1899. — Sur l'influence de cet ouvrage, cf. *Revue néo-scolastique*, 1901, p. 79 sq. et 1904, p. 482.
3. Cf. C. Besse, *Deux centres du mouvement thomiste*, etc., p. 12 sq.
4. T. II de la *Dynamilogia*.

rompue par la mort de l'auteur. A la même époque (1861), Roux-Lavergne rééditait à Paris la *Philosophia juxta D. Thomae dogmata* de Goudin, qui rencontra une grande faveur dans les milieux catholiques de France et d'Italie. Il convient de ne pas oublier que, trois ans auparavant (1858), Ch. Jourdain avait fait paraître sa *Philosophie de saint Thomas d'Aquin*, couronnée par l'Institut en 1856. En appelant l'attention des érudits sur le grand docteur du XIIIe siècle, la section philosophique de l'Académie des sciences morales et politiques encourageait efficacement les recherches historiques, en particulier les recherches médiévales, mises en honneur par l'école éclectique : les historiens de la rénovation thomiste n'ont peut-être pas toujours fait à cette influence de l'éclectisme la part qui lui revient [1].

Viennent enfin les monographies proprement dites. *La Luce intellettuale e l'Ontologismo*, de T. M. Zigliara, de l'ordre de Saint-Dominique [2], appartient plutôt à ce groupe. Il n'y est en effet question que de la théorie de saint Thomas sur l'intelligence en elle-même (livre I) et dans ses applications, soit à la critique de l'ontologisme (l. II et III), soit aux divers ordres de connaissances, ontologiques, cosmologiques, psychologiques, morales et

---

[1]. C'est la même influence qui, en 1845, avait pareillement déterminé l'Académie à mettre au concours, pour 1848, un « examen critique de la philosophie scolastique ». Le mémoire couronné de B. Hauréau (*La Philosophie scolastique*, 2 vol. Paris, 1850), devint ensuite l'*Histoire de la philosophie scolastique* (1872-1880), que tous les lecteurs français connaissent. C'est encore à cette influence prolongée que l'on peut rapporter, au moins pour une part, l'ouverture à la Sorbonne d'un cours libre de philosophie de saint Thomas, professé par M. Gardair, et d'où sortit, entre autres livres, *La Connaissance*, Paris, 1895.

[2]. Rome, 1874. Traduit en français par un anonyme, 1884.

théologiques (l. IV). Mais l'ouvrage classique, peut-on dire, en ce genre, est le second volume du traité *Della Conoscenza intellettuale*, de M. Liberatore, jésuite [1], dont la première édition remonte à 1857-1858 et classe ainsi son auteur parmi les ouvriers de la première heure. De fait, professeur au Collège romain comme Zigliara à la Minerve, écrivain fécond à l'instar de son émule et collègue dominicain, fondateur, avec Curci et Taparelli d'Azeglio, de la *Civiltà cattolica*, le P. Liberatore est aussi l'un des hommes de sa génération qui ont travaillé le plus activement à la diffusion des doctrines renouvelées de l'École.

Tels sont, à des titres divers, les travaux les plus marquants sur la doctrine thomiste de la connaissance intellectuelle. Nous renvoyons à l'Index bibliographique la nomenclature des nombreuses études ou publications secondaires qui leur font pour ainsi dire cortège, ainsi que des principaux cours ou manuels, postérieurs à ceux de Sanseverino, de Goudin et de Stöckl, où la question est pareillement traitée. Cette abondance même de livres consacrés à la théorie de l'intelligence chez saint Thomas eût pu nous détourner d'en augmenter encore le nombre. Il nous a paru pourtant qu'il y avait place pour une étude nouvelle, et nous ne saurions être trop reconnaissant à la Faculté des lettres de l'Université de Clermont d'avoir bien voulu agréer notre initiative. Il serait superflu d'insister sur les exposés en langue latine, que le public

---

1. Traduit en français par M. F. Deshayes, 1885. Le tome I (non traduit), est dirigé contre les doctrines de Lamennais, Gioberti, Ventura et Rosmini.

français n'aimera guère à consulter. Quant aux ouvrages de portée très générale, étant donné le but qu'ils se proposent, l'exposition de la théorie de saint Thomas sur la connaissance intellectuelle y est forcément discontinue et fragmentaire. Chez plusieurs d'entre eux, elle est aussi subordonnée à des polémiques dont l'intérêt a singulièrement vieilli pour nous. C'est ainsi que dans sa *Philosophie der Vorzeit*, Kleutgen a sans cesse présentes à l'esprit les doctrines de Günther et d'Hermès, qui, à l'époque où écrivait le savant religieux, jouissaient d'un grand crédit en Allemagne. Il en faut dire à peu près autant de l'étude de Zigliara, tout orientée vers la critique de l'ontologisme dans le goût d'Ubaghs ou de l'école française. Enfin, nous avons noté tout à l'heure que le traité de Liberatore lui-même ne va pas sans obéir à une préoccupation analogue, puisque le tome 1er de ce livre s'emploie à la réfutation de divers systèmes traditionalistes ou ontologistes.

Seule, la *Critériologie générale* de Mgr Mercier, beaucoup plus récente d'ailleurs, s'inspire de besoins bien autrement actuels : en particulier, elle prend nettement position à l'égard d'une grande doctrine, dont l'influence sur la spéculation moderne est incalculable et par rapport à laquelle il faut bien que tout philosophe aujourd'hui situe sa propre pensée, à savoir l'idéalisme kantien. Mais, par son caractère même, ce « traité général de la certitude » est obligé de considérer le problème sous les multiples aspects et de le suivre dans tous les développements, en sens assez divers, que comporte un cours classique ; d'autre part, l'auteur y suppose plutôt la doctrine thomiste de la connaissance intellectuelle qu'il ne l'expose au pied de la lettre.

Sans donc méconnaître l'importance de cet ouvrage considérable, non plus que des travaux précédents, nous avons cru qu'une analyse consciencieuse de la doctrine thomiste, préparant un examen de cette doctrine dans son rapport avec le problème critique proprement dit et faisant converger vers ce point déterminé les résultats acquis jusqu'à présent, aurait quelque chance d'être bien accueillie. Nous aurons à revenir dans notre chapitre préliminaire sur la manière exacte dont nous entendons cet examen, et par là sans doute achèvera de se préciser le point de vue propre du présent travail. On voudra peut-être bien reconnaître d'ores et déjà qu'une monographie directement consacrée à l'utilisation critique du thomisme n'est pas tout à fait dépourvue d'intérêt.

Nous citons le texte de saint Thomas d'après l'édition de Parme (Fiaccadori), imprimée de 1852 à 1873. Si elle n'est pas à l'abri de tout reproche, tant s'en faut [1], elle est cependant préférable à celle de Vivès (Paris, 1871-79), qui contient beaucoup de fautes d'impression et d'inexactitudes [2]. Il ne nous est malheureusement pas possible de nous référer à la grande édition romaine, entreprise en 1882 par les soins du pape Léon XIII, et qui est encore en cours de publication.

Le tome et la page de l'édition que nous avons utilisée

---

[1]. Cf. *Litterarischer Handweiser* (Münster), 1881, p. 227, article de M. SCHNEID.
[2]. Cf. *Ibid.* et 1877, p. 371 sq., art. L. SCHÜTZ.

sont indiqués entre parenthèses après chaque citation, le premier en chiffres romains, la seconde en chiffres arabes. Toutefois, pour faciliter les recherches, nous nous conformons à l'usage, qui consiste à mentionner le titre et la partie, question et article, chapitre ou leçon de l'ouvrage allégué.

En ce qui concerne Kant, nous nous sommes servi de la traduction Barni pour la *Critique de la raison pure* et de la traduction Picavet pour la *Critique de la raison pratique*. Nous indiquons entre parenthèses aussi les références à l'édition allemande de Hartenstein, pareillement en chiffres romains pour les tomes et en chiffres arabes pour les pages.

Lille, le 3 juin 1906.

INDEX BIBLIOGRAPHIQUE

I. — OUVRAGES DE PORTÉE GÉNÉRALE

A. Adeodatus, Die Philosophie und Cultur der Neuzeit und die Philosophie des hl. Thomas v. Aquino. Cologne, 1887.

G. M. Cornoldi, La Filosofia scolastica speculativa di S. Tommaso d'Aquino, 3ᵐᵉ édit. Bologne, 1872.

M. Glossner, Die Philosophie des hl. Thomas v. Aquino. — Die Philosophie des Christenthums und der Zukunft, dans la *Philosophische Festschrift s. Jubilaeum Sr H. Leo XIII* (p. 3 à 72). Paderborn et Münster, 1887.

J. V. de Groot, Saint Thomas d'Aquin philosophe, traduit du hollandais. *Revue thomiste*, 1894.

J. Kleutgen, Die Philosophie der Vorzeit vertheidigt. Münster, 1859-63.

V. Maumus, S. Thomas d'Aquin et la Philosophie cartésienne. Paris, 1890.

D. Mercier, Critériologie générale. Paris-Louvain, 1899.

M. Schneid, Die Philosophie des hl. Thomas v. Aquino und ihre Bedeutung für die Gegenwart. Würzbourg, 1881.

S. Talamo, Il rinnovamento del pensiero tomistico e la scienza moderna, tre discorsi. Sienne, 1878.

A. Van Weddingen, Les Bases de l'objectivité de la connaissance. Bruxelles, 1889.

II. — EXPOSÉS D'ENSEMBLE

Histoires diverses de la philosophie :

A. Conti, Histoire de la philosophie, trad. Collar, t. II, p. 257 sq. Paris, 1881.

Z. Gonzalez, Histoire de la philosophie (t. II de la trad. fr. de G. de Pascal. Paris, 1890, p. 257 sq.).

B. Hauréau, Histoire de la philosophie scolastique, 2ᵉ p. t. I (ch. XIV et XV). Paris, 1880.

H. Ritter, Geschichte der christlichen Philosophie. Hambourg, 1845 (t. IV, p. 257 sq.).

A. Stöckl, Geschichte der Philosophie des Mittelalters. Mayence, 1864 (t. II, p. 427 sq. — Cette partie de l'ouvrage a été adaptée au public français par l'abbé Crolet, sous le titre de *Doctrine philosophique de saint Thomas d'Aquin*. Paris, 1890).

O. Willmann, Geschichte des Idealismus. Braunschweig, 1896, (t. II, p. 374 sq.).

M. de Wulf, Histoire de la Philosophie médiévale. Paris-Louvain, 2ᵉ édit. Paris-Louvain, 1905 (p. 326 sq.).

De la Bouillerie, L'homme, sa nature, son âme, ses facultés et sa fin, d'après la doctrine de saint Thomas d'Aquin. Paris, 1880.

L. Bourquard, Doctrine de la connaissance d'après saint Thomas d'Aquin. Paris, 1877.

A. Cacheux, De la philosophie de saint Thomas. Paris, 1858.

E. Commer, System der Philosophie (Darstellung d. Systems des hl. Thomas). Münster, 1883-5.

E. Domet de Vorges, La Perception et la psychologie thomiste. Paris, 1892.

J. Gardair, Philosophie de saint Thomas. III. La connaissance. Paris, 1895.

V. Grimmich, Lehrbuch der theoretischen Philosophie auf thomist. Grundlage, Fribourg-en-Brisgau, 1893.

C. Gutberlet, Die Psychologie (3ᵉ éd.). Münster, 1896. — Logik und Erkenntnisslehre. *Ibid.* 1898.

Ch. Jourdain, La Philosophie de saint Thomas d'Aquin. Paris, 1858.

E. Lecoultre, Essai sur la psychologie des actions humaines d'après les systèmes d'Aristote et de saint Thomas d'Aquin. Paris, 1884.

E. Peillaube, Théorie des concepts. Paris, 1895.

K. Werner, Der hl. Thomas v. Aquino, IIᵉʳ Bd, *Lehre*. Ratisbonne, 1859.

III. — MONOGRAPHIES

F. Becker, Le principe de causalité d'après la philosophie scolastique, réfutation de l'empirisme et du subjectivisme, trad. du hollandais par Mansion. Amiens, 1877.

G. DE CRAENE, L'abstraction intellectuelle, *Revue néo-scolastique*, 1901.

D. DELAUNAY, S. Thomae de origine idearum doctrina. Paris, 1876.

E. DOMET DE VORGES, L'objectivité de la connaissance intellectuelle d'après saint Thomas. *Revue néo-scolastique*, 1896.

J. FUZIER, Le caractère analytique du principe de causalité, dans le *Compte rendu du Congrès scientifique international des Catholiques*, section des *Sciences philosophiques*, p. 5 sq. Bruxelles, 1896.

J. KLEUTGEN, Beilagen zu den Werken über die Theologie und Philosophie der Vorzeit, III Heft: Vom Intellectus agens und den angebornen Ideen. Münster, 1875.

A. LEPIDI, La Critique de la raison pure d'après Kant et la vraie philosophie, dans *Opuscules philosophiques*, 1re série, trad. fr. E. VIGNON. Paris, 1899.

M. LIBERATORE, Della conoscenza intellettuale (2e éd.). Rome, 1874, traduit en français par F. DESHAYES. Paris, 1885. — Cf. du même : Del composto umano. Rome, 1862, traduit en français par un Père de la même Compagnie. Lyon, 1886. — Dell'anima umana. Rome, 1875.

A. DE MARGERIE, Le principe de causalité, dans le *Congrès scientifique international des catholiques*, t. I, p. 276 sq. Paris, 1888.

A. OLTEN, Allgemeine Erkenntnisslehre des hl. Thomas v. Aquino. Paderborn, 1882.

A. SCHMID, Die thomistiche und scotistische Gewissheitslehre, Dillingen, 1859.

REVUE DE PHILOSOPHIE, discussion sur l'*Abstraction*, par E. DOMET DE VORGES, J. GARDAIR et E. BERNIES, 1904 et 1905.

T. M. ZIGLIARA, Sopra alcune interpretazioni della dottrina ideologica di S. Tommaso di Aquino. Rome, 1870. — Della luce intellettuale e dell' ontologismo. Rome, 1874, trad. française. Avignon, 1884.

A ces divers ouvrages, il convient d'ajouter l'excellent *Thomas Lexicon* (Sammlung, Uebersetzung und Erklärung der in den sämmtlichen Werken des hl. Thomas v. Aquino vorkommenden Kunstausdrücke und wissenschaftlichen Aussprüche) de LUDW. SCHÜTZ. Paderborn, 1895 ; ainsi que le *Lexicon peripateticon* (in quo scholasticorum distinctiones et effata praecipua explicantur) de N. SIGNORIELLO. Naples, 1872.

CHAPITRE PRÉLIMINAIRE

OBJET, MÉTHODE ET DIVISION GÉNÉRALE DU PRÉSENT TRAVAIL

SOMMAIRE

A. Objet. — I. Sens propre dans lequel on prend ici réalisme. — Saint Thomas et le problème critique. — II. La théorie de l'universel et de l'abstraction au point de vue de ce problème. — III. La doctrine de l'analogie au même point de vue.

B. Méthode. — Difficulté ultime à laquelle se heurtent d'habitude les critiques de l'idéalisme kantien. — Comment on espère y échapper. — II. Autre expression de la même idée en partant de l'abstraction. — III. Instance criticiste et réponse. — IV. Preuve tirée de Kant lui-même. — Origine de l'hypothèse kantienne : conséquence à notre présent point de vue. — V. D'un reproche du même genre souvent adressé aux néo-thomistes. — Critique.

C. Division générale. — Partie doctrinale et partie critique.

A. — OBJET

I

Appliqué à la doctrine de saint Thomas, *réalisme* ne désigne pas ici l'attitude moyenne et conciliatrice que le grand docteur du XIII⁰ siècle prenait dans la célèbre querelle des universaux : tout au moins ne la désigne-t-il pas directement et proprement. C'est dans un sens plus moderne que l'on entend ce mot, dans le sens où, par opposition à idéalisme, il se dit de toute doctrine qui considère les principes rationnels, non pas comme de simples formes de la connaissance ou des choses en tant que nous les pensons, mais comme l'expression des lois de la réalité ou des choses en tant qu'elles subsistent en elles-mêmes indépendamment de notre pensée. Assurément les deux acceptions du mot réalisme, l'ancienne et la moderne, ne vont pas, comme nous aurons par la suite plus d'une occasion de nous en convaincre, sans se trouver dans un étroit rapport; toujours est-il qu'elles sont distinctes et que, dans le présent travail, nous mettons l'accent sur la seconde. Ce qui est ici en cause, ce n'est donc pas le problème de l'être en soi et de sa nature, c'est le problème du savoir et de son rapport à l'être même ; notre centre de perspective n'est pas précisément ontologique ou métaphysique, mais critique.

Si, en effet, saint Thomas ne s'est pas posé cette redoutable question de la valeur du savoir exactement comme nous la posons aujourd'hui [1], on ne peut contester que les *principes* de son idéologie ne contiennent les *éléments* d'une théorie *critique* de la connaissance qu'il suffit d'en dégager et sur laquelle il y aurait profit, même aujourd'hui, à rappeler l'attention. Sans doute ce travail a déjà pu être fait en gros et d'une manière générale ; il reste deux points pourtant que nous voudrions mettre dans une plus vive lumière et qui formeront le centre de cette

---

1. Ce serait une erreur de croire qu'elle soit restée de tous points étrangère aux disciples d'Aristote, dont la *Métaphysique* lui est même, en un sens, consacrée tout entière. De même lorsqu'à la suite de son maître saint Thomas oppose par exemple aux platoniciens que, si les universaux subsistent en dehors des êtres sensibles, c'en est fait de notre science, qui perd son objet (Cf. *S. theol.*, I p., q. LXXVIV, a. 1 [I, 329]. — *In I Metaph.*, lect. 14 [XX, 278 sq.]), il est clair que c'est encore la valeur du savoir qui le préoccupe. Seulement, comme toute la philosophie ancienne, saint Thomas ne doute pas un instant, non seulement que la science soit possible, mais aussi et surtout qu'elle atteigne les choses telles qu'elles sont. En un mot son point de vue est essentiellement objectiviste. Et, comme nous le verrons plus loin, telle est justement la raison pour laquelle on doit dire que sa doctrine ne contient que les *éléments* d'une solution du problème critique, et non pas cette solution toute élaborée.

étude, lui donnant ainsi, encadrés ou plutôt amenés de la façon que nous expliquerons bientôt, le caractère d'aperçu relativement nouveau qui est requis d'habitude des essais de ce genre.

II

C'est en premier lieu la théorie thomiste de l'universel et de l'abstraction. Universalité — et nécessité — universalité et nécessité spécifiquement distinctives des connaissances rationnelles, n'est-ce pas là, en effet, au moins par un côté, le fond même du débat ? Et Kant lui-même ne le ramène-t-il pas à ce point précis, lorsqu'il fonde son apriorisme formaliste sur la critique de l'empirisme convaincu d'impuissance à rendre compte de ce double caractère des principes de la pensée [1] ? Or nous prendrons à tâche de montrer de quelle manière l'idéologie de saint Thomas répond à la question ainsi délimitée, et que sa réponse est marquée au coin d'une pénétration supérieure. Entre autres savantes analyses dont nous ferons plus loin le détail, elle a distingué en particulier deux moments dans la conception de l'universel (ou idée générale [2]) ; et si, dans le second moment (universel réflexe) l'essence est pensée expressément en tant qu'universelle et avec sa valeur proprement logique, si, partant, elle n'a comme telle d'existence que dans l'esprit, dans le premier moment au contraire (universel direct) c'est bien la nature ou essence de la *chose* qui est saisie de prime abord par l'esprit *dans la chose même*. Assurément, il ne la conçoit qu'à l'état abstrait, à part des caractères individuels ; mais il ne la conçoit pas encore, à ce premier moment, comme séparée de ceux-ci — ni non plus comme ne faisant qu'un tout naturel avec ceux-ci : il la conçoit à part, tout sim-

---

1. Cf. *infra*, p. 10-16 sq.
2. Sur le rapport de ces deux termes, cf. *infra*, p. 52, n. 1.

plement, dans ses éléments internes et constitutifs, *separatim vel seorsim, non ut separatam intelligens*[1]. Cette abstraction-là n'ôte rien à l'objectivité foncière de son acte, pas plus que le fait de percevoir la couleur d'un fruit sans ses autres qualités sensibles — c'est une comparaison familière à saint Thomas[2] — n'empêche la vue d'atteindre un phénomène réel. Voilà comment, par son activité propre, l'intelligence découvrirait dans les choses mêmes leurs conditions nécessaires et universelles ; voilà comment les principes premiers de la connaissance prendraient pied dès lors dans la réalité, et dans la réalité *telle qu'elle est*, non plus seulement telle qu'elle nous apparaît à travers les formes subjectives de notre pensée. C'en serait fait par suite de la restriction de ces principes à l'ordre des phénomènes. Et à l'opposé de Kant, qui, par une infidélité flagrante à sa propre conception fondamentale, les transporte quand même à l'ordre des noumènes, un réaliste à la façon de saint Thomas pourrait sans inconséquence les affecter à cet usage.

III

Il ne serait pas non plus condamné pour cela — c'est le second trait de la doctrine thomiste que nous voudrions faire aussi ressortir — à méconnaître la différence profonde qui se manifeste par ailleurs entre ces deux emplois des notions rationnelles. S'il est un point sur lequel saint Thomas a complaisamment insisté, c'est le caractère *analogique* de nos connaissances en matière de suprasensible. A vrai dire, nos divers concepts offrent comme un double sens, un sens expérimental, pour ainsi parler, et un sens transcendant, et leur sens transcendant ne s'obtient guère,

---

1. Cf. *in* III. *De Anim.*, lect. XII (XX, 130).
2. Cf. *S. theol.*, I p., q. LXXXV, a. 2 ad 2 (I, 333). — *In* 1 *Metaph.*, lect. 10 (XX, 275). — *Contra Gent.* II, 75 (V, 128), etc.

tout au moins ne se parfait-il pour nous, règle générale, que par la négation de leur sens expérimental, seul direct et vraiment positif. Non pas, au demeurant, que l'objectivité de ces concepts en soit mise en péril dans le second cas ; ils restent alors fort au-dessous de la réalité qu'ils expriment, mais sans en être empêchés de l'atteindre effectivement. Ce n'est qu'une insuffisance partielle et relative, conséquence inévitable de l'union en nous de la raison avec une sensibilité, qui, la mettant en rapport avec ses premiers objets, ne lui en laisse concevoir aucun en dehors de toute relation à l'ordre inférieur.

Vue remarquable, sans contredit, et bien propre, sinon à réconcilier les deux thèses rivales — ce qui est sans doute un rêve impossible — en tout cas à les rendre moins éloignées l'une de l'autre — ce qui est déjà un gain réel. Nous osons espérer que la lecture attentive de notre exposé sur ce point fera constater par un exemple de plus tout ce que la vieille philosophie traditionnelle offre encore, à tout prendre, de ressources ; combien certaines de ses théories fondamentales sont compréhensives et suggestives ; avec quelle étonnante souplesse aussi elles peuvent s'adapter aux conditions de problèmes nouveaux que les anciens docteurs pourtant n'avaient pas, au moins directement, envisagés et abordés.

B. — MÉTHODE

I

Utilisation du réalisme thomiste en vue du problème critique, tel est donc l'objet dernier du présent travail. Il serait difficile d'y insister davantage sans entrer dans des développements que l'on ne peut guère attendre que de l'ouvrage lui-même et qui risqueraient au surplus de faire double emploi avec celui-ci. Il y a un autre point sur lequel nous avons à cœur de nous expliquer plus au long dès le début de cette étude, parce que non seulement il achève d'en marquer la nouveauté relative, mais qu'il se rapporte aussi à la méthode que nous y suivons. Force nous est pour cela de remonter un peu plus haut.

A notre avis, les critiques que l'on dirige d'ordinaire, du côté des dogmatiques, contre l'idéalisme kantien, tout excellentes qu'elles puissent être en tout le reste, n'en viennent pas moins se heurter en quelque façon à une difficulté ultime, à une sorte de fin de non-recevoir que, de son point de vue propre, un criticiste pourra toujours leur opposer en dernier recours. Prenons entre autres celle-ci, que reproduisent volontiers aujourd'hui un certain nombre de cours ou manuels classiques : elle se fonde en somme sur l'analyse du *Cogito*. L'être et le connaître, dit-on, nous étant donnés dans le fait de conscience primitif comme ne faisant littéralement qu'un, la pensée ou le moi s'y révélant comme *être* et non seulement comme *forme*, c'est bien la loi de l'être que nous saisissons sur le vif (par exemple dans le principe de causalité) en même temps que la loi du connaître : et le fameux passage du subjectif à l'objectif s'y effectue comme par enchantement. — « Enchantement en effet, ne manquerait pas de répondre un kantien. Vous oubliez que cette intuition du moi réel et partant de l'être en nous est justement, pour nous autres criticistes, une pure apparence (l'apparence dialectique), résultant de l'application primitive et spontanée de la loi ou catégorie de substance au divers de la sensibilité interne, en un mot que c'est tout simplement le produit illusoire de l'une des multiples formes secondaires (catégories) par lesquelles s'exerce l'unité originellement synthétique de la pensée. Votre analyse arrive donc trop tard, elle ne porte que sur l'expérience (dans le cas cité, l'expérience intérieure) déjà constituée, et constituée précisément par l'action de ces principes, de l'un de ces principes rationnels dont il s'agit précisément aussi de savoir s'ils valent hors de l'expérience phénoménale elle-même, c'est-à-dire s'ils peuvent nous servir à autre chose qu'à la constituer de la sorte. »

Pareille instance ne peut rester sans réponse. Et voici, ou nous nous trompons fort, la réponse qu'il conviendrait d'y faire. Mais cette synthèse *a priori* elle-même, cette unité primitivement synthétique de l'aperception, constitutive, selon vous, des objets en tant que tels de notre connaissance et inaccessible par là même à l'effort de l'analyse ordinaire, d'où en avez-vous pris l'idée ? Il faut pourtant qu'elle repose sur quelque chose. Or, elle ne nous est pas certifiée à la manière des faits, par voie de constatation directe et positive : il est même impossible qu'elle le soit, puisqu'elle représente dans le système la condition *a priori* de toute perception ou constatation expérimentale. Et si ce n'est pas un fait, il reste uniquement que ce soit l'interprétation d'un fait, à savoir une *hypothèse*, et il ne s'agit plus dès lors que d'en retrouver la preuve, pour l'apprécier à sa valeur. Pas n'est besoin de chercher si longtemps : au vrai, la tâche que s'était donnée Kant, c'était d'expliquer ce fait que nos connaissances rationnelles se présentent avec un double caractère de nécessité et d'universalité — nous voilà ramenés à la position antérieure — dont l'expérience à elle seule est incapable de rendre compte ; d'où Kant conclut aussitôt à l'apriorisme et, de là, au formalisme subjectiviste, dont la théorie des catégories et de « l'unité originellement synthétique du *Cogito* » est l'expression la plus rigoureuse [1]. On voit la suite : mais cette conclusion n'est-elle

---

1. Cf. *Critique de la Raison pure*, trad. BARNI, t. II, pp. 423, 424, 434, t. I, 24 sq., 45, etc. (III, 575, 576, 585-6 — 18 sq., 33, etc.). — *Prolégomènes*, trad. nouvelle (Hachette, 1891) p. 133 [IV, 67]. — SCHOPENHAUER, *Critique de la philosophie kantienne*, p. 16-24 de la trad. fr. V. g. « Il est un fait rigoureusement démontré par Kant, à savoir qu'une partie de nos

pas précipitée? et n'y aurait-il point, en face de l'hypothèse kantienne, une hypothèse rivale qui expliquerait mieux qu'elle (c'est-à-dire, dès lors, expliquerait seule) le fait en question ?

C'est ce que nous essaierons d'établir au profit de la théorie thomiste de l'universel. Et il saute aux yeux qu'on ne peut plus, dans le débat ainsi conduit, nous opposer comme une fin de non-recevoir absolue une synthèse *a priori* inaccessible par définition même à nos analyses, puisque c'est précisément cette hypothèse même d'une synthèse *a priori* que, cette fois, nous critiquons directement et en elle-même. Recourir à pareille objection, ce ne serait ni plus ni moins que postuler sa propre thèse, il suffit d'un instant de réflexion pour s'en convaincre ; ce ne serait ni plus ni moins, à l'inverse du dogmatisme naïf qui, sans aucune espèce de critique, prend tout de suite pour accordée la valeur objective des principes rationnels, que prendre pour accordée, par un raffinement de critique qui pourrait bien n'avoir plus de la critique que le nom, leur valeur exclusivement subjective, à titre de pures fonctions synthétiques de l'esprit ; en un mot, ce ne serait ni plus ni moins qu'une manière de *diallèle retourné*.

Ces considérations concernent uniquement le problème de l'universalité des principes de la pensée, ainsi que la comparaison du réalisme thomiste et du formalisme kantien à ce point de vue. Qu'on y ajoute par exemple les incohérences dans lesquelles s'embarrasse au surplus l'idéalisme

---

connaissances nous est connue (*bewusst*) a priori ; or ce fait n'admet d'autre explication que celle-ci : les connaissances de cette nature sont les formes de notre intellect. Et encore cela est moins une explication qu'une expression fort nette du fait lui-même... Ainsi ce qui est donné avec l'intellect lui-même, c'est la manière générale dont tous les objets doivent se présenter à lui. » — Cf. *Prolégomènes*, trad. nouvelle, etc., p. 133 : « ...les conditions de l'union nécessaire (des représentations) dans une conscience, union qui constitue la possibilité même de l'expérience (aperception pure). » (IV, 67).

de Kant, en affectant malgré tout les catégories à la détermination du noumène, ou, ce qui revient dans le fond au même[1], en attribuant à la raison pratique la valeur absolue qu'il refuse à la raison spéculative : l'on verra sans doute de quel côté se trouve l'avantage, et que ce n'est pas du côté de l'idéalisme.

II

Ainsi croyons-nous échapper à la difficulté signalée ci-dessus. Pour plus de précision, reprenons les choses d'une autre manière, en partant du concept de l'abstraction, cette opération capitale par laquelle le réalisme de saint Thomas explique avant tout la formation de nos connaissances supérieures. L'intelligence « abstrait » de la représentation des êtres concrets et empiriques les principes rationnels, universels et nécessaires. Mais cette abstraction, pourrait-on nous objecter, l'intelligence y procède en vertu de ses lois naturelles : quel moyen dès lors d'attribuer une valeur objective au résultat de cette opération ? Ne faut-il pas supposer au préalable l'accord fondamental des lois de notre pensée avec les lois de la réalité, c'est-à-dire supposer ce qui est en question, c'est-à-dire admettre au point de départ de sa démonstration la thèse même que l'on entreprend de démontrer ? On a beau faire, la position du criticisme kantien reste inattaquable.

Mais, outre que l'on ne supprime point par là les inconséquences de cette doctrine, il nous semble que, dirigée suivant la méthode indiquée, notre argumentation est désormais soustraite à ce reproche. Ayant en effet ramené tout le débat à ce point précis : « des deux hypothèses

---

1. Cf. *infra*, ch. VIII.

en présence, formalisme subjectiviste (théorie de l'aperception pure) et conceptualisme réaliste (théorie de l'abstraction intellectuelle), laquelle rend le mieux compte de l'universalité et de la nécessité de notre connaissance? », il paraît bien qu'on ne puisse plus, au cours de cette comparaison même, postuler l'une ou l'autre de ces deux hypothèses, tout au moins la conclusion qui résulte de chacune d'elles relativement à la valeur des lois de la pensée.

Car, on voudra bien le remarquer, nous ne postulons pas le moins du monde leur valeur objective. Nous les prenons d'abord pour ce qu'elles sont de l'aveu unanime, pour les lois naturelles ou internes de l'activité intellectuelle. Nous ne disons pas plus : « elles sont plus que cela », que nous ne disons : « elles ne sont que cela ». Nous nous bornons à dire alors : « elles sont cela, tout simplement »; et la discussion que nous engageons n'a précisément pour but que de rechercher si elles ne sont que cela, ou si elles sont en plus autre chose, à savoir l'expression des lois de la réalité. Faire observer, par manière d'objection, que la pensée dans son travail d'abstraction sur les données empiriques apporte les lois inhérentes à son exercice, etc., ne reviendrait-il pas au contraire à affirmer dès le point de départ qu'elles ne sont que cela et qu'elles ne peuvent être rien de plus ? par suite, ne serait-ce pas, à sa façon, une pétition de principe, ce que nous appelions tout à l'heure un diallèle renversé?

III

On nous fera sans doute observer qu'il ne s'agit pas de nier *a priori* la valeur transcendante des lois rationnelles, en d'autres termes de poser *a priori*, par un coup d'arbitraire, leur valeur exclusivement formelle, mais de se demander simplement s'il n'en irait pas de la sorte, si, l'esprit procédant à son travail d'abstraction en vertu de ses lois propres, le résultat de ce travail ne serait pas condamné du même coup et d'avance à demeurer problématique. Peut-être — voilà tout ce que l'on veut dire — peut-être est-ce l'entendement qui, par l'exercice d'une activité primordiale, synthétise les représentations des sens, de manière à se donner à lui-même l'illusion d'un ordre absolu de choses tenant aux choses mêmes et dont ses principes à lui ne seraient que l'expression abstraite et le redoublement idéal, tandis qu'en réalité ce ne serait que l'ordre de ses représentations. En un mot, on émettrait un simple doute, et un doute impossible à écarter par définition même, puisqu'on ne pourrait entreprendre d'établir la thèse affirmative qui l'écarterait en effet qu'en sortant de la neutralité qu'il nous impose en tant que tel, c'est-à-dire en le supposant tout de suite écarté. La pétition de principe nous serait ainsi renvoyée, et d'une manière définitive, sans que nous ne puissions plus désormais la renvoyer à notre tour.

Nous allons pourtant essayer d'un dernier coup de paume. La démonstration de la thèse affirmative destinée à lever le doute en question est-elle vraiment obligée de le supposer levé dès son point de départ ? Ne peut-elle se contenter d'admettre les principes rationnels pratiquement et à titre provisoire — comme fait d'ailleurs, comme ne peut pas ne pas faire quiconque entreprend ou accepte de discuter et de raisonner — en accordant jusqu'à plus ample informé un doute théorique ? Et partant, n'y aurait-il point là une sorte de malentendu ? La neutralité, en effet, dont nous venons de parler, peut se concevoir de deux manières différentes. Elle peut consister à suspendre son jugement, ni plus ni moins, sur la valeur des lois de la pensée — et ainsi comprise, nous ne nous en départons point, lorsque nous nous bornons à nous servir de ces lois comme tout le monde, réserve faite de cette question même de valeur définitive, que nous nous proposons précisément d'examiner et que précisément aussi il n'est possible d'examiner que sous cette condition. Ou bien cette neutralité consiste à s'abstenir totalement de raisonner et de discuter, et alors nous ne la violons pas seuls, mais tout le monde la viole, mais l'adversaire aussi la viole, et il ne reste qu'un moyen de ne pas la violer, qui est de renoncer à toute philosophie.

Autrement dit, nous supposons le doute écarté, en ce sens que nous ne le considérons pas d'emblée comme définitif — et comment le considérerions-nous d'emblée comme définitif, puisque nous ne raisonnons que pour savoir s'il faut le considérer comme tel ? — Mais nous ne le supposons pas écarté, en ce sens que nous affirmerions de prime abord et avant toute critique la proposition qu'il affecte. Dans le second cas, nous prendrions pour accordé, c'est trop clair, ce qui est en question, mais nous échappons à ce paralogisme dans le premier cas. S'il y en a un des deux qui y tombe, c'est même plutôt l'adversaire. Dira-t-il en effet — ce qui paraît pour lui la seule issue — que nous devons dès l'origine tenir ce doute pour définitif ? Mais nous voudrions bien savoir pourquoi. Car enfin, si nous n'avons pas le droit d'admettre sans examen la valeur objective des lois rationnelles, il nous semble que nous n'avons pas plus le droit d'en douter absolument sans examen. D'autant qu'elles nous sont données en fait comme ayant une telle valeur. Illusion tant qu'on voudra, encore faut-il qu'on explique cette illusion, encore faut-il qu'on ait quelque motif de soupçonner une illusion, c'est-à-dire précisément de douter. Ou bien le doute ici ne repose absolument sur rien, et alors quel compte veut-on que nous en tenions ? et alors qu'est-ce qui nous empêcherait bien d'admettre que les lois de la pensée sont effectivement ce qu'elles nous paraissent être ? et alors, notre premier mouvement, qui est de leur attribuer une valeur absolue, n'a-t-il pas toute chance d'être le bon ? Ou bien le doute a un fondement réel, et alors il ne s'agit que d'en vérifier la solidité, et alors surtout nous maintenons notre conclusion antérieure, à savoir qu'on n'a pas le droit, soit au début, soit au cours, soit au terme de cette vérification, de nous opposer une fin de non-recevoir empruntée à ce doute même dont nous examinons la raison d'être, c'est-à-dire considérant en somme ce doute comme dispensé d'avoir aucune raison d'être et comme soustrait par lui-même à tout examen, c'est-à-dire le posant et l'imposant du premier coup comme définitif et absolu.

En dernière analyse, il ne paraît donc pas y avoir de différence entre la pure et simple négation *a priori* de la portée objective des principes rationnels et cette prétention même d'imposer à leur égard le doute absolu et définitif ; en sorte que la pétition de principe impliquée dans la première attitude et sur laquelle nous avons insisté précédemment se retrouve tout entière dans la seconde.

IV

Retournons à Kant, le meilleur interprète, selon toute vraisemblance, de la pensée criticiste : nous constaterons qu'à ses yeux c'est bien le second membre de l'alternative précitée qui représente l'état exact de la question.

Le fondateur de l'idéalisme transcendantal en effet ne dit pas d'une manière absolue, à brûle-pourpoint, pour ainsi parler, sans préparation ni réflexion antécédente, sans rime ni raison : « Peut-être est-ce l'entendement qui est, par son activité synthétique originelle, l'auteur de l'expérience... etc. » L'origine de cette conception fondamentale n'est pas bien difficile à déterminer. Comme nous l'avons déjà fait entendre un peu plus haut, il s'agissait de rendre compte du caractère de nécessité et d'universalité qui s'attache au rapport causal — ainsi qu'aux autres rapports exprimés dans les divers principes rationnels [1] — sans préjudice de leur nature synthétique : pour parler le propre langage de Kant, il s'agissait de faire comprendre « la possibilité que l'entendement doive concevoir comme nécessairement liés dans l'objet des concepts qui ne le sont point en soi dans l'entendement lui-même ». Cette possibilité, Hume n'avait pu se résoudre à l'admettre, et, comme il fallait pourtant sortir de là, l'auteur du *Traité de la nature humaine* n'avait point trouvé d'autre issue que de rapporter cette nécessité du lien causal à une habitude engendrée par des associations multipliées au cours de l'expérience. Ce n'était malheureusement qu'une solution illusoire, qui l'avait conduit à un scepticisme sans remède [2]. Car enfin, la science est universelle et nécessaire ou elle n'est point ; et dans ce principe sur lequel elle repose tout entière, à savoir « que *tout changement requiert une cause*, le concept d'une cause contient si évidemment celui de la nécessité d'une liaison entre la cause et l'effet et celui de l'absolue universalité de la règle, qu'il serait tout à fait perdu si, comme l'a tenté Hume, on pouvait le dériver de la fréquente association du fait actuel avec le fait précédent et de l'habitude où nous sommes d'en lier entre elles les représentations [3]. »

En somme, le problème demeurait avec Hume sans réponse. Mais aussi bien Hume n'avait-il pas réfléchi — et c'est précisément d'y prendre garde qui valut à Kant de fonder une philosophie nouvelle — que « peut-être

---

1. Kant étendit ensuite aux autres lois ontologiques les conclusions que, mis sur la voie par la critique de Hume, il avait d'abord recueillies relativement à la loi de causalité. — Cf. *Prolégomènes*, préf. (trad. nouvelle, etc., p. 11) : « Je recherchai donc avant tout si l'objection de Hume ne comportait pas une extension universelle, et je reconnus bientôt que le concept de la liaison entre la cause et l'effet est loin d'être le seul qui permette à l'entendement de se figurer a *priori* la liaison des choses et qu'au contraire la métaphysique ne se compose absolument que de liaisons de même nature, etc. » (IV, 8).

2. Cf. *Critique de la Raison pure*, trad. BARNI, t. I, p. 156-7 (III, 113).

3. *Ibid.*, p. 48-9 (III, 35).

est-ce l'entendement lui-même qui est par ses concepts [1] l'auteur de l'expérience qui lui fournit ses objets [2]. » Supposons, en effet, que ce que nous appelons l'expérience soit, en tant que telle, en tant que législation des phénomènes, le produit de l'entendement, et nous tenons désormais la clé de la difficulté en même temps que l'idée-mère du système. Et de fait, la pensée, disons-nous, constitue les objets (empiriques) par un acte originel et original qui consiste à *unir* les intuitions sensibles : voilà la synthèse, voilà expliquée la nature synthétique des concepts et des principes qui président à cette opération fondamentale. D'autre part, cet acte est un acte originel, justement, constitutif de l'expérience même, qui ne peut être mise sur pied que par lui : voilà expliqué le caractère *a priori* de ces mêmes concepts ou principes, avec l'absolue impossibilité que les objets échappent à leur empire, c'est-à-dire avec leur absolue nécessité et universalité.

Encore une fois, on en revient toujours au même point : la théorie de l'aperception et le formalisme subjectiviste dont elle est l'expression la plus achevée, hypothèse proposée en vue de rendre intelligible le double trait distinctif des éléments supérieurs de notre connaissance. Nous n'osons presque plus y insister, mais dans ces conditions, non seulement cette hypothèse redevient justiciable de la critique : en outre et par-dessus tout, il faut renoncer, en toute logique, à la postuler elle-même dans la discussion qui, de ce chef, en doit être instituée. Ce serait un autre « paralogisme de la Raison pure ».

V

Nous nous inspirerons des mêmes principes pour répondre à un autre grief que l'on a souvent articulé

---

1. Les catégories, formes dérivées de l'unité de l'aperception. — Cf. *infra*, chap. VII.
2. *Critique*, etc., p. 156 (III, 113).

contre notre attitude dans le présent débat. Comme celui que nous venons d'examiner, il tend à nous imputer une méprise fondamentale sur la manière dont la question doit être posée. « C'est, dit-on, un défaut commun à presque tous les partisans de la philosophie de l'École en face de la philosophie moderne, et en particulier de celle de Kant, de se placer constamment au point de vue dogmatique et dualiste, pour réfuter une philosophie qui ne saurait admettre un tel point de vue... L'École, avec toute la philosophie ancienne, suppose le problème résolu, ou plutôt, ne le posant même pas, déclare que l'objet existe et que la pensée lui est conforme. Les néo-scolastiques sont tellement habitués à cette façon dogmatique de penser, elle est d'ailleurs si conforme aux tendances naturelles de l'esprit, qu'ils ont bien de la peine à entrer dans l'idée de Kant. Ils lui opposent alors des raisons du genre de celle-ci : « Rien ne justifie cet apriorisme. Avec une faculté vitale organique et sensible, on explique sans difficulté les caractères concrets que présente notre intuition sensible [1] ». Ce qui revient à dire : avec des objets et des facultés vides, on explique l'objectivité des sensations aussi bien qu'avec des lois purement *a priori*. Mais le kantisme soutient précisément que la position d'un objet résulte d'une nécessité fonctionnelle de l'esprit, et donc, on a beau expliquer les sensations avec des objets, on n'a pas pour cela le moins du monde détruit le kantisme. A vrai dire, on ne l'a même pas atteint [2] ».

N'y aurait-il point ici encore quelque malentendu ? Que l'École, avec la spéculation ancienne en général, admette d'emblée, comme un principe indiscutable, la conformité de la pensée avec les choses, et que le problème ne soit plus pour elle que d'expliquer comment cette conformité

---

1. E. Peillaube, *Théorie des concepts*, p. 226.
2. *Revue philosophique*, t. XLI, p. 356.

se réalise dans l'acte de la connaissance [1], c'est possible et même certain : aussi bien avons-nous pris soin d'observer tout à l'heure que tout notre dessein n'allait qu'à retrouver dans les principes de cette vieille philosophie les éléments d'une théorie critique du savoir, qu'elle peut bien contenir implicitement, mais qu'il en faut proprement extraire à la lumière des points de vue nouveaux dégagés par la pensée moderne.

Que parmi ceux qui s'inspirent aujourd'hui de la philosophie de l'École, il y en ait plus d'un qui s'en tienne trop exclusivement au dogmatisme ainsi entendu, c'est possible encore. Il ne nous appartient pas de nous prononcer sur ce point. Mais si l'on veut bien prendre garde à la méthode que nous avons adoptée, on reconnaîtra sans doute que nous avons quelque droit, quant à nous, de répudier une parenté aussi compromettante. Assurément, nous faisons profession d'être dogmatiques, nous admettons en définitive l'accord fondamental des lois de la connaissance avec celles de la réalité. Mais toute la question est de savoir si nous commençons par là, si nous avons besoin de commencer par là. Or, nous avons peut-être réussi à montrer ci-dessus que tel n'est point le cas. Ce n'est au contraire que la conclusion dernière de notre discussion même, et nous ne voyons toujours pas que les prémisses d'où nous la dégageons la prennent pour accordée. On peut *supposer* que c'est la connaissance qui se règle sur l'objet (ou que c'est l'objet qui détermine la connaissance) sans postuler le dogmatisme, comme on peut supposer à l'inverse que c'est l'objet qui se règle sur la connaissance (ou la connaissance qui pose son propre

---

1. C'est à quoi tendait la célèbre théorie des espèces, impresses et expresses, application au problème de la connaissance de la doctrine générale du moteur et du mobile. — Cf. *infra*, chap. I, IV, p. 32 sq. — Cf. A. FARGES, *La théorie du moteur et du mobile*, XIII (Études philosophiques, I). — *L'objectivité de la perception des sens* (Ibid., V), p. 20 sq.

objet) sans postuler l'idéalisme ; pour échapper à la pétition de principe, il suffit, dans un cas comme dans l'autre, et donc dans le cas du réalisme comme dans celui du formalisme, de se souvenir qu'il ne s'agit justement que d'une supposition, dont il reste à voir si elle réussira.

Et comment, pour notre part, nous efforçons-nous d'établir que c'est le réalisme qui réussit ? Ainsi qu'on le verra plus loin, nous mettons en avant une triple supériorité qu'il nous paraît présenter : *a*) dans l'explication même qu'il apporte du caractère de nécessité et d'universalité inhérent à nos connaissances rationnelles ; *b*) dans son accord avec l'expérience ; *c*) dans son accord avec lui-même. D'où prend-on qu'il nous faille à cette fin postuler ce qui est en question, à savoir la valeur objective des lois de la pensée ? Et en quoi dès lors violons-nous les règles logiques qui président à la vérification des hypothèses ?

Il ne s'agit donc plus de dire que « la philosophie kantienne ne saurait admettre un tel point de vue ». Nouvelle équivoque, ou plutôt nouvel aspect de la même équivoque sur laquelle repose l'objection tout entière ! Que la philosophie *subjective* de Kant ne puisse s'accommoder du point de vue *objectif* de la philosophie de saint Thomas, n'est-ce pas trop évident en un sens, puisque aussi bien les deux doctrines sont l'exact contrepied l'une de l'autre ? Mais à ce compte la philosophie de saint Thomas ne peut pas admettre davantage le point de vue de la philosophie de Kant. Si les kantiens reprochent aux thomistes « de ne pas savoir entrer dans l'idée de Kant », il y a lieu de craindre que les thomistes ne reprochent de même aux kantiens de ne point savoir entrer dans l'idée de saint Thomas. Comment discuter dans ces conditions ? Lors donc qu'on parle de la sorte, on ne peut se mettre en tête d'imposer de prime abord à l'adversaire la solution à laquelle on a cru devoir s'arrêter par devers soi. La seule chose que l'on puisse raisonnablement exiger, c'est que l'adversaire, ne préjugeant point la question elle-même, fasse effort pour comprendre la solution à laquelle on s'est arrêté avec les raisons qui ont motivé cette attitude, et qu'il ne critique raisons et solution qu'à bon escient, et surtout et encore une fois qu'il les critique sans se réclamer de sa propre hypothèse comme d'une vérité acquise et démontrée. En toute sincérité, nous croyons, quant à nous, avoir satisfait à cette exigence.

Et par là, enfin, on voit ce qu'il faut penser de cette autre remarque : « c'est perdre son temps, semble-t-il, que de prétendre réfuter le kantisme en expliquant la connaissance avec des objets, puisque le kantisme soutient précisément que la position de l'objet résulte des lois de la connaissance ». — Oui, répondrons-nous, s'il est convenu d'avance que l'idéalisme kantien est le vrai — de quoi, manifestement, il ne peut être question ; non, si l'on ne se propose que d'expliquer la connaissance elle-même, ou plus exactement le double caractère qui l'affecte dans son élément supérieur [1]. Tel est en effet — nous n'y

---

1. Car il pourrait arriver, par exemple, qu'on ne pût venir à bout de cette tâche qu'en supposant que c'est l'objet qui impose sa forme à la connaissance, c'est-à-dire en revenant au réalisme, qui se trouverait ainsi justifié. Il n'y aurait guère qu'un moyen de fermer cette voie à la recherche : ce serait de montrer que pareille supposition « loge l'ennemi avec soi ». Mais l'entreprise serait sans doute bien périlleuse. Car enfin pourquoi, à prendre les choses en elles-mêmes, le sujet déformerait-il l'objet en le connaissant ? Qui peut bien empêcher que, de soi, il se conforme au contraire à lui, et que ce soit même là le fond essentiel de la connaissance ? Et n'est-ce pas à quoi on est même obligé d'en venir en dernière analyse et malgré tout, nous voulons dire à reconnaître un état final où la pensée se trouve simplement et, si nous osions nous exprimer ainsi, nez à nez en face de l'objet qu'elle pense, où l'on ait conséquemment d'un côté la pensée toute seule, de l'autre l'objet tout seul, celui-ci ne devant plus rien à celle-là, qui ne fait que l'exprimer alors dans son intégrité inaltérée ? Un philosophe contemporain nous paraît avoir réussi à l'établir, « si loin qu'on étende le domaine du relativisme, il reste toujours une barrière où il faut qu'on s'arrête ; il n'en est pas moins vrai qu'il arrive un moment où tout acte de connaissance se sépare en deux termes très distincts : d'un côté ce qui perçoit, de l'autre ce qui est perçu. Qu'on multiplie autant qu'on voudra le nombre des formes que la connaissance mêle à ce qu'elle appréhende, il se trouve toujours un

insisterons jamais assez — le motif originel de l'hypothèse kantienne ; telle est la raison pour laquelle Kant supposa que la position de l'objet résulte d'une nécessité fonctionnelle de l'esprit. Or cette interprétation, il reste à en vérifier la valeur ; et s'il est vrai que, pour ce faire, nous serions mal venus à ériger en thèse absolue le système opposé, on n'est pas plus fondé à la poser elle-même en principe pour écarter la critique que nous en instituons.

C. — DIVISION GÉNÉRALE

Quant à la division générale de la présente étude, elle n'a guère besoin d'être justifiée.

Dans une première partie, de caractère plutôt historique ou proprement doctrinal, nous exposerons en détail la doctrine thomiste de la connaissance intellectuelle. Nous proposant pour but final son adaptation aux exigences du problème critique, nous devrons naturellement nous appesantir sur ceux de ses points qui intéressent davantage ce but (chap. I à V).

La seconde partie sera consacrée au problème critique lui-même. Après quelques courtes observations sur les

---

dernier site d'où elle ne fait plus que saisir son objet, d'où elle le saisit comme il est. » (C. PIAT, L'*Idée*, p. 6). On ne voit donc pas pour quelle raison, absolument parlant, on ne pourrait penser l'objet qu'en le dénaturant. Autrement dit, l'idée d'une connaissance conçue comme un simple redoublement idéal de la chose n'enveloppe aucune contradiction : elle n'en enveloppe certainement pas plus que l'idée opposée, à savoir de la chose conçue comme un dédoublement et une objectivation de la connaissance. Autrement dit encore, l'hypothèse suivant laquelle c'est le sujet qui s'assimile à l'objet, est tout aussi concevable que l'hypothèse adverse, suivant laquelle c'est l'objet qui s'assimile au sujet. Il ne paraît donc pas qu'il y ait rien à tirer de là en faveur de celle-ci.

rapports du réalisme thomiste avec l'idéalisme en général, observations qui complèteront d'ailleurs la première partie, elle abordera la comparaison de ce réalisme avec l'idéalisme kantien. Et elle envisagera successivement, pour instituer cette comparaison, les deux problèmes partiels dans lesquels l'idéalisme kantien a dédoublé le problème critique total, le problème de la science et le problème de la croyance. C'est surtout par rapport au premier que nous aurons à utiliser la théorie thomiste de l'universel et de l'abstraction, comme c'est plutôt à propos du second qu'interviendra la doctrine de l'analogie (chap. VI à VIII).

PREMIÈRE PARTIE

EXPOSÉ DU RÉALISME THOMISTE

CHAPITRE I

VUE D'ENSEMBLE DE LA DOCTRINE THOMISTE

SOMMAIRE

I. Principe général de la théorie. — Rapport à l'anthropologie et à la métaphysique générale de l'auteur. — II. Distinction de deux moments dans l'opération intellectuelle : abstraction et universalisation proprement dite. — III. Distinction parallèle de deux pouvoirs intellectuels : intellect actif et intellect passif. — Que le second seulement connaît au pied de la lettre, le premier ne faisant que réaliser une condition de la connaissance. — IV. Développement de la même idée dans son rapport à la théorie générale de la connaissance. — V. Origine des principes premiers. — L'*habitus naturalis principiorum*. — VI. Nature discursive de notre savoir humain. — VII. Conséquence de tout ce qui précède : caractère analogique de notre connaissance du suprasensible, surtout du suprasensible divin. — VIII. Division générale de la première partie.

I

« Notre connaissance naturelle a pour point de départ obligé le sens, mais dans la réalité perçue par le sens l'entendement découvre beaucoup de choses qui échappent au sens lui-même [1] », ce double principe domine toute

---

1. *S. theol.*, I p., q. XII, a. 12 : Naturalis nostra cognitio a sensu principium sumit (I, 46). — *Ibid.* q. LXXXVIII, a. 4 : tamen in re apprehensa per sensum intellectus multa cognoscit, quae sensus percipere non potest (I, 308). — Cf. *De Verit.*, q. X, a. 6 ad 2 : Pro tanto dicitur cognitio mentis a sensu originem habere, non quod omne illud quod mens cognoscit sensus apprehendat, sed quia ex his quae sensus apprehendit mens in aliqua ulteriora manuducitur (IX, 164).

l'idéologie de saint Thomas, et il va d'ailleurs de soi, une fois admises l'anthropologie et même la métaphysique générale auxquelles il correspond : car le mode de fonctionnement d'une puissance quelconque est dans une relation nécessaire avec cette puissance même et avec la constitution essentielle de l'être dont elle émane [1]. Véritable trait d'union entre les deux créations, matérielle et invisible [2], l'homme participe de la nature de l'une et de l'autre. Tout en animant le corps dont elle est la forme substantielle [3], l'âme humaine le dépasse par une subsistance et une activité propres qui constituent à la lettre sa spiritualité [4]. Voilà pourquoi, si elle soutient avec lui et, par lui, avec le monde corporel en général un étroit rapport de dépendance, en elle-même pourtant et dans son opération supérieure elle reste affranchie de ce lien [5] : ce qu'elle emprunte à l'expérience, ce sont les objets de sa pensée,

---

1. *In lib. de Mem. et Reminisc.* lect. 21 : Operatio proportionatur virtuti et essentiae (XX, 200).

2. *De Anim.*, a. 1 : Anima humana est in confinio corporalium et separatarum substantiarum constituta (VIII, 467).

3. *S. theol.*, I p., q. LXXVI, a. 6 ad 3 : Anima intellectiva corpori unitur ut forma (I, 295). — Cf. *Ibid.*, a. 1 : Hoc principium quo primo intelligimus, sive dicatur intellectus sive anima intellectiva, est forma corporis (I, 288).

4. *De Spirit. creat.*, a. 2 : Anima humana habet operationem omnino excedentem materiam, quae non fit per organum corporale, scilicet intelligere. Et quia esse rei proportionatur ejus operationi, cum unumquodque operetur secundum quod est ens, oportet quod esse animae humanae superexcedat materiam corporalem et non sit totaliter comprehensum ab ipsa, sed tamen aliquo modo attingatur ab ea. Inquantum igitur supergreditur esse materiae corporalis, potens per se subsistere et operari, anima humana est substantia spiritualis... etc. (VIII, 432). — Cf. *De Anim.*, a. 1 : In anima rationali considerari oportet quia in ejus propria operatione non est possibile communicare aliquod organum corporale ; ut sic aliquid corporeum sit organum intelligendi, sicut oculus est organum videndi. Et sic oportet quod anima intellectiva per se agat, utpote propriam operationem habens absque corporis communione. Et quia unumquodque agit secundum quod est actu, oportet quod anima intellectiva habeat esse per se absolutum non dependens a corpore (VIII, 467).

5. *S. theol.*, I p., q. LXXV, a. 2 : Ipsum igitur intellectuale principium, quod dicitur mens vel intellectus, habet operationem per se cui non communicat corpus (I, 283).

plus exactement, ce qu'elle doit à l'expérience, c'est d'entrer en commerce avec les premiers objets de sa pensée ; mais sa pensée n'en demeure pas moins autonome en soi [1].

A cette première raison, prise de la nature du « composé humain », vient s'en joindre une autre, tirée parallèlement des rapports du sensible et de l'intelligible, cet objet même de la pensée. Les natures universelles ne subsistent pas en elles-mêmes dans un monde transcendant, dont celui de l'expérience ne serait qu'une sorte de vacillant reflet ou, moins encore, d'ombre inconsistante [2]. Elles sont bien, il est vrai, éternellement présentes à l'entendement infini, qui fonde en les concevant de la sorte leur possibilité absolue [3]. Mais elles n'existent réellement que dans les êtres particuliers [4], où l'acte créateur les dépose, pour ainsi dire, comme autant de principes substantiels [5], particularisées dès lors avec chacun d'eux et en chacun d'eux [6], et ne retenant plus qu'une unité tout idéale, à

---

1. *S. theol.*, I. p., q. LXXV, a. 2 ad 3 : Corpus requiritur ad actionem intellectus, non sicut organum quo talis actio exerceatur, sed ratione objecti (I, 283). — Cf. *De Anim.*, a. 10 : Intelligere autem non est actus alicujus organi corporalis (VIII, 497). — *De Spirit. creat.* : Intelligere autem non potest esse per organum corporale (VIII, 454). — *In III de Anim.* lect. 4 : Intelligere autem non est aliquid corporeum (XX, 108).

2. *De Verit.*, q. X, a. 6 : Quidam, ut Platonici, posuerunt formas rerum sensibilium esse a materia separatas, et per earum participationem a materia sensibili effici individua in natura... etc. Sed haec positio non videtur rationabilis (IX, 163-4). — Cf. *S. theol.*, I p., q. LXXXIV, a. 3 (I, 331).

3. *S. theol.*, I p., q. XV, a. 2 : Unaquaeque creatura habet propriam speciem secundum quod aliquo modo participat divinae essentiae similitudinem. Sic igitur, inquantum Deus cognoscit suam essentiam ut sic imitabilem a tali creatura, cognoscit eam ut propriam rationem et ideam hujus creaturae (I, 71). — *Ibid.*, q. XLV, a. 3 : Oportet ergo dicere quod in divina sapientia sint rationes omnium rerum, quas supra diximus Ideas, i. e. formas exemplares in mente divina existentes (I, 182).

4. *S. theol.*, I p., q. LXXXV, a. 2 ad 2 : Ipsa natura, cui accidit intelligi, non est nisi in singularibus (I, 338).

5. Actifs ou passifs. — Cf. *S. theol.*, I p., q. CXV, a. 2 ad 1 : Virtutes activae et passivae rerum naturalium deducuntur a rationibus idealibus, a quibus sunt rebus creatis indita (I, 440).

6. *De Ente et Essent.* c. 4 : Natura in singularibus habet multiplex esse secundum diversitatem singularium (XVI, 333).

savoir leur communauté même de ressemblance avec l'archétype divin, universelles en puissance et non plus en acte [1]. Et dès lors aussi, c'est de là, c'est de ces êtres particuliers du monde empirique, que notre pensée humaine peut seulement les extraire par l'effort de son analyse rationnelle [2].

Les deux considérations, comme on le voit, finissent par se rejoindre. Ce qui résulte pour notre âme de son union substantielle avec le corps et tout ensemble de l'immanence potentielle de l'intelligible dans le sensible, c'est la nécessité de passer par le sensible pour atteindre l'intelligible [3]; mais ce qui résulte de sa spiritualité ou de son indépendance foncière à l'égard du corps, c'est cette vertu même d'atteindre l'intelligible par delà le sensible [4] : *naturalis nostra cognitio a sensu principium sumit; tamen in re apprehensa per sensum intellectus multa cognoscit, quae sensus percipere non potest.*

---

1. *De Spirit. creat.*, a. 4 : Universalia non subsistunt nisi in sensibilibus, quae non sunt intelligibilia actu (VIII, 453). — *Quodlib.* VIII, a. 3 : Universalia in sensibilibus subsistentia non sunt intelligibilia actu. Phantasmata non ex seipsis sufficiunt ad movendum intellectum, cum sint in potentia intelligibilia (IX, 573).

2. *S. theol.*, I p., q. LXXIX, a. 3 : Oportet ponere virtutum activam ex parte intellectus, quae faciat intelligibilia in actu per abstractionem specierum a conditionibus individuantibus (I, 310).

3. *In lib. de Mem. et Reminisc.*, lect. 2 : Operatio proportionatur virtuti et essentiae : intellectivum autem hominis est in sensitivo, et ideo propria ejus operatio est intelligere intelligibilia in phantasmatibus (XX, 200). — *S. theol.*, I p., q. LXXXIV, a. 7 : Impossibile est intellectum secundum praesentis vitae statum, quo passibili corpori conjungitur, aliquid intelligere in actu nisi convertendo se ad phantasmata (I, 335).

4. *S. theol.*, I p., q. XII, a. 4 : Intellectus non est actus alicujus organi corporalis. Unde per intellectum connaturale est nobis cognoscere naturas in universali [c'est-à-dire précisément l'intelligible] (I, 40). — On trouve les deux raisons réunies *ibid.* q. LXXXV, a. 1 : Intellectus humanus non est actus alicujus organi (*spiritualité*), sed tamen est quaedam virtus animae quae est forma corporis (*union substantielle avec l'organisme*); et ideo proprium ejus est cognoscere formam (*l'intelligible*) in materia quidem corporali individualiter existentem (*immanence de l'intelligible dans le sensible*), non tamen prout est in tali materia, sed cognitione immateriali, universali ac necessaria [Cf. *ibid.*, q. LXXXIV, a. 1] (I, 336 et 329).

II

Et voici en substance comment elle l'atteint. De la sensation, ou plutôt de l'image *(phantasma)* qui la prolonge ou la reproduit et qui, comme elle, représente l'objet particulier dans sa particularité même, avec les déterminations temporelles et spatiales, entre autres, qui constituent pour nous l'individualité [1], se dégage, sous l'influence de la pensée, par une sorte d'élimination radicale de ces déterminations ou, ce qui revient au même, de notes individuantes, le type essentiel de l'objet, ou plutôt encore de la classe à laquelle il appartient [2]. C'est le premier moment ou aspect de l'opération généralisatrice, qu'on appelait dans l'École *abstraction* [3]. Elle a donc pour effet propre l'actualisation de l'intelligible [4], que les images ne contiennent qu'en puissance [5], ce qui lui permet d'agir sur

---

1. *De Verit.*, X, a. 5 : Virtutes sensitivae recipiunt formas a rebus in organo corporali et sic recipiuntur sub determinatis dimensionibus et secundum quod ducunt in cognitionem singularis (IX, 162).

2. *De Ente et Essent.*, c. 4 : Ratio speciei accidit naturae secundum illud esse quod habet in intellectu. Ipsa enim natura habet esse in intellectu abstractum ab omnibus individuantibus et habet rationem uniformem ad omnia individua quae sunt extra animam (XVI, 333). — Cf. *In. II de Anim.*, lect. 12 : Ista autem natura, cui advenit intentio universalitatis, puta natura hominis, habet duplex esse : unum quidem materiale, secundum quod est in materia naturali, aliud autem immateriale, secundum quod est in intellectu. Secundum igitur quod habet esse in materia naturali, non potest ei advenire intentio universalitatis, quia per materiam individuatur; advenit ei igitur universalitatis, intentio.... dum intellectus apprehendit naturam communem praeter principia individuantia... in quantum intelligit naturam speciei, non intelligendo individualia principia (XX, 68).

3. *S. theol.*, I p., q. LXXXV, a. 1 ad 1 : Hoc est abstrahere (universale a particulari), considerare scilicet principia speciei absque consideratione individualium principiorum, quae per phantasmata repraesentantur (I, 337).

4. Cf. *S. theol.*, I p., q. LXXXIV, a. 6. *La pensée* facit intelligibilia actu per modum abstractionis cujusdam (I, 334). — *Ibid.*, q. LIV, a. 4 ad 2: illuminat intelligibilia in potentia inquantum per abstractionem facit ea intelligibilia actu (I, 216).

5. *De Spirit. creat.*, a. 4 : Universalia non subsistunt nisi in sensibilibus, quae non sunt intelligibilia actu (VIII, 453).

l'intelligence, qui peut ainsi le penser effectivement[1].

Elle ne le pense tout d'abord qu'en compréhension[2]; mais la même opération s'étant reproduite plusieurs fois, la réflexion ne tarde pas à remarquer l'identité de ce type intelligible dans tous les cas du même genre[3] : il est alors pensé en extension, à titre d'universel proprement dit ou d'unité rationnelle des multiples sensibles[4]. C'est l'autre aspect ou moment, beaucoup plus complexe d'ailleurs, de l'opération généralisatrice, que nous appellerons, faute d'un terme mieux approprié, l'*universalisation* au sens rigoureux du mot[5]. Elle a donc pour effet propre la conception de l'intelligible, c'est-à-dire de l'universel lui-même, actualisé par l'abstraction.

III

Tout ce processus implique évidemment la présence dans l'âme d'un double pouvoir : 1° celui d'isoler les éléments spécifiques ou proprement intelligibles des natures individuelles, pour les faire apparaître dans l'actualité de leur pure notion idéale ; 2° celui de les penser ainsi dégagés et d'y ajouter leurs relations ou propriétés

---

1. *Quodlib.* VIII, a. 3 : Phantasmata ad hoc non sufficiunt quod moveant intellectum, cum sint in potentia intelligibilia, intellectus autem non moveatur nisi ab intelligibilibus in actu (IX, 573).

2. *De Anim.*, a. 4 : Quantum ad id tantum quod per se pertinet ad naturam [intelligibilis] (VIII, 477). — *De Ente et Essent.*, c. 4 : Et quod convenit sibi secundum quod hujusmodi. — Natura secundum propriam considerationem, scilicet absolutam (XVI, 333).

3. *In II Poster. Analyt.*, lect. 20 : Ex memoria multoties facta circa eamdem rem fit experimentum.... cum ratiocinatione circa particularia, per quam confertur unum ad aliud, habens rationem uniformem ad omnia individua (XVIII, 224).

4. *De Anim.*, a. 4 : Intelligit enim aliquid quasi unum in multis et de multis (VIII, 476).

5. *In II Poster. Analyt.*, lect. 20 : Si enim accipiantur multa singularia, quae sunt indifferentia quantum ad aliquid unum in eis existens, illud secundum quod non differunt, ab anima acceptum, est universale (XVIII, 225).

logiques. Le premier est l'intellect agent ; le second est l'intellect possible ou passif[1]. Le premier se rapporte à l'abstraction, l'autre à l'universalisation proprement dite, telles qu'on les a ci-dessus définies l'une et l'autre.

Il faut insister sur cette distinction de deux pouvoirs intellectuels, ou plutôt sur ce rapport établi entre l'un et l'autre et les deux moments de l'opération intellectuelle totale. Dans le premier des deux cas précités, c'est-à-dire par l'abstraction même, l'universel (ou l'intelligible) n'est pas, en toute exactitude, conçu ou connu : il n'est que mis à même, en s'émancipant des particularités sensibles qui le voilaient au regard de notre esprit, d'exercer sur celui-ci son action et de le déterminer à la connaissance[2]. Si l'on peut risquer cette formule, il n'est point par là *représenté*, mais seulement *présenté*. Et il n'est représenté ou conçu que dans le second cas, lorsque, sollicité par son action ou informé par lui, l'esprit le redouble idéalement en lui-même et l'exprime par un concept[3]. On voit la suite : l'intellect agent, qui intervient dans le premier cas,

---

1. *In II Poster. Analyt.*, lect. 20 : Cum sensu oportet praesupponere talem naturam animae, quae possit pati hoc, i. e. sit susceptiva cognitionis universalis ; quod quidem fit per intellectum possibilem ; — et iterum quod possit agere hoc, per intellectum agentem, qui facit intelligibilia actu per abstractionem universalium a singularibus (XVIII, 225). — Cf. *De Verit.*, q. X, a. 6 : Cum mens nostra comparatur ad res sensibiles quae sunt extra animam, invenitur se habere ad eas in duplici habitudine. Uno modo ut actus ad potentiam, inquantum scilicet res quae sunt extra animam sunt intelligibiles in potentia ; et secundum hoc ponitur in ea intellectus agens, qui faciat intelligibilia actu. Alio modo, ut potentia ad actum, prout scilicet in mente nostra formae rerum determinatae sunt in potentia tantum ; et secundum hoc ponitur in anima nostra intellectus possibilis, cujus est recipere formas a rebus sensibilibus abstractas, factas intelligibiles actu per lumen intellectus agentis (IX, 164).

2. *De Anim.*, a. 4 : Oportet ponere, praeter intellectum possibilem, intellectum agentem, qui faciat intelligibilia actu, quae moveant intellectum possibilem ; facit autem ea per abstractionem a conditionibus quae sunt principia individuationis (VIII, 477).

3. *Contra Gent.*, I, 53 : Intellectus per speciem rei formatus intelligendo format in seipso quandam intentionem rei intellectae. Haec autem intentio intellecta est aliud a specie intelligibili, quae facit intellectum in actu (V, 38).

réalise beaucoup plutôt la condition immédiate de la connaissance intellectuelle qu'il n'est par lui-même le siège de cette connaissance [1] ; et c'est à l'intellect possible, qui entre en exercice dans le second cas, que revient à proprement parler ce rôle [2].

Une autre conséquence, parallèle à la première, c'est que l'abstraction, si du moins l'on entend par ce mot la part précise de l'intellect agent, ne coïncide pas exactement avec la représentation intellectuelle, comme nous dirions aujourd'hui. Car, en tant qu'opération proprement cognitive, celle-ci est le fait de l'intellect possible ; et l'abstraction n'est en elle-même qu'une opération logiquement préliminaire, qui prépare ou rend possible cette opération intellectuelle bien plus qu'elle ne la constitue formellement.

Il pourra sans doute arriver qu'on en parle plus d'une fois comme d'une connaissance proprement dite [3] ; mais c'est par une extension de son sens strict et limitatif qu'il est facile de justifier. Les deux actions, en effet, celle de l'intellect agent et celle de l'intellect possible, concourent avec une égale nécessité à l'intellection complète et parfaite, qui en est la synthèse indissoluble [4] ; elles sont donc liées l'une à l'autre par une véritable loi de coexistence, la

---

1. *Contra Gent.*, II, 76 : Intellectus agens non facit species intelligibiles actu *ut ipse per eas intelligat*, sed ut per eas intelligat *intellectus possibilis* (V, 130). — *De Verit.*, q. X, a. 6 : Intellectus possibilis est recipere formas a rebus sensibilibus abstractas, factas intelligibiles actu per lumen intellectus agentis (IX, 164).

2. *In III De Anim.*, lect. 7 : Intellectus possibilis est quo homo, formaliter loquendo, intelligit (XX, 117).

3. V. g. lorsque saint Thomas écrit (*S. theol.*, I p., q. LXXXV, a. 1 ad 1) : Hoc est abstrahere, considerare scilicet naturam speciei absque consideratione individualium principiorum (I, 337).

4. *De Verit.*, q. X, a. 8 ad 11 : In omni actu quo homo intelligit concurrit operatio intellectus agentis et intellectus possibilis (IX, 171). — Cf. *De Anim.*, a. 4 ad 8 : Duorum intellectuum, scilicet possibilis et agentis, sunt duae actiones.... non tamen sequitur quod sit duplex intelligere in homine, quia ad unum intelligere oportet quod utraque istarum actionum concurrat (VIII, 478).

première entraînant la seconde comme sa conséquence inévitable, la seconde supposant la première comme sa condition rigoureuse. Ainsi, c'est-à-dire avec ce prolongement naturel qui est la conception formelle de l'intelligible, l'abstraction en particulier peut-elle être considérée comme équivalant à l'intellection complète et parfaite elle-même. On n'a plus alors en vue la seule intervention de l'intellect agent, mais on sous-entend avec elle celle de l'intellect possible ; et ce sont les deux intellects à la fois que désigne en pareil cas le terme unique d'intelligence.

IV

Considérons la même idée d'un autre point de vue, par rapport à la théorie générale de la connaissance. Existant d'abord à l'état de simples puissances, nos facultés de connaître ne s'actualisent ou n'entrent en exercice que sous l'influence d'un objet actuel lui-même, qui, en leur imprimant sa forme, se les assimile, qui, en les « informant », les conforme aussi nécessairement à lui. C'est la phase passive de la connaissance ; et cette forme de l'objet reçue dans le sujet est ce que l'on appelait au moyen âge « l'espèce impresse [1] ». Ainsi déterminées, elles agissent pour leur compte, et leur opération a pour résultat une représentation intérieure qui les exprime telles qu'elles sont et qui, par là même, puisqu'elles sont devenues alors semblables à l'objet, exprime également l'objet tel qu'il est [2]. C'est la phase active de la connaissance ; et cette

---

1. Cf. V. g. *In I Sent.*, dist. XXXIV, q. 3, a. 1 ad 4 : Est quaedam assimilatio per informationem, quae requiritur ad cognitionem.. » Haec autem informatio non potest fieri nisi per species (VI, 277). — Cf. *S. theol.*, I p., q. LXXVI, a. 2 ad 4 : Cognitio fit secundum assimilationem cognoscentis ad rem cognitam (I, 291). — Cf. *De Verit.*, q. I, a. 1 (IX, 6). — *Contra Gent.* I, 53 (V, 38).

2. *Contra Gent.* I, 53 : Intellectus per speciem rei formatus intelligendo format in seipso quamdam intentionem rei intellectae, quae est ratio

représentation de l'objet, engendrée par le sujet est ce que les anciens docteurs appelaient « l'espèce expresse » ce que nous appellerions nous-mêmes l'image ou l'idée. Il faut bien remarquer que celle-ci n'est pas le terme de la connaissance en tant que telle, du moins lorsque cette connaissance est directe, mais qu'elle en est seulement le moyen ; elle n'est pas *ce qui* est connu, mais *ce par quoi* l'on connaît : ce qui est connu, le vrai terme de la connaissance, c'est l'objet, que l'esprit atteint en lui-même à travers cette représentation ou espèce [1]. Supposez un miroir dont les dimensions coïncideraient exactement avec celles du corps qui s'y reflète et qui, par suite, échapperait à l'œil pour ne laisser voir que ce corps : ainsi l'image ou l'idée formée dans l'esprit sous l'action et à la ressemblance de l'objet se dérobe-t-elle en elle-même à la connaissance directe, laquelle se pose d'emblée dans l'objet lui-même et coïncide de tous points avec lui et s'absorbe tout entière en lui [2].

(*la notion*) *ipsius, quam exprimit diffinitio..... Haec autem intentio intellecta est aliud a specie intelligibili, licet utrumque sit rei intellectae similitudo. Per hoc enim quod species intelligibilis, quae est forma intellectus et intelligendi principium, est similitudo rei exterioris, sequitur quod intellectus intentionem format illi rei similem ; quia quale est unumquodque talia operatur* (V, 38). — Sur ce terme d'*intention*, voir *infra*, p 63, note 1.

1. *S. theol.*, I p., q. LXXXV, a. 2 : *Species intelligibilis se habet ad intellectum ut quo intelligit intellectus... id quod intelligitur primo est res, cujus species intelligibilis est similitudo* (I, 338). — Cf. *Contra Gent.* II, 75 : *Habet se igitur species intelligibilis, recepta in intellectu, in intelligendo, sicut id quo intelligitur, sicut et species coloris in oculo non est id quod videtur, sed id quo videmus. Id vero quod intelligitur, est ipsa ratio rerum existentium extra animam* (V, 128). — Non pas que l'espèce (c'est-à-dire l'image ou *resp.* l'idée) ne puisse devenir elle-même objet de connaissance : mais elle ne le peut devenir que dans l'ordre de la réflexion : « *quia intellectus supra seipsum reflectitur, secundum eamdem reflexionem intelligit et suum intelligere et speciem qua intelligit, et sic species intellecta secundario est id quod intelligitur* (*S. theol.*, *loc. cit.*). — Cf. *Contra Gent.* II, 75 : *Licet autem dixerimus quod species intelligibilis in intellectu possibili recepta non sit quod intelligitur, sed quo intelligitur, non tamen removetur quin, per reflexionem quandam, intellectus seipsum intelligat et suum intelligere et speciem qua intelligit* (V, 129).

2. *De . at. verb. intellect.* : *Est tanquam speculum in quo res cernitur, sed non exceders id quod in eo cernitur* (XVI, 180).

Voilà donc pour la connaissance en général. Il serait presque superflu d'ajouter que l'espèce est dite sensible ou intelligible suivant que la connaissance est sensible elle-même ou intellectuelle. Notons simplement que, dans le second cas, l'usage a prévalu de réserver l'appellation d'espèce à l'espèce impresse, l'espèce intelligible expresse portant d'habitude le nom de « verbe mental [1] » : en conséquence espèce intelligible désigne toujours la détermination objective reçue par l'intellect dans la phase passive de la connaissance, l'action de l'intelligible sur l'esprit, ou plutôt le résultat immédiat de cette action, à savoir l'information de l'esprit par l'intelligible [2].

Mais il y a, de la connaissance intellectuelle à la connaissance sensible, une autre différence qui doit retenir notre attention — et c'est par où nous reviendrons à la distinction entre l'intellect agent et l'intellect possible, que tout notre dessein n'allait qu'à préciser davantage. Le sensible, dans les objets de notre expérience, existe en acte, et peut ainsi déterminer d'emblée nos sens à le percevoir. Autrement dit, lorsqu'il s'agit de connaissance sensible, cet objet actuel qui doit actualiser notre puissance cognitive pour la mettre à même d'exercer son opération propre se rencontre tel quel et comme tout fait dans la nature [3]. Nous avons déjà vu qu'il n'en va plus de même de l'intelligible : les objets empiriques ne le contiennent qu'en puissance. Autrement dit, lorsqu'il s'agit de connais-

---

1. *S. theol.*, I p., q. XXXIV, a. 1 ad 2: Id quod intellectus in concipiendo format est verbum (I, 143). — *De differ. verb. divin. et human.*: Illud proprie dicitur verbum interius, quod intelligens intelligendo format (XVI, 177). — Cf. *De nat. verb. intellect.*, en particulier ce texte, qui résume toute la doctrine précédente : Anima enim quasi transformata est in rem per speciem (*impresse*, espèce intelligible), qua agit quidquid agit : unde cum intellectus ea informatus est, actu verbum (espèce *expresse*) producit, in quo rem illam dicit, cujus speciem habet (XVI, 181).

2. Cf. *Ibid.* : Prius enim natura est intellectus informatus specie quam gignatur verbum (XVI, 181).

3. Cf. V. g. *De Spirit. creat.*, a. 9 : Sensibilia actu sunt extra animam. Unde non est necesse ponere sensum agentem (VIII, 452).

sance intellectuelle, l'objet actuel dont l'influence peut seule faire passer notre faculté de connaître de la puissance à l'acte n'existe pas dans les choses à l'état libre, pour ainsi parler, et isolé, mais il y est comme masqué par les éléments inférieurs, c'est-à-dire sensibles et individuels, et confondu avec eux. Il ne peut donc agir sur l'intellect (possible) ou actualiser l'intellect possible qu'à la condition d'être actualisé lui-même ; et telle est précisément, nous l'avons vu aussi, la raison pour laquelle on doit admettre l'existence en nous d'un pouvoir de l'actualiser de la sorte; et c'est ce pouvoir qui a nom intellect agent, *et haec virtus vocatur intellectus agens*[1].

Prenons-y bien garde pourtant : puisque le résultat de l'action exercée par l'intelligible sur l'esprit n'est autre que l'espèce intelligible, il est permis de dire que c'est l'intellect agent qui, en actualisant l'intelligible, produit cette espèce. Il la produit, si l'on peut ainsi s'exprimer, en produisant l'intelligible. Partant, l'analyse précédente, avec sa distinction de deux phases dans la connaissance en général, l'une passive et l'autre active, ne vaut rigoureusement, en matière de connaissance intellectuelle, que réserve faite de cette intervention de l'intellect agent ; ou plutôt, les deux ordres de faits qu'elle décrit et explique sont postérieurs à cette intervention. Ce qui revient à dire qu'elle ne concerne que l'intellect possible. Nous comprenons mieux que jamais comment c'est celui-ci qui, à la lettre, conçoit, juge et raisonne, en un mot *connaît* dans le sens propre du terme[2], et que tout l'office de l'intellect

---

1. *S. theol.*, I p., q. LIV, a. 4 : Naturae rerum immaterialium, quas nos intelligimus, non subsistunt extra animam immateriales et intelligibiles actu, sed sunt solum intelligibiles in potentia extra animam existentes. Et ideo oportuit esse aliquam virtutem quae faceret illas naturas intelligibiles actu. Et haec virtus dicitur intellectus agens in nobis (I, 216).

2. *De Anim.*, a. 3 : Haec operatio, quae est intelligere, egreditur ab intellectu possibili sicut a primo principio per quod intelligimus, sicut haec operatio, sentire, egreditur a potentia sensitiva (VIII, 474). — *De Spirit. creat.*, a. 10 : Judicare est actio intellectus possibilis (VIII, 458).

agent soit simplement de mettre en lumière l'objet commun de ces diverses opérations, à savoir l'intelligible lui-même, en un mot et encore une fois, de réaliser simplement la condition de la connaissance. Saint Thomas a résumé toute sa pensée dans ces deux lignes : « l'action de l'intellect possible consiste à recevoir l'intelligible, et celle de l'intellect agent à l'abstraire, *actio intellectus possibilis est recipere intelligibilia; actio intellectus agentis est abstrahere ea* [1]. »

V

Dès lors, puisque l'intellect possible est le siège propre du savoir, c'est à l'intellect possible que l'on doit rapporter en toute rigueur ces jugements nécessaires que l'analyse retrouve au fond de tout exercice de la pensée et que nos manuels classiques détaillent et étudient sous le nom de principes premiers ou de principes directeurs de la connaissance. Quand, par exemple, la notion d'être est une fois dégagée, cet intellect y reconnaît aussitôt son identité absolue avec elle-même ou son incompossibilité totale avec le non-être, pour l'affirmer d'ailleurs d'une manière plus ou moins explicite : *impossibile est esse et non esse simul*. Il n'en va pas autrement du rapport de la partie au tout, ou du commencement d'existence à la cause, ou du mode à la substance, bref de tous les rapports universels, objets de ces propositions d'évidence immédiate et intuitive *(propositiones per se notae)* qui gouvernent toutes les démarches de l'esprit [2].

---

1. *De Anim.*, a. 6 ad 8 (VIII, 478).
2. Cf. *In IV Metaph.*, lect. 5: Propositiones per se notae sunt quae statim notis terminis cognoscuntur. (Cf. *ibid.*, lect. 6: nec acquiruntur per ratiocinationes, sed solum per hoc quod eorum termini innotescunt [XX, 353]). Et illae propositiones sunt prima demonstrationum principia (XX, 352). — *Ibid.*, lect. 6: Hoc principium: *impossibile est esse et non esse simul*, est naturaliter primum in secunda operatione intellectus,

C'est en ce sens qu'il faut entendre la formule, fréquemment employée par saint Thomas, de possession innée ou naturelle des premiers principes (*habitus innatus aut naturalis principiorum*), ainsi que toutes les expressions équivalentes [1]. Elles ne veulent pas dire que l'âme humaine apporte avec elle en naissant ces jugements tout faits comme autant de lois directrices de son activité intellectuelle [2] : il ne s'agit que d'une aptitude ou disposition constitutive à découvrir les relations essentielles des concepts et, par là, de la réalité d'où ils sont extraits sous l'influence de l'intellect agent [3].

VI

Ainsi se constituent les éléments radicaux de notre savoir, notions originelles et jugements premiers. Toutes nos autres connaissances se développent peu à peu sur ce

---

scilicet componentis et dividentis (*le jugement*). Nec aliquis potest secundum hanc operationem intellectus aliquid intelligere nisi hoc principio intellecto (XX, 354).

1. *S. theol.*, I-II, q. LI, a. 1 : Intellectus principiorum dicitur esse habitus naturalis (II, 178). — *Ibid.* : Inter alios habitus ponitur intellectus principiorum, qui est a natura; unde et principia hujusmodi dicuntur naturaliter cognita (II, 178). — Cf. *De Verit.*, q. X, a. 6 : In lumine intellectus agentis nobis est quodammodo omnis scientia originaliter indita mediantibus universalibus conceptionibus per quas sicut per universalia principia judicamus de aliis et ea praecognoscimus in ipsis (IX, 164). — *Ibid.*, q. XI a. 3 : Deus notitiam primorum principiorum animae impressit, quae sunt quasi quaedam semina scientiarum (IX, 188).

2. *De Verit.*, q. X, a. 8 ad 1 : Intellectus noster nihil actu potest intelligere antequam a phantasmatibus abstrahat... Species intelligibilium non sunt ei innatae (IX, 169).

3. *S. theol.*, I-II, LI, a. 1 : (Intellectus principiorum dicitur esse habitus naturalis). Ex ipsa enim natura animae intellectivae convenit homini quod statim, cognito quid est totum et quid est pars, cognoscat quod omne totum est majus sua parte; et simile est in caeteris. *Sed quid sit notum et quid sit pars, cognoscere non potest nisi per species intelligibiles a phantasmatibus acceptas per abstractionem intellectus agentis* (II, 178). Cf. *supra*, texte *De Verit.*, q. X, a. 6 :... mediantibus universalibus conceptionibus, quae statim lumine intellectus agentis cognoscuntur.

fonds primitif, avec le concours sans cesse renouvelé de l'expérience et par l'effort grandissant de notre réflexion [1]. En d'autres termes, notre pensée humaine n'embrasse pas du premier coup et comme dans une intuition simple et immobile toutes les vérités qui lui sont accessibles et tous leurs rapports, mais elle passe successivement des unes aux autres en vertu de ces rapports mêmes qui les unissent [2].

C'est là, particulièrement en ce qui concerne la formation des idées générales, un *correctif de première importance*, qu'on oublie trop souvent d'apporter à l'exposé de la doctrine thomiste, et faute duquel elle s'attirerait à juste titre le reproche de verser dans un intuitionisme exagéré. Il n'y a pourtant rien de plus contraire à son véritable esprit que d'attribuer à notre intelligence, comme le donneraient parfois à entendre certaines formules concises à l'excès et par là même imprécises, la vertu de pénétrer du premier coup la constitution intime de toutes choses sans exception. Redisons-le, qu'il s'agisse de simples représentations ou d'affirmations de leurs rapports, c'est-à-dire de jugements, ce sont seulement les principes qu'il saisit d'emblée, par une perception instantanée et immédiate [3]

---

1. *S. theol.*, I p., q. CXVII, a. 1 : Inest cuique homini quoddam principium scientiae, scilicet lumen intellectus agentis, per quod cognoscuntur statim a principio naturaliter quaedam universalia principia omnium scientiarum. Cum autem aliquis hujusmodi universalia principia applicat ad aliqua particularia, quorum memoriam et experimentum per sensum accipit, per inventionem propriam acquirit scientiam eorum quae nesciebat, ex notis ad ignota procedens (I, 447).

2. *De Verit.*, q. XI, a. 3 : Intellectui non omnia intelligibilia aequaliter vicina sunt ad cognoscendum ; sed quaedam statim conspicere potest, quaedam vero non conspicit nisi ex aliis principiis inspectis (IX, 188).

3. *Ibid.*, q. XV, a. 1 : Sine aliquo motu vel discursu, statim in prima et subita sive simplici acceptione (IX, 249). — *Simplici mentis intuitu*, comme dira plus tard Descartes. — Cf. *In I. Perihermeneias*, lect. 1, et *In IV Metaph.* lect. 6 : Duplex est operatio intellectus, una quidem quae dicitur indivisibilium intelligentia, per quam scilicet apprehendit essentiam uniuscujusque rei (la « simple appréhension » de la logique de Port-Royal); alia, scil. componentis et dividentis (le jugement, affirmatif ou négatif). Et in utraque inest aliquod primum (XVIII, 2, et XX, 354).

— et encore ne les saisit-il de la sorte que dans leur compréhension et non dans leur extension [1]. Quant au reste, quant à l'extension elle-même de ces notions originelles, et surtout quant aux idées plus complexes et aux jugements plus déterminés qui en résultent, notre entendement est essentiellement *discursif*, ou fait par nature pour raisonner, pour aller du connu à l'inconnu par le moyen du connu lui-même, sous la loi d'un progrès ou mouvement continu de la pensée [2].

VII

Si haut enfin qu'il se porte, ce mouvement conserve d'un bout à l'autre le caractère essentiel que lui imprime son point de départ. L'union substantielle de notre âme avec un organisme n'a pas seulement pour conséquence la dépendance originelle de notre savoir à l'égard de la sensibilité : il suit encore de là que l'objet propre et adéquat de notre intellection réside dans les natures universelles immanentes aux êtres sensibles, ou, comme parlait l'École, dans les universaux du monde des corps [3] : tout ce que nous devons à notre spiritualité, c'est de pouvoir les connaître précisément comme universelles [4].

---

1. Cf. *De Ente et Essent.*, 4 : Natura absolute considerata secundum rationem propriam, quae nec una dici potest nec plures, quia utrumque est extra intellectum ejus (XVI, 333).

2. C'est pourquoi l'homme se définit un animal *raisonnable*. (*De Verit.*, q. XV, a. 1 : ratio enim discursum quemdam designat, quo ex uno in aliud cognoscendum anima humana pertingit vel pervenit [IX, 249]), et non pas, en toute rigueur de termes, *intelligent* (intellectus vero simplicem et absolutam cognitionem designare videtur. *Ibid.*).

3. *S. theol.*, I p., q. LXXXIV, a. 7 : Intellectus humani, qui est conjunctus corpori, proprium objectum est quidditas sive natura in materia corporali existens (I, 335).

4. *Ibid.*, q. XII, a. 4 : Per intellectum connaturale est nobis cognoscere naturas quae quidem non habent esse nisi in materia individuali, sed secundum quod abstrahuntur ab ea per considerationem intellectus,

Sans doute, et par la même raison, parce qu'elle dépasse le corps qu'elle informe, notre âme s'élève ensuite au monde supérieur des êtres immatériels[1] : mais aussi bien ne les conçoit-elle que par leur rapport au sensible lui-même, ou plutôt par le rapport du sensible à eux[2]. Et comme ce rapport est forcément très imparfait, autant dire que très imparfaite aussi est la notion que nous arrivons à nous faire de ce nouvel objet[3]. Au vrai, elle s'épuise presque tout entière en images et en métaphores qui restent par nécessité de nature fort au-dessous de la réalité qu'elles nous font entrevoir[4].

Ainsi en va-t-il en particulier de notre idée de Dieu, ce suprême sommet de la spéculation rationnelle. La seule voie qui nous soit ouverte pour y monter, ce sont les créatures et, en premier lieu, les créatures sensibles[5]. Or qui dit créatures dit effets infiniment disproportionnés à la

---

unde secundum intellectum possumus cognoscere hujusmodi res in universali, quod est supra facultatem sensus (I, 41). — Cf. *Ibid.*, q. LXXXVI, a. 1 ad 4 : (I, 344), q. LXXXV, a. 1 : (I, 336).

1. *Ibid.*, q. LXXXVIII, a. 1 ad 1 : Per hoc enim quod anima nostra cognoscat seipsam (scilicet quod sit quaedam res independens a materia, etc. *De Verit.*, q. X, a. 8 [IX, 169]), pertingit ad cognitionem aliquam habendam de substantiis incorporeis (I, 351).

2. *S. theol.*, I p., q. LXXXV, a. 1 : Per materialia sic considerata (scil. immaterialiter et abstracte, *Ibid.*, q. LXXXVI, a. 1 ad 4 [I, 344]), in immaterialium aliqualem cognitionem devenimus (I, 337). — *Ibid.*, q. LXXXIV, a. 7 : Impossibile est intellectum nostrum secundum praesentis vitae statum, quo passibili corpori conjungitur, aliquid intelligere in actu nisi convertendo se ad phantasmata (I, 335). — *Contra Gent.* I, 12 : Nostrae cognitionis origo in sensu est, etiam de his quae sensum excedunt (V, 8).

3. *S. theol.*, I p., q. LXXXVIII, a. 2 ad 1 : Ex rebus materialibus ascendere possumus in aliqualem cognitionem immaterialium rerum, non tamen in perfectam, quia non est sufficiens comparatio rerum materialium ad immateriales (I, 352). — *Ibid.*, ad 3 : Per ea quae in rebus materialibus inveniuntur perfecte cognosci non potest immaterialium substantiarum virtus et natura, quia hujusmodi non adaequant earum virtutes (I, 352).

4. *Ibid.*, ad 2 : Similitudines, si quae a materialibus accipiantur, sunt multum dissimiles (I, 352).

5. *Ibid.*, a. 3 : Per creaturas in Dei cognitionem pervenimus (I, 352). — *Ibid.*, q. LXXXIV, a. 7 ad 3 : Deum cognoscimus ut causam (I, 335).

cause dont ils procèdent et plus que jamais incapables, par conséquent, de la représenter dans la pureté de son essence[1]. Voilà pourquoi, parvenue à ce point culminant de son ascension, notre connaissance trahit plus que jamais aussi l'imperfection radicale qu'elle retient de ses premières origines. Somme toute, nous n'obtenons par là de la nature de Dieu qu'un concept ou une série de concepts tout analogiques, c'est-à-dire impropres et inadéquats, beaucoup plus négatifs que positifs, et comme extérieurs, tous fondés en dernière analyse sur la relation des choses créées à leur cause nécessaire[2], mais ne saisissant pas celle-ci dans sa propre et absolue réalité[3].

Non pas d'ailleurs que cette imperfection de notre connaissance en puisse compromettre la certitude. Tout d'abord, c'est sur l'essence intime de la cause première, dans son fond dernier, que plane ici le mystère[4]. D'autre part, si nous ne trouvons rien, ni en nous ni hors de nous, qui ne soit hors de proportion avec l'adorable réalité, c'est précisément parce que nous en reconnaissons la perfection souveraine et la transcendance absolue[5].

---

1. *S. théol.*, I p., q. II, a. 2 ad 3 : Per effectus non proportionatos causae non potest perfecta cognitio de causa haberi (I, 8). — *Ibid.*, q. XII, a. 12 : Creaturae sensibiles sunt effectus Dei virtutem causae non adaequantes. Unde ex sensibilium cognitione non potest tota Dei virtus cognosci (I, 469).

2. *Ibid.*, q. LXXXIV, a. 7 ad 3 : Deum cognoscimus ut causam, et per excessum et per remotionem (I, 335). — *Ibid.*, q. XIII, a. 1 : Deum cognoscimus secundum habitudinem principii, et per modum excellentiae, et remotionis (I, 48).

3. *Ibid.*, a. 2 ad 3 : Essentiam Dei in hac vita cognoscere non possumus secundum quod in se est, sed cognoscimus eam secundum quod repraesentatur in perfectionibus creaturarum (I, 49).

4. *Ibid.*, q. II, a. 2 ad 3 : Per effectus non proportionatos causae non potest perfecta cognitio de causa haberi, sed tamen ex quocumque effectu potest manifeste demonstrari causam esse. Et sic ex effectibus Dei potest demonstrari Deum esse, licet per eos non perfecte possimus eum cognoscere secundum suam essentiam (I, 8).

5. Cf. *In Boeth. De Trinit.*, prooem. q. I, a. 2 ad 1 (XVII, 355). — *De Verit.*, q. X, a. 12 ad 7 (IX, 180).

VIII

Telle est, dans ses lignes maîtresses, la théorie thomiste de la connaissance intellectuelle. Nous allons en reprendre l'un après l'autre quelques-uns des traits les plus saillants et qui, surtout, intéressent davantage le but que nous nous sommes proposé. Ces considérations peuvent se ramener à trois chefs principaux :

1. C'est d'abord la *nature* du processus généralisateur qu'il faut tâcher d'approfondir, recherchant en particulier la part qui y revient à l'intuition et celle qu'on y doit faire au discours : théorie de l'abstraction intellectuelle et de l'universalisation.

2. Nous aurons ensuite à porter l'effort de notre analyse sur les *principes* ou sources premières de ces différentes opérations : théorie de l'intellect agent, de l'intellect possible et de leur rapport.

3. Enfin il y a les *résultats* de toute cette élaboration mentale, eu égard avant toutes choses à la connaissance du transcendant et, en première ligne, du transcendant divin : théorie de l'analogie.

Nous étudierons la théorie de l'abstraction et de l'universalisation dans les chapitres II et III de cette première partie ; les deux autres théories feront l'objet des deux chapitres suivants.

CHAPITRE II

LA NATURE DE L'OPÉRATION INTELLECTUELLE.

— 1. NOTION PLUS APPROFONDIE DE L'ABSTRACTION — SON FOND INTUITIF

SOMMAIRE

I. — Abstraction ancienne et abstraction moderne. — La première relève de la connaissance directe et consiste à dégager l'intelligible du sensible. — II. Inclusion matérielle de l'intelligible dans le sensible et par suite de l'idée dans l'image. — III. En quoi l'opération intellectuelle est abstractive, en quoi perceptive. — IV. Nécessité de distinguer dans cette opération deux moments, répondant à la compréhension et à l'extension du concept. — L'abstraction ne se rapporte qu'au premier de ces deux moments. — V. Caractère spontané de cette opération : par elle l'intelligence conçoit les caractères essentiels séparément, et non comme séparés. — Élégante démonstration de saint Thomas. — VI. Deux observations : *a)* compénétration habituelle de l'image et de l'idée ; — primitivement et directement l'intelligence ne connaît pas l'individuel ; *b)* compénétration habituelle des deux moments du processus généralisateur, résultant de l'éducation de l'intelligence, — elle ne doit pas nous faire oublier leur distinction. — VII. Conséquence de tout ce qui précède : universel direct ou métaphysique et universel logique ou réflexe. — L'abstraction n'a trait qu'au premier. — VIII. Qu'il n'y a pas lieu dès lors de corriger ou de compléter la théorie thomiste et qu'il ne faut que la bien entendre. — IX. Raisons historiques du choix de ce terme d'abstraction : c'est toujours à l'immanence potentielle de l'intelligible dans le sensible qu'il en faut revenir. — X. Résumé et conclusion.

I

S'il est un terme qui revient souvent sous la plume de saint Thomas, au cours de ses analyses de la connaissance intellectuelle, c'est celui d'abstraction. Il importe avant toutes choses d'en avoir une idée exacte. Commençons par dissiper une sorte d'équivoque qu'il a fait naître en nombre d'esprits. « Les notions rationnelles sont dégagées par abstraction des données sensibles », rien ne serait plus clair peut-être, si l'on ne déclarait point d'autre part qu'il n'y a pas de commune mesure entre les unes et les autres ou si l'on ne maintenait pas en même temps l'irréductibilité absolue de l'intelligence aux sens [1] : comment veut-on qu'une simple opération abstractive exercée sur les données de ceux-ci nous gratifie de tout un contingent d'idées que par eux-mêmes, on le reconnaît, ils ne nous fournissent point et qui, bien plus, les dépassent? L'abstraction isole seulement d'un groupe de représentations quelqu'une de ces représentations en particulier pour la faire saillir dans la conscience, mais elle ne crée pas la représentation privilégiée, elle la suppose au contraire. De là ce dilemme, à première vue rigoureux, opposé

---

1. Cf. v. g. *Contra Gent.* II, 66: *Contra ponentes intellectum et sensum esse idem*. Saint Thomas marque cinq différences principales : 1. Sensus in omnibus animalibus invenitur. Alia autem animalia ab homine intellectum non habent, quod ex hoc apparet quia non operantur diversa et opposita quasi intellectum habentia. (Cf. Descartes : « la raison est un instrument universel, qui sert en toute espèce de rencontre », etc., *Discours*, 5ᵉ p.) sed sicut a natura mota ad determinatas quasdam operationes et uniformes in eadem specie (« uniformité et spécificité de l'instinct »), sicut omnis hirundo similiter nidificat. Non est ergo idem intellectus et sensus; — 2. Sensus non est cognoscitivus nisi singularium... intellectus autem universalium; — 3. Cognitio sensus non se extendit nisi ad corporalia, ...intellectus autem cognoscit incorporalia, sicut sapientiam, veritatem et relationes rerum; — 4. Nullus sensus seipsum cognoscit nec suam operationem, ...intellectus autem cognoscit seipsum et cognoscit se intelligere; — 5. Sensus corrumpitur ab excellentia sensibilis, intellectus autem non corrumpitur ab intelligibilis excellentia; quinimo qui intelligit majora potest melius postmodum minora intelligere (V, 118-9). La raison première et commune de ces différences, c'est que la sensation est liée à l'organisme, tandis que l'intellection en est indépendante. Cf. *S. theol.*, I p., q. LXXXV, a. 1 (I, 336). — *In III De Anim.*, lect. 4: Intelligere non est idem quod sentire... Haec autem est differentia, qua differt cognitio intellectiva a sensitiva, quod ...operatio sensus non est sine organo corporali, ...operatio autem intellectus non est per organum corporeum (XX, 108).

parfois à la doctrine thomiste : ou bien l'intelligence apporte quelque chose, ce quelque chose de nouveau et d'autre que les données des sens ne contiennent pas, auquel cas les connaissances rationnelles ne sont pas dégagées des sens, mais *a priori* ; — ou bien l'intelligence n'apporte que son activité, abstractive tant qu'on voudra, mais alors on ne peut plus expliquer la genèse des connaissances rationnelles. Il faut décidément renoncer à la chimère d'un moyen terme qui réconcilierait l'idéalisme et l'empirisme, ces deux éternels adversaires. C'est l'un ou l'autre, ce ne peut être tous les deux à la fois. Il n'y a pas de synthèse de cette thèse et de cette antithèse.

On oublie que l'abstraction dont parle l'ancienne philosophie n'est pas du tout l'abstraction telle que l'entendent les modernes. Celle-ci est un procédé réflexe et, à ce titre, présuppose dans la conscience la donnée ou les données qu'elle isole : on ne réfléchit pas à vide ; qui dit réflexion dit, s'il s'entend lui-même, quelque chose à quoi on réfléchisse et que la réflexion ne peut conséquemment pas faire naître. En un mot, l'abstraction des modernes opère, s'il s'agit de l'ordre intellectuel, sur des concepts *déjà formés*. Or, il en va tout autrement de l'abstraction des anciens [1], qui, précisément, on l'a vu plus haut, *préside à*

---

1. Au moins de celle dont il est ici question, de l'abstraction qui est en jeu dans le dégagement des notions rationnelles. Les philosophes de l'École n'ignoraient pas pour cela l'autre, celle que nous avons appelée l'abstraction des modernes, parce que c'est la seule dont on tienne généralement compte aujourd'hui. Cf. *S. theol.*, I p., q. LXXXV, a. 1 ad 1 : « Abstrahere contingit *dupliciter*. Uno modo per modum compositionis et divisionis, sicut cum intelligimus aliquid non esse in alio vel esse separatum ab eo. Alio modo per modum simplicitatis, sicut cum intelligimus unum nihil considerando de alio. » (I, 337). — *Per modum compositionis et divisionis*, avec la notion expresse de la séparation effectuée, et donc d'une manière réfléchie, en connaissance de cause. Encore une fois, ce n'est pas ce dont il s'agit dans l'abstraction intellectuelle génératrice des concepts (et non plus dissociatrice de leurs éléments ou de ceux des images), laquelle s'opère *per modum simplicitatis*, laquelle consiste uniquement (cf. *infra*) en ce que les caractères essentiels qui forment le contenu du concept sont pensés à *part*, par un acte *primitif* de connaissance, tout simplement.

la formation des concepts eux-mêmes [1]. C'est une opération toute spontanée et immédiate qui s'exerce dans l'intelligence par le seul contact, si l'on peut ainsi parler, disons, en tout cas, à la seule présence des données sensibles, et qui s'exerce sur les données sensibles, dont elle élimine les caractères de particularité et de contingence pour faire apparaître l'essence universelle et nécessaire qu'elles enveloppent.

II

C'est qu'en effet, selon l'hypothèse thomiste, les sensations ou les images qui en sont les substituts, contiennent matériellement l'objet de nos concepts rationnels. Elles ne représentent pas seulement ce qui particularise les essences universelles, mais aussi, d'une certaine manière, ce qui est particularisé de la sorte, à savoir les essences elles-mêmes : comme s'exprime en propres termes saint Thomas, « bien que le sens ait pour objet propre le singulier, il ne va cependant pas sans atteindre en quelque façon l'universel lui-même, *singulare enim sentitur proprie et per se, sensus tamen est quodammodo et ipsius universalis* [2]. » La psychologie du docteur ne fait que transposer sa métaphysique [3]. L'intelligible est en puissance dans le sensible : l'image, représentative de celui-ci, doit dès lors enfermer virtuellement l'idée, qui exprimera celui-là — pourvu que l'intelligence possède précisément le pouvoir de faire sortir l'une de l'autre.

On dira peut-être, quoi qu'il en soit de la métaphysique même, que pareille proposition est tout simplement

---

1. « Abstractio illa est *productio* rei abstractae, scilicet speciei intelligibilis (l'idée). » (CAJETAN, *Comment. de la S. theol. de S. Thomas*, I p., q. LXXXV, a. 1).

2. *In II Poster. Analyt.*, lect. 20 (XVIII, 225).

3. Cf. *supra*, chap. I, p. 26 sq.

contradictoire, affirmant et niant en même temps l'inaccessibilité de l'universel à la pure expérience. Mais il suffit de continuer la lecture du même texte pour s'apercevoir qu'un tel reproche serait au moins exagéré. « Le sens, poursuit saint Thomas, ne représente pas seulement Callias en tant qu'il est Callias, mais aussi en tant qu'il est *tel homme*, et pareillement Socrate en tant qu'il est tel homme [1]. Et c'est pourquoi l'intelligence, intervenant à son tour, peut saisir (considérer) *l'homme* en chacun d'eux. Supposez le contraire, à savoir que les sens ne perçoivent d'aucune manière la nature universelle [2] dans les traits particuliers et avec les traits particuliers [3], supposez, d'un mot, qu'ils ne perçoivent pas d'une certaine manière la *nature* universelle *particularisée*, l'universel particularisé, il devient totalement impossible que de la représentation sensible résulte en nous une notion universelle [4] ».

Voilà comment on peut dire tout ensemble et sans contradiction que la connaissance rationnelle est dégagée de l'expérience [5] et que, néanmoins, elle a un contenu propre et se compose de notions supérieures que l'expé-

---

1. Socrate, en effet, est le nom d'*un* homme, et Callias aussi.

2. En puissance, il va de soi, ou matériellement.

3. En un tout concret, bien entendu, en un complexus irrésoluble aux sens eux-mêmes.

4. *Loc. cit.* : Manifestum est enim quod singulare sentitur proprie et per se, sed tamen sensus est quodammodo et ipsius universalis. Cognoscit enim Calliam, non solum inquantum est Callias, sed etiam inquantum est hic homo; et similiter Socratem, inquantum est hic homo. Et inde est quod tali acceptione sensus praeexistente anima intellectiva potest considerare hominem in utroque. Si autem ita esset quod sensus apprehenderet solum id quod est particularitatis, et nullo modo cum hoc apprehenderet universale in particulari, non esset possibile quod ex apprehensione sensus causaretur in nobis cognitio universalis (XVIII, 225).

5. *S. theol.*, I p., q. LXXXV, a. 3 : Cognitio intellectiva (aliquo modo) a sensitiva primordium sumit (I, 339). — Cf. *Ibid.*, q. LXXXVI, a. 1 ad 4: Id quod cognoscit sensus materialiter et concrete, quod est cognoscere singulare directe, hoc cognoscit intellectus immaterialiter et abstracte, quod est cognoscere universale (I, 344).

rience seule ne peut atteindre [1]. Les concepts intellectuels sont dégagés de l'expérience ou *a posteriori*, en ce sens que les raisons universelles et nécessaires qu'ils expriment, ou, si l'on aime mieux, en ce sens que les essences ou natures qu'ils expriment avec la forme de l'universalité et de la nécessité sont perçues dans les objets sensibles proposés par l'expérience. Ils ont un contenu propre, en ce sens que les facultés empiriques, exprimant au contraire les objets avec les caractères de la particularité et de la contingence, en restent dès lors empêchés de les atteindre dans leur pure notion idéale. Ces deux pouvoirs, sensibilité et intelligence, doivent donc pareillement intervenir, chacun à sa manière et à sa place. Supprimez le second, les sensations ou images ne s'éclaireront jamais de la lumière qui en fait jaillir les idées. Mais ôtez en revanche les intuitions empiriques, l'intelligence demeure inactive, et plus de notions nécessaires et universelles. « Quand de telles notions se produisent, a-t-on justement observé, elles ne se produisent pas comme des idées en l'air, mais comme perçues dans un objet d'expérience et comprises sous la donnée que l'expérience nous fournit de cet objet. Cette donnée en effet représente cet objet comme il est, c'est-à-dire conforme à un type universel et immuable, qu'il réalise sous les conditions de l'existence concrète. L'expérience ne saisit pas sans doute cette circonstance de la donnée et de l'objet, mais l'intelligence la saisit [2]. L'expérience informe donc en définitive l'intelligence de choses qu'elle ne pénètre pas elle-même, semblable à un messager porteur d'une lettre dont il ignore le contenu [3]. »

---

1. *De Verit.*, q. X, a. 6 : Pro tanto dicitur cognitio mentis a sensu originem habere, non quod omne quod mens cognoscit sensus apprehendit, sed quia ex his quae sensus apprehendit, mens in aliqua ulteriora manuducitur (IX, 164). — Cf. *S. theol.*, I p., q. LXXXVIII, a. 4 (I, 308).

2. Elle est là, pourrait-on dire, précisément pour cela.

3. E. DOMET DE VORGES, *La perception et la Psychologie thomiste*, p. 133.

Voilà aussi pourquoi saint Thomas disait volontiers qu'intelligence (*intellectus*) vient de *intus legere*, « lire (ou mieux « recueillir ») au dedans », lire (recueillir) dans la chose représentée par le sens ce que cette chose est en soi et qui reste caché au sens lui-même [1]. Une telle étymologie peut n'être pas exacte : elle offre en tous cas l'avantage de bien faire comprendre la nature de l'opération intellectuelle, et tout ensemble de sa relation précise avec la représentation sensible ou empirique. D'autres, pour le noter en passant, ont proposé *inter legere* (par assimilation *intellegere*), « lire entre les lignes » : c'est toujours, au fond, la même idée, l'idée de ce pouvoir de vision plus aiguë et plus intense [2], qui pénètre dans les données de l'expérience beaucoup de choses (*multa*) que celle-ci ne saisit pas, mais qu'elle seule pourtant lui donne occasion de pénétrer [3].

Voilà, enfin, dans quelle voie il fallait chercher la réponse au dilemme du début [4]. De fait, ce dilemme viole une des règles fondamentales du genre, qui est que la division soit complète et n'admette pas le milieu. Or dans le cas présent, il y en a un, et le lecteur l'a déjà entrevu. Entre apporter elle-même les idées, qui sont alors *a priori*, qu'on ne doit plus songer conséquemment à dégager de l'expérience, et n'apporter que son activité, avec laquelle

---

1. *S. theol.*, II-II, q. VIII, a. 1 : Nomen intellectus quamdam intimam cognitionem importat; dicitur enim *intelligere* quasi *intus legere*. Et hoc manifeste patet considerantibus differentiam intellectus et sensus : nam cognitio sensitiva occupatur circa qualitates sensibiles exteriores, cognitio autem intellectiva penetrat usque ad essentiam rei (III, 30).

2. *S. theol.*, II-II, q., VIII, a. 1 ad 3 : Intellectus nominat quamdam excellentiam cognitionis penetrantis ad intima (III, 31). — *Ibid.*, q. XLIX, a. 5 ad 3 : Intellectus nomen sumitur ab intima penetratione veritatis (III, 191), etc.

3. *De Verit.*, q. X, a. 6 ad 2 : Ex his quae sensus apprehendit, mens in aliqua ulteriora manuducitur (IX, 164) — i. e. (*S. theol.*, I p., q. LXXXV, a. 1) intelligit materialia, abstrahendo a phantasmatibus, et per materialia sic considerata in immaterialium aliquam cognitionem devenit (I, 387).

4. Cf. *supra*, p. 45 sq.

on ne peut plus rendre compte, disait-on, de ces notions supérieures, il y a pour l'intelligence un tiers parti[1] : c'est qu'elle exerce son activité propre précisément à percevoir dans les réalités expérimentales, de la manière que nous venons d'expliquer, les éléments nécessaires et universels qui échappent à l'expérience et qui constituent le contenu de ces notions supérieures elles-mêmes[2].

III

Les analyses qui précèdent contiennent la solution d'une autre difficulté, très voisine de celle qu'on vient d'examiner, si même elle n'en est pas tout simplement un aspect particulier. De ce que l'intelligence saisit dans l'objet proposé par l'expérience autre chose et plus que n'y peuvent démêler les facultés empiriques (par exemple, le rapport nécessaire de dépendance qui rattache tout fait à une cause), on a quelquefois conclu que l'intelligence est aussi autre chose et plus qu'un pouvoir d'abstraction et qu'il faut lui reconnaître en outre le pouvoir d'*ajouter* aux données sensibles, une *vis additiva*, comme on a dit. Tel serait le vrai sens de la théorie thomiste, dûment interprétée et même, au besoin, complétée[3].

---

1. Cf. E. DOMET DE VORGES, *op. cit.*, p. 136.
2. *S. theol.*, I p., q. XII, a. 4 : Per intellectum connaturale est nobis cognoscere naturas, quae quidem non habent esse nisi in materia individuali, sed secundum quod abstrahuntur ab ea per considerationem intellectus. Unde secundum intellectum possumus cognoscere hujusmodi res in universali, quod est supra facultatem sensus (I, 41). — Cf. *Ibid.*, q. LXXXIV, a. 7 : Speculatur (intellectus) naturam universalem in particulari existentem (I, 335). — *De Verit.*, q. X, a. 6 : Verum est quod scientiam a sensibilibus mens nostra accipit : nihilominus ipsa anima in se similitudines rerum format, inquantum per lumen intellectus agentis efficiuntur formae a sensibilibus abstractae intelligibiles actu (IX, 164).
3. Cf. A. DE MARGERIE, *Le principe de causalité*, in *Congrès scientifique international des catholiques*, 1888 : « Il faut modifier sur un point important, non comme fausse, mais comme incomplète et insuffisante,

Mais il semble bien que nous ayons encore affaire à une conception erronée, ou plutôt inexacte, de l'abstraction intellectuelle, et que cette inexactitude ou cette erreur soit toujours occasionnée par ce mot d'abstraction même. Sans doute, il y a, en pareil cas, élimination mentale des caractères de particularité et de contingence qui affectent les représentations sensibles, mais ce n'est là, en réalité, qu'une opération préliminaire, préparatoire d'une autre, qui est l'opération décisive [1]. Disons mieux, ce n'est là qu'un moyen en vue d'une fin, qui est de « rendre actuellement intelligible l'essence individualisée sous des formes accidentelles. » Disons mieux encore : ce n'est là qu'un côté de l'abstraction, par l'autre côté elle est foncièrement perception. « Dans le même instant, écrit l'un des plus sûrs interprètes modernes de saint Thomas, Matteo Liberatore, l'intelligence abstrait et perçoit par une action qui est en même temps abstractive et perceptive. Elle perçoit en faisant son abstraction, c'est-à-dire en prenant

---

la théorie aristotélico-scolastique de la connaissance intellectuelle... l'intelligence a donc, outre et par-dessus sa vertu *éliminative*, une vertu *additive*, la vertu de saisir comme nécessaire un rapport qui n'est donné dans l'expérience que comme contingent, de saisir comme universel, c'est-à-dire comme s'étendant à tous les cas possibles, un rapport que l'expérience n'aperçoit que dans un groupe restreint de phénomènes ». — Cf. Congrès de 1894, *Sciences philosophiques*, p. 27 : « Je ne vois pas comment on peut, sans se contredire *in terminis*, appeler *vis abstractiva* et seulement *abstractiva* une faculté à laquelle on attribue autre chose et plus qu'une force éliminative... Il faut compléter la théorie scolastique de l'intellect agent, en reconnaissant à celui-ci, outre une *vis abstractiva*, une *vis additiva* ». — L'auteur fait ici allusion à la terminologie de l'École. Cf. v. g. LIBERATORE, *Della conosc. intellett.*, vol. II, cap. II, a. 8 : « Acciochè la mente attenga l'universale diretto, non ha bisogno se non dell' esercizio della sua *virtu astrattiva* ». — Cf. ZIGLIARA, *La luce intellettuale e l'ontologismo*, II, 260.

1. Préliminaire *logiquement*, car on va voir qu'au vrai les deux sont contemporaines et que de leur synthèse résulte une action unique totale, dont elles sont comme les deux moments. — Il va sans dire que nous entendons ici abstraction dans le sens qui a été précisé précédemment (Cf. *supra*, ch. I, III *sub fin*. p. 32 *sq*.), à savoir y compris la représentation proprement dite de l'intelligible, qui la prolonge et la complète naturellement.

de l'objet le seul élément qui la concerne, sans connaître d'aucune manière des éléments qui ne sont point de sa compétence [1]. » Et les maîtres de l'École observent communément à ce propos, sur les traces de saint Thomas lui-même, que, d'une certaine façon, toutes nos facultés de connaître en font autant : chacune saisit dans l'objet ce qui lui revient, et ne saisit que cela même; la vue, par exemple, perçoit la couleur d'un fruit sans en percevoir l'odeur, qui n'est cependant pas séparée de la couleur dans l'objet à la fois odorant et coloré [2]. A cause de quoi l'on a pu dire que « les sens sont des machines à abstractions ». Il en va de même, dans la doctrine que nous exposons, de l'intelligence : bien que les types universels et nécessaires n'existent que dans les individus, tout comme, au point de vue des principes proprement dits, les lois n'ont de réalité que dans les faits où elles s'appliquent [3], rien n'empêche pourtant que les uns, c'est-à-dire les types et les lois, soient connus sans les autres, c'est-à-dire les individus et les faits [4]. Voilà l'abstraction, laquelle,

---

1. *Della conosc. intellett.*, II, p. 107 : « Un solo ed identico punto è quello, in cui la facoltà intellettiva astrae ed intende, con azione astrattiva insieme e percettiva ; percepisce astraendo, cioè cogliendo l'obbietto da quel lato solo, ond' esso gli corrisponde, senza badare agli altri lati, che non sono di sua pertinenza. »

2. *S. theol.*, I p., q. LXXXV, a. 2 ad 2 : Et hoc possumus videre per simile in sensu. Visus enim videt colorem pomi sine ejus odore. Si ergo quaeratur ubi sit color, qui videtur sine odore, manifestum est quod color, qui videtur, non est nisi in pomo. Sed quod sit sine odore perceptus, hoc accidit ei ex parte visus, inquantum in visu est similitudo coloris et non odoris (I, 338). — Cf. *Contra Gent.* II, 75 (V, 128). — « Le rôle de chaque sens, écrivait récemment M. BERGSON, est d'extraire du tout la composante qui l'intéresse. » (*Matière et Mémoire*, p. 42). C'est ce que l'École appelait l'objet *formel*, à la différence de l'objet *matériel*.

3. *S. theol.*, I p., q. LXXXV, a. 2 ad 2 : Ipsa natura, cui accidit intelligi vel intentio universalitatis, non est nisi in singularibus... Humanitas, quae intelligitur, non est nisi in hoc vel illo homine (I, 338). *Contra Gent.*, II, 75 : Natura speciei nunquam est nisi in his individuis (V, 128).

4. *Contra Gent.*, II, 75 et *S. theol.*, I p., q. LXXXV, a. 1 ad 1 : Licet natura speciei nunquam sit nisi in his individuis,... ea quæ pertinent

redisons-le, est en même temps ou plutôt indivisiblement perception [1].

IV

L'examen d'une troisième difficulté achèvera de mettre cet aspect de la doctrine dans tout son jour. Il s'agit de ce terme d'*universel*, qui, lui aussi, deviendrait vite l'occasion d'un malentendu. Comment la connaissance de l'universel serait-elle donc affaire d'intuition et de spontanéité ? *Universel* emporte quelque chose de commun, une nature quelconque commune à une multitude et même, en dernière analyse, à une multitude illimitée : il paraît bien que, pour arriver à concevoir cette communauté même de nature entre un nombre illimité de choses, il faille réfléchir tout d'abord, puis surtout rapprocher, comparer, juger, peut-être raisonner, en tout cas et en un mot recourir à une série d'opérations successives et logiquement enchaînées, dont on ne voit pas trop ce qu'elles peuvent avoir de commun avec une intuition ou perception proprement dite — mais tout cela, au contraire, ressemble à s'y méprendre à un discours mental, à un procédé discursif !

Rien n'est plus vrai. Mais aussi bien faut-il se rendre compte que, par cette abstraction intuitive ou perception

---

ad rationem speciei possunt considerari sine principiis individualibus (V, 128 et I, 337). — *In III De Anim.*, lect. 8: Nihil prohibet duorum ad invicem conjunctorum unum intelligi absque eo quod intelligatur aliud. Sicut visus apprehendit colorem, absque hoc quod apprehendat odorem... unde et intellectus potest intelligere aliquam formam absque individuantibus principiis (XX, 120). — Cf. etiam *De Anim.*, a. 3 ad 8 (VIII, 475).

[1]. Cf. *S. theol.*, *loc. cit.* : « Humanitas, quae intelligitur, non est nisi in hoc vel illo homine, sed quod humanitas *apprehendatur* sine individualibus conditionibus, *quod est ipsum abstrahi*, accidit humanitati secundum quod *percipitur* ab intellectu » (I, 338). — Cf. *Ibid.*, a. 1 ad 1 (I, 337). — *In III De Anim.*, lect. 12: Abstrahit intellectus universale a particulari, *inquantum intelligit* naturam speciei sine principiis individuantibus (XX, 130).

abstractive dont nous avons parlé, l'intelligence ne connaît que la nature ou essence en elle-même, sans la connaître encore précisément comme universelle : or c'est seulement pour la connaissance de l'universalité comme telle que le travail discursif de la pensée est requis. Nous sommes obligés, pour nous faire bien comprendre, de soumettre à une analyse plus approfondie la fonction généralisatrice de l'esprit.

Revenons à cette fin sur la notion de l'universel. On a rappelé tout à l'heure que l'universel, c'est-à-dire le contenu de l'idée générale[1], est une nature commune (en fait ou en droit[2]) à une multitude indéfinie d'objets, une nature susceptible de se retrouver dans une multitude indéfinie d'objets, *unum aptum inesse multis*[3]. Il y a dès lors deux éléments à distinguer dans l'idée : 1° conception d'une nature ou essence ; 2° conception de la possibilité que cette essence se réalise indéfiniment, qu'elle soit, pour ainsi parler, tirée à un nombre illimité d'exemplaires sans cesser de se retrouver identique en chacun d'eux. Le premier élément, connaissance de la nature en elle-même,

---

1. L'*universel* des anciens ne coïncide pas tout à fait, qu'on le remarque bien, avec l'*idée générale* des modernes. Celle-ci désigne plutôt *la modification de l'intelligence* concevant le général (τὸ καθόλου) ; *universale* désigne *le contenu objectif* de l'idée, τὸ καθόλου directement. D'un côté c'est la pensée, de l'autre ce qui est pensé. On reconnaît dans ce cas particulier la différence profonde de points de vue qui sépare les deux spéculations, point de vue objectif et point de vue subjectif.

2. Les anciens auteurs citaient volontiers comme exemple de cette universalité de droit l'idée du soleil, unique sans doute de fait, disaient-ils, mais dont le pareil ou les pareils pourraient fort bien exister. L'astronomie moderne a justifié cette hypothèse en faisant voir dans les étoiles tout autant de soleils semblables au nôtre. Cf. *In VII Metaph.*, lect. 13 : Universale est, quod *natum est* pluribus inesse, non autem quod pluribus inest ; quia quaedam universalia sunt, quae non continent sub se nisi singulara, sicut sol et luna. Sed hoc non est quin ipsa natura speciei, quantum est de se, sit nata esse in pluribus (XX, 498).

3. *In VII Metaph.*, lect. 13 : Hoc enim dicitur universale, quod natum est multis inesse et de multis praedicari (XX, 498). — Cf. *In I Periherm.*, lect. 10 (XVIII, 21). — L'école recourait ici encore à l'étymologie (?) : *unum versus alia* (Cf. Arist. ἓν κατὰ πολλῶν).

puta lapidis, aut hominis, aut equi[1], est comme la *matière* de l'idée générale ; le second élément, notion expresse de sa possibilité de reproduction indéfinie et aperception de son identité dans tous les cas, en est comme la *forme*. Parlons le langage des logiciens : dans le premier cas, je pense plutôt en compréhension, dans le second cas en extension. Un naturaliste dirait à son tour que c'est un *type* qu'il a en vue au premier moment *(puta hominem aut equum)* et un *genre*[2] dans le second *(puta genus humanum aut equinum aut animale)*. Dès lors aussi la question de l'origine ou de la formation des idées générales se dédouble comme il suit : 1° comment arrivons-nous à connaître la nature ou essence de l'objet ? — 2° comment arrivons-nous à concevoir la possibilité qu'elle se réalise identique dans un nombre illimité d'autres objets ?

Or c'est seulement à la première de ces deux questions que répond en toute rigueur la théorie de l'abstraction intellectuelle. La nature ou essence que l'intelligence perçoit dans ce premier moment, en la dégageant de tout ce qui l'individualise dans l'objet empirique, est sans doute universelle en soi et, si l'on peut dire, objectivement, en ce sens que, objectivement et en soi, elle se retrouve identique dans les autres objets empiriques de même espèce et qu'il suffira que l'intelligence remarque cette identité pour concevoir l'idée *formellement* générale[3]. Mais à ce premier

---

1. Cf. *S. theol.*, I p., q. LXXXV, a. 1 ad 1 : Ea quae pertinent ad rationem speciei cujuslibet rei materialis, puta lapidis, aut hominis, aut equi, possunt considerari sine principiis individualibus, quae non sunt de ratione speciei. Et hoc est abstrahere universale a particulari, vel speciem intelligibilem a phantasmatibus, considerare scil. naturam speciei absque consideratione individualium principiorum, quae per phantasmata repraesentantur (I, 337).

2. *Resp.* un embranchement, une classe, un ordre, etc.

3. *S. theol.*, I p., q. LXXXV, a. 3 ad 1 : Universale dupliciter potest considerari : uno modo secundum quod natura universalis consideratur simul cum intentione universalitatis, ut scilicet unum et idem habeat habitudinem ad multa... et secundum hunc modum universale est posterius (I, 339).

moment, ce caractère et comme cette tendance universelle de l'idée n'est pas encore conçue ; il y a tout simplement connaissance de la nature ou essence toute pure et toute nue [1], dans l'individu à qui elle appartient et que représente la donnée sensible [2], mais perçue à part des caractères individuels eux-mêmes [3], et sans qu'on sache, à s'en tenir au seul acte intellectuel, qu'elle appartient précisément à cet individu [4].

V

Non pas que cette élimination des caractères individuels soit, dans la phase primitive du processus généralisateur, opérée en connaissance de cause. Comme parle saint Thomas, l'intelligence saisit alors les éléments essentiels *à part*, mais non pas *comme séparés*, *non quidem intelligens ea esse separata, sed separatim vel seorsum intelligens* [5]. Il en va, dans cette première phase, de l'individualité comme de l'universalité et de l'universalité comme de l'individualité : l'intelligence est à l'égard de l'un et de l'autre dans un état purement négatif, elle en ignore absolument ; et, quand les auteurs traditionnels disent qu'elle fait abstraction des éléments individuels, il

---

1. *S. theol.*, I p., q. LXXXV, a. 3 ad 1 : ... Alio modo potest considerari quantum ad ipsam naturam, scilicet animalitatis vel humanitatis, prout invenitur in particularibus (I, 339).
2. *S. theol.*, I p., q. LXXXVII, a. 7 : Speculatur naturam universalem in particulari existentem (I, 335).
3. *Ibid...* sed sine individualibus conditionibus.
4. Cf. *De Ente et Essent.*, cap. 3 sub fin. : Hoc nomen humanitas... non continet in sua significatione nisi quod est hominis inquantum homo et praecidit omnem designationem materiae (i. e. individuationem) (XVI, 333). — C'est ce que l'auteur appelle, dans le chapitre suivant, « natura hominis absolute considerata, quae abstrahit a quolibet esse sive in uno sive in pluribus » (XVI, 333).
5. *In III De Anim.*, lect. 12 : ... Ea vero, quae sunt in sensibilibus (scil. naturam universalem speciei) abstrahit intellectus, non quidem intelligens ea esse separata, sed separatim vel seorsum intelligens (XX, 130).

faut bien se garder encore une fois de l'entendre d'une abstraction réfléchie et voulue à la façon moderne ; ces expressions signifient, ni plus ni moins, qu'elle ne connaît que l'élément essentiel, qu'elle n'est ouverte, pour ainsi parler, ou perméable qu'à lui et comme impressionnée que par lui [1]. On a pu la comparer, de ce chef, à la plaque photographique, qui n'est sensible qu'à certains rayons lumineux et sur laquelle les autres rayons n'agissent en aucune manière ; ou encore à un prisme qui ne se laisserait pénétrer que par un seul des rayons dont se compose la lumière blanche et qui demeurerait opaque pour tous les autres ; ainsi l'essence s'isole, sous l'influence de l'entendement, des notes individuantes, qui restent pour lui, en tant que telles, absolument lettre close.

Nous touchons ici à l'un des points les plus considérables, sinon même au point capital de la théorie [2]. Aussi ne doit-on pas s'étonner que saint Thomas ait eu à cœur de le mettre dans une vive lumière. Tel est le but, entre autres passages, de l'élégante démonstration qui se rencontre au chapitre IV du court et substantiel traité *De Ente et Essentia*. Que l'intelligence, dans un premier moment, conçoive la nature ou essence en elle-même, *essentiam simplicem*, abstraction faite de tout rapport soit à l'individu, soit à l'espèce, et par suite qu'elle ne la conçoive alors ni comme singulière ni comme universelle, ce n'est pas seulement ce qui a lieu en fait, c'est encore, en droit, ce qui ne peut pas ne pas avoir lieu. Car si l'humanité, par exemple, conçue de la sorte en soi (*natura hominis absolute considerata*), impliquait une relation essentielle à l'espèce, si, de soi et par définition, elle se multipliait entre les membres de l'espèce, elle ne

---

1. *S. theol.*, I p., q. LXXXVI, a. 1 : Intellectus noster directe non est cognoscitivus nisi universalium (I, 344). — *Ibid.*, q. LXXXV, a. 1 : Hoc est abstrahere universale a particulari, considerare scilicet naturam speciei absque consideratione individualium principiorum (I, 337).

2. On en verra mieux l'importance par la suite. (Cf. 2ᵐᵉ partie).

pourrait jamais se réaliser dans l'individu avec le caractère d'unité incommunicable qui le distingue, comme il arrive pourtant en Socrate : *si enim pluralitas esset de ratione ejus, nunquam posset esse una, cum tamen una sit secundum quod est in Socrate*. Pareillement, si elle impliquait à l'inverse une relation nécessaire à l'individu, si de soi et par définition, elle avait part à l'individualité, elle ne pourrait plus s'affirmer de l'espèce, se multiplier avec l'espèce, et c'en serait fait de celle-ci à son tour : *similiter si unitas esset de intellectu et de ratione ejus, tunc esset una et eadem natura Socratis et Platonis nec posset in pluribus plurificari*. A cette question donc : l'essence considérée en elle-même, *secundum naturam et rationem propriam*, doit-elle être dite unique ou multiple ? il faut répondre : *ni l'un ni l'autre*, parce que les deux, pluralité et unité, sont également étrangers à sa notion et qu'elle peut se trouver, de fait, affectée de l'une aussi bien que de l'autre, de l'unité (individuelle) aussi bien que de la pluralité (spécifique) : *ideo si quaeratur utrum ista natura possit dici una vel plures, neutrum concedendum est ; quia utrumque est extra intellectum ejus et utrumque potest sibi accidere*. Qu'il n'y ait qu'un seul homme ou qu'il y en ait plusieurs, cela ne change rien à l'essence de l'humanité, laquelle fait donc par elle-même abstraction de son existence effective en plusieurs ou en un seul. Il y a donc aussi un moment où elle est connue comme telle, et ce ne peut être que le premier moment même où elle est connue, puisque alors on n'en connaît précisément que ce qui la constitue en elle-même, *quae primo in ejus definitionem cadunt*, que ce qu'elle offre d'emblée et par elle-même à l'esprit, *quod primo cadit in intellectum ejus*. L'essence n'est donc, au premier moment, connue ni comme individuelle ni comme universelle, mais comme essence tout court, *secundum quod hujusmodi*. C. Q. F. D. [1].

---

1. *Op. et loc. cit.* (XVI, 333).

VI

Vue singulière, il est vrai, et même positivement étrange. Les deux remarques suivantes contribueront sans doute à diminuer la surprise qu'on en éprouve au premier instant.

Si, en effet, l'on a beaucoup de peine à bien entendre ce caractère propre de l'acte spécifique de l'intelligence, la raison en est tout d'abord qu'à dire vrai cet acte ne se produit jamais seul, mais qu'il est toujours accompagné d'une perception sensible, à savoir celle-là même qui le provoque, et qui l'achève aussi et le remplit, en le déterminant à l'objet individuel qu'elle représente dans son individualité même. Une analyse minutieuse peut seule l'en dégager. Car il ne faut pas se laisser prendre à ces apparences : dans la théorie que nous exposons, l'intelligence ne connaît pas directement et par elle-même les individus ; elle ne les atteint que par voie réflexive, *per quamdam reflexionem, secundum quamdam continuationem intellectus ad imaginationem*, comme dit saint Thomas[1]. Il y aurait là un autre trait fort curieux de sa doctrine à mettre en lumière. Mais cet examen nous entraînerait trop loin et ne rentre d'ailleurs pas directement dans notre sujet. Il nous suffit présentement de savoir que, dans la doctrine elle-même, les deux connaissances, celle de la nature universelle et celle de l'individu, sont distinctes et relèvent de deux pouvoirs différents, bien qu'elles soient liées par une loi de simultanéité[2].

---

1. Cf. *S. theol.*, 1 p., q. LXXXVI, a. 1 (I, 344). — *De Verit.*, q. II, a. 6 (IX, 37), q. X, a. 5 (IX, 162).

2. Voici, très brièvement, l'explication de saint Thomas. C'est en réfléchissant donc, non pas sur sa propre opération (qui n'a saisi que l'universel), mais sur celle d'une autre puissance (de là « *per quamdam reflexionem* »), l'imagination, qui nous donne la représentation empirique de l'individu, autrement dit, c'est en se reportant à l'image par laquelle elle est entrée

On pourrait faire une remarque analogue au sujet de l'universalité proprement dite, plus exactement au sujet de la différence qu'il y a entre connaître la nature (ou essence) en elle-même et la connaître en tant qu'universelle ou communicable à l'indéfini. Ce qui empêche que l'on comprenne bien cette différence, c'est que, en fait encore, dans la réalité psychologique vivante, les deux connaissances se compénètrent pareillement l'une l'autre, surtout dans l'état actuel où, l'habitude et comme l'éducation de l'intelligence aidant, nous concevons du premier coup pour chaque nature découverte sa possibilité de reproduction illimitée. Mais cette instantanéité même avec laquelle le second élément se superpose aujourd'hui au premier doit-elle nous faire prendre le change sur leur vrai rapport? Nous croyons que c'est ici le lieu de s'inspirer de la « méthode psychologique » de l'École anglaise, qui démêle dans des faits simples de prime abord les superfétations ultérieures dont se compliquent si souvent les données vraiment primitives de la conscience. Notre analyse de la généralisation ne doit pas se borner à l'étudier telle que nous y procédons à un moment donné, telle que nous avons appris ou même qu'on nous a plus ou

---

en rapport avec lui, que l'intelligence en acquiert la notion comme tel. Et cette possibilité pour l'intelligence de revenir sur l'image, et non pas seulement sur sa propre idée, a sa raison dans l'unité de conscience qui enveloppe toutes nos opérations psychologiques, unité de conscience qui s'explique elle-même par l'unité du sujet simple en qui elles s'accomplissent, *non enim proprie loquendo sensus aut intellectus cognoscunt, sed homo per utrumque* (*De Verit.*, q. II, a. 6 ad 3 [IX, 377]). Il faut bien remarquer que la conscience dont il s'agit ici c'est la conscience réflexe, justement; or de cet acte de réflexion, l'intelligence, justement aussi, est seule capable, parce que faculté spirituelle. Et considérez-le comme visant la sensation ou l'image à titre de modifications du sujet, il s'appellera conscience proprement dite et tout court; considérez-le comme s'étendant par elle à l'objet qu'elles représentent, il s'appellera perception intellectuelle du singulier corporel — perception *indirecte* attendu qu'elle n'atteint pas l'objet par elle-même, mais en tant qu'il est représenté par une faculté inférieure (Cf. LIBERATORE, *Della conosc. intell.*, II, 387 sq. — SALIS-SEWIS, *Della conosc. sensitiva*, p. 71 sq.)

moins appris à y procéder, — par exemple par le langage et les habitudes tout organisées qu'il impose plus ou moins à la pensée : il faut en outre faire effort pour la reconstituer autant que possible dans sa physionomie originelle et comme à l'état naissant. Généraliser pour nous, aujourd'hui, c'est tout de suite et, à première vue, uniquement, se représenter un caractère ou une somme de caractères *communs* à tout un *groupe*. Sans doute, c'est bien là le moment décisif ou le point culminant de l'opération tout entière : son importance même n'aurait-elle cependant pas eu pour effet de nous accoutumer à ne plus voir que lui et à perdre de vue l'autre moment, préparatoire, il est vrai, mais non moins réel et capital, que saint Thomas appelle la *consideratio naturae absoluta* [1] et que nous avons appelé nous-même la connaissance de la nature ou essence tout court? A force de porter notre attention sur le terme final du processus généralisateur ou l'idée générale complète et parfaite ou encore l'idée conçue précisément comme générale, nous en venons facilement à négliger le point de départ intellectuel de ce processus, à savoir la représentation pure et simple du contenu propre de l'idée. Il reste pourtant vrai que les deux moments sont à tout le moins logiquement distincts et qu'à l'origine ils ont même dû l'être en effet [2].

VII

Quoi qu'il en soit, c'est à cette connaissance de la nature en elle-même, *essentia simplex*, *homo inquantum*

---

1. *Quodlib.* VIII, q. 1 ad 1 : Consideratio naturae absoluta... quantum ad ea tantum quae per se competunt tali naturae (IX, 571). — *De Ente et Essent.*, a. 4 (XVI, 333). — Cf. *supra*, p. 57, notes 1 et 4.

2. Ainsi s'ouvre une issue au cercle vicieux souvent signalé à propos de la généralisation : « pour généraliser il faut abstraire, mais pour abstraire il faut généraliser. » (Cf. H. BERGSON, *Matière et mémoire*, p. 170 sq.). Il ne faudrait « généraliser pour abstraire » que si l'abstraction

homo, que l'École a donné le nom d'*universel direct* ou *métaphysique*, par opposition à l'*universel logique* ou *réflexe*, lequel ajoute effectivement à la simple notion de cette simple nature l'idée de sa communicabilité même ou de son aptitude à se retrouver identique en plusieurs êtres; lequel, par suite, correspond à l'idée *formellement* générale ou à l'idée générale proprement dite [1].

Distinction d'une importance souveraine, et dont l'application, indiquée tout à l'heure, se découvre à présent d'elle-même. De fait, si l'on doit reconnaître que l'universel demande quelque chose de plus qu'une simple intuition et qu'il faut faire appel, pour en donner l'explication intégrale, à un véritable discours mental, c'est précisément l'universel logique ou réflexe qui est alors en cause; ou, ce qui revient au même, c'est la seconde des deux questions

---

devait nous donner par elle-même et du premier coup les concepts universels tout faits, en tant précisément qu'universels. Mais la difficulté tombe, si l'abstraction ne nous fait atteindre que les éléments essentiels ou constitutifs (la *natura absolute considerata*), dont l'extension universelle sera seulement reconnue ensuite.

1. Voir, sur cette distinction d'universel direct et d'universel réflexe, entre autres LIBERATORE, *Della conosc. intell.*, t. II, p. 85 sq.). — ZIGLIARA, *La luce intellettuale...*, t. I, p. 41 sq. — SANSEVERINO, *Éléments de philosophie chrétienne*, trad. fr., t. I, p. 674 (en note). — C'est dans le même sens qu'on doit prendre les formules *universale in essendo* et *universale in praedicando*. Elles se rencontrent déjà dans l'opuscule anonyme *De Universalibus* (LV des opuscules douteux de saint Thomas). Les docteurs du M. A. appelaient aussi l'universel réflexe universel de seconde intention, ou tout simplement intention seconde. Il faut bien comprendre ce terme (combien n'y a-t-il pas de personnes qui ne le connaissent que par la célèbre plaisanterie : *an chimaera bombicinans in vacuo possit comedere secundas intentiones* ?) : « Intentionem secundam appello illud, dit l'opuscule LV *De Universalibus*, quod secundo intelligit intellectus de re. » — *Secundo*, par voie de réflexion, en revenant sur l'objet déjà connu (par une « intention première »). De là l'équivalent *recogitatio*. Donc intention seconde = connaissance réflexe, par opposition à connaissance spontanée et directe (= intention première), et aussi le contenu objectif de cette connaissance. — Quant au terme même d'*intention*, il se rapporte au caractère *actif* (*tendere in*) de la connaissance, qui requiert une sorte de tension de son organe sensible (organe proprement dit) ou immatériel (faculté). (Cf. le τόνος des stoïciens, CICÉRON, *Acad.* II, 10 : mens naturalem vim habet, quam *intendit* ad ea quibus movetur).

élémentaires précédemment discernées dans le problème total de la généralisation qui exige cette réponse. Manifestement, la comparaison intervient en pareil cas : ayant observé plusieurs objets semblables et abstrait de chacun d'eux, à la manière décrite ci-dessus, la même identique nature, nous reconnaissons l'identité de cette nature même en tous, nous les pensons *en tant qu'essentiellement semblables*. Pas n'est besoin d'un grand effort de réflexion pour se rendre compte que leur nombre pourrait croître à l'indéfini sans que la nature qu'ils réaliseraient tous indistinctement cessât d'être identique, ou pour découvrir dans cette nature la possibilité de se retrouver telle dans un nombre illimité d'objets. Bref, l'universel réflexe n'exprimant plus par lui-même une propriété intrinsèque de la chose, mais une relation, une propriété logique ajoutée à cette essence intrinsèque, il est clair que la perception n'y suffit plus, et qu'un procédé logique, aussi, et discursif, devient indispensable — à cause de quoi cet universel prend le nom de logique lui-même. Mais il en va tout autrement de l'universel direct et métaphysique, qui échappe à cette nécessité. En sorte que rien n'empêche plus, par ce côté, l'abstraction primitive qui le fournit d'offrir un caractère foncièrement intuitif.

VIII

Nous comprenons mieux que jamais qu'il n'y ait pas lieu, dans la théorie traditionnelle, de dédoubler l'intelligence en un pouvoir d'abstraire à proprement parler et en un pouvoir d'ajouter aux données empiriques ce que l'expérience ne pénètre point par elle-même[1]; car cet élément inaccessible à l'expérience et que l'intelligence seule perçoit, c'est précisément en abstrayant, comme on

---

1. Cf. *supra*, p. 51, note 3.

a vu plus haut, qu'elle le perçoit. Sans doute un tel acte ajoute à nos connaissances, puisqu'il nous rend intelligible la *nature* de *la* cause, par exemple, en l'émancipant des conditions individuelles où elle est comme emprisonnée dans *les* causes concrètes qui la réalisent — ou encore, pour prendre un exemple dans les jugements eux-mêmes, *la loi* de causalité, en la dégageant des faits expérimentaux dans lesquels elle s'applique. Mais, et c'est là le point capital, cet acte *n'ajoute rien aux choses*, puisqu'il ne fait que révéler leur nature intime et leurs conditions essentielles [1]. Et tel est le péril de la modification proposée : non seulement elle est oiseuse, mais elle altère gravement la théorie qu'elle prétend corriger. Cette formule, « pouvoir d'ajouter aux données empiriques » (*vis additiva*), induirait assez facilement à croire que c'est l'intelligence qui ajoute tout de bon aux faits d'expérience ces conditions essentielles elles-mêmes, par exemple la relation nécessaire à une cause. Ce qui nous ramènerait, somme toute, et contre les propres intentions des auteurs en jeu, à la thèse criticiste. Ce qui dénaturerait du tout au tout, par conséquent, la doctrine traditionnelle de l'École sur ce point. Aux termes de celle-ci en effet, l'intelligence n'a besoin que de faire abstraction des traits caractéristiques de l'individualité pour saisir les éléments essentiels dans les êtres empiriques eux-mêmes dont ils constituent comme le fond premier [2]. « L'intelligence a donc, outre et

---

1. Cf. P. FUZIER, *Le principe de causalité...*, p. 29, in *Congrès scientifique internat. des catholiques*, 1894.
2. Cf. *S. theol.*, I p., q. LXXXIV, a. 7: Speculatur naturam universalem (potentia) in *particulari* existentem (I, 335). — *Ibid.* q. LXXXV, a. 1 : Hoc est abstrahere universale a particulari vel speciem intelligibilem a phantasmatibus, considerare scil. naturam speciei absque consideratione individualium principiorum, etc. (I, 337). Or (*Ibid.* a. 2) species intelligibilis se habet ad intellectum ut *quo* intelligit intellectus ; par elle l'intelligence atteint d'emblée la chose : id quod intelligitur *primo* est res — et non pas *species*, encore une fois celle-ci n'est connue que *secundario* (per secundam intentionem, ju..ment). Car si ea quae intelligimus essent solum species quae sunt in anima (*nos idées subjec-*

par dessus sa vertu éliminative, une vertu additive, la vertu de saisir comme nécessaire un rapport qui n'est donné dans l'expérience que comme contingent, de saisir comme universel, c'est-à-dire comme s'étendant à tous les cas possibles, un rapport que l'expérience n'aperçoit que dans un groupe restreint de phénomènes[1] » : encore une fois, c'est justement en quoi consiste ici l'abstraction, à « saisir comme nécessaire un rapport qui n'est donné dans l'expérience que comme contingent », à « saisir comme universel un rapport que l'expérience n'aperçoit que dans un groupe restreint de phénomènes », puisque abstraire veut dire ici *considerare principia speciei absque consideratione principiorum individuantium* [2] et que ces *principia speciei* représentent précisément l'élément de nécessité universelle (au moins en puissance [3]) qu'enveloppe par nature chaque fait particulier et contingent [4]. Abstraction et perception ne font donc, dans l'espèce, littéralement qu'un, et l'on n'était pas fondé, de ce seul chef, à les distinguer comme deux opérations originales, requérant chacune un principe irréductible.

---

tives) sequeretur quod scientiae omnes non essent de rebus quae sunt extra animam (*ne porteraient pas sur la réalité objective*), sed solum de speciebus quae sunt in anima (I, 338). Toute science, en somme, se réduirait ainsi à une manière de psychologie. — Cf. *Contra Gent.*, II, 75 (V, 128). — *Supra*, Ch. I, IV, p. 34.

1. Cf. *supra*, p. 51, note 3.
2. Cf. *S. theol.*, p. I, q. LXXXV, a. 1 (I, 337).
3. Cf. *Contra Gent.*, II, 77 : Determinatas naturas rerum sensibilium nobis praesentant phantasmata, quae nondum pervenerunt ad esse intelligibile, cum sint similitudines rerum materialium etiam secundum proprietates individuales. Non igitur sunt intelligibilia actu ; et tamen, quia in hoc homine (v. g.), cujus similitudinem repraesentant phantasmata, est accipere naturam universalem denudatam ab omnibus conditionibus individuantibus, sunt intelligibilia in potentia (V, 132).
4. Cf. *S. theol.*, I p., q. LXXXVI, a. 3 : Nihil est adeo contingens, quin in se aliquid necessarium habeat (I, 345). — Cf. *infra*, ch. VII, A, I, II et VI.

IX

Mais si telle est la véritable nature de cet acte mental, pourquoi l'appeler abstraction ? Ne serait-il pas préférable de recourir à une autre formule — soit, par exemple, perception intellectuelle — qui en mettrait directement en relief le fond intuitif ? Peut-être : les raisons pourtant qui dictèrent aux vieux docteurs l'emploi de ce terme d'abstraction s'entendent fort bien, historiquement parlant. Elles résident dans leurs préoccupations polémiques, en particulier à l'égard de la psychologie platonicienne ou du moins réputée par eux telle. Et cette psychologie leur était antipathique surtout à cause de la métaphysique dont elle leur semblait solidaire. Il serait difficile de développer ces vues dans toute leur ampleur sans dépasser par trop les limites de notre présent sujet : force nous sera donc de nous borner à quelques indications.

La métaphysique à laquelle nous venons de faire allusion, c'est, d'un mot, le réalisme[1] ; et la psychologie correspondante, c'est ou bien celle des idées innées, comme on a dit plus tard, des *species animae naturaliter inditae*, comme on disait alors[2], sous la forme précise de théorie de la réminiscence, — ou bien celle de la participation aux formes séparées[3], pour parler le langage de l'École, c'est-à-dire, comme nous parlerions aujourd'hui, aux idées, prises dans le sens platonicien — sans rechercher d'ailleurs si les deux psychologies diffèrent réellement l'une de l'autre. A peine est-il besoin d'expliquer ce qu'on

---

1. Au sens où l'on entend ce terme dans la querelle des universaux, et non plus comme nous l'entendons nous-même dans ce travail, par opposition à idéalisme. Cf. *infra*.

2. Cf. *S. theol.*, I p., q. LXXXIV, a. 3 : Utrum anima omnia intelligat per species sibi naturaliter inditas (I, 330).

3. *Ibid.*, a. 4 : Utrum species intelligibiles effluant in animam ab aliquibus formis separatis (I, 331).

entend ici par réalisme : il s'agit de cette doctrine célèbre aux termes de laquelle les natures ou essences universelles existeraient en soi, en dehors des individus, constituant dans leur pureté absolue un monde supérieur, le monde intelligible, dont notre monde sensible ne serait qu'une participation imparfaite et défaillante[1]. Et dès lors, voici comment on rendait compte, psychologiquement, de la connaissance que nous avons, en fait, de ces réalités supérieures : c'est encore d'une participation que l'on se réclamait à cette fin, soit d'une *participation actuelle*, renouvelée pour ainsi dire à chaque instant et consistant dans une ressemblance de l'idée imprimée à ce moment même dans l'âme[2] ; — soit d'une *participation originelle*, si l'on peut ainsi dire encore, s'effectuant dès le principe et une fois pour toutes, et déterminant d'un seul coup la présence latente dans notre esprit de toutes les notions intellectuelles, que l'union de l'âme avec un organisme l'empêchera de remarquer d'abord, mais qui s'éveil-

---

1. *S. theol.*, I p., q. LXXXIV, a. 4 : Plato posuit formas rerum sensibilium per se sine materia subsistentes, sicut formam hominis, quam nominabat *per se hominem*, et formam vel ideam equi, quam nominabat *per se equum* ; et sic de aliis. Has ergo formas separatas ponebat participari a materia corporali ad essendum, sicut materia corporalis per hoc quod participat ideam lapidis fit hic lapis, etc. (I, 331). — Cf. *De Verit.*, q. X, a. 6 : Quidam, ut Platonici, posuerunt formas rerum sensibilium esse a materia separatas, et per earum participationem a materia sensibili effici individua in natura, etc. (IX, 169).

2. *S. theol.*, I p., q. LXXXIV, a. 4 : Has ergo formas separatas ponebat (Plato) participari et ab anima nostra et a materia corporali ; ab anima quidem nostra ad cognoscendum, a materia vero corporali ad essendum ; ut sicut materia corporalis, per hoc quod participat ideam lapidis, fit hic lapis, ita intellectus noster, per hoc quod participat ideam lapidis, fit intelligens lapidem. Participatio autem ideae fit per aliquam similitudinem ipsius ideae in participante ipsam, per modum quo exemplar participatur ab exemplato. Sicut igitur ponebat formas sensibiles, quae sunt in materia corporali, effluere ab ideis sicut quasdam earum similitudines, ita ponebat species intelligibiles intellectus nostri esse similitudines quasdam idearum ab eis effluentes (I, 331-2). — Cf. *De Verit., loc. cit.* : Platonici posuerunt formas esse a materia separatas, earum vero participatione mentes humanas scientiam habere (IX, 169).

leront ensuite au cours de l'expérience à la manière de souvenirs remémorés [1].

Or, que les universaux existent de la sorte *a parte rei* comme autant d'absolus, c'est ce que, à la suite de son maître Aristote, saint Thomas ne peut se résoudre à admettre [2]; avec son maître Aristote, il tient pour l'immanence des natures universelles aux individus, en qui seuls elles se réalisent, qui seuls subsistent actuellement en eux-mêmes et qui ne renferment l'universel qu'en puissance [3]. Il ne peut plus donc être question pour lui à ce compte, et sans préjudice des autres raisons qu'il fait valoir [4], d'expliquer notre connaissance de l'universel par

---

1. Cf. *De Verit.*, q. X, a. 6 : Alia opinio fuit ponentium ...humanas animas in seipsis continere omnium rerum notitiam, sed per conjunctionem ad corpus praedictam cognitionem obtenebrari, et ideo dicebant nos indigere studio et sensibus ut impedimenta scientiae tollerentur dicentes addiscere nihil aliud esse quam reminisci (IX, 163).

2. Cf. *S. theol.*, I p., q. LXXXIV, a. 4 : Contra rationem rerum sensibilium est, quod earum formae subsistant absque materia, ut Aristoteles (lib. VII *Metaph.* text. 44 usque ad 58) multipliciter probat (I, 332). — Cf. *De Verit.*, q. X, a. 6 : Sed haec positio a Philosopho sufficienter reprobata est, qui ostendit quod non est ponere formas sensibilium nisi in materia sensibili, etc. (IX, 163).

3. Cf. *S. theol.*, I p., q. LXXXV, a. 3 ad 2 : Humanitas, quae intelligitur, non est nisi in hoc vel illo homine, sed quod humanitas apprehendatur sine individualibus conditionibus, quod est ipsam abstrahi, *ad quod sequitur intentio universalitatis*, accidit humanitati secundum quod percipitur ab intellectu (I, 333). — Nous avons vu *supra* qu'au regard de l'intelligence elle-même, l'essence ne devient *formellement* universelle qu'au *second moment* de l'opération totale. — Cf. « Ad quod (abstrahi) *sequitur* intentio universalitatis », l'universel réflexe, etc.

4. Elles se ramènent somme toute à la difficulté d'expliquer dans une telle hypothèse l'intime union de l'âme et du corps, et la part que prend celui-ci à la connaissance, en termes plus exacts le rôle de condition rigoureuse qu'il y joue (nécessité des sens et de leurs images pour l'intellection). — Cf. *S. theol.*, I p., q. LXXXIV, a. 3 : Hoc (scil. quod intellectus hominis naturaliter sit plenus omnibus speciebus intelligibilibus, ce que nous avons appelé participation *originelle*) non videtur convenienter dictum... si ponatur esse animae naturale corpori uniri. Inconveniens enim est quod naturalis operatio alicujus rei impediatur per id quod est sibi secundum naturam. Secundo manifeste apparet hujus positionis falsitas ex hoc quod, deficiente aliquo sensu, deficit scientia eorum quae apprehenduntur secundum illum sensum : sicut caecus natus nullam

une participation immédiate, originelle ou actuelle, à des « formes séparées » qui n'ont jamais existé que dans l'imagination des platoniciens : puisque l'universel n'a de réalité que dans les individus, c'est seulement des individus, des images ou des sensations représentatives des individus, que la notion en peut être extraite — ou, comme disaient les anciens, *abstraite*. Nous voilà retombés comme tout naturellement sur le terme en cause, et du choix de ce terme la raison déterminante nous saute ainsi aux yeux.

X

En résumé, l'abstraction intellectuelle est l'opération par laquelle la pensée atteint du premier coup les éléments essentiels des êtres empiriques représentés par les images. Elles les atteint en les dégageant du mélange ou tout naturel qu'ils forment en celles-ci avec les éléments individuels, et c'est par quoi elle est précisément abstraction. Mais elle ne les conçoit pas non plus, à ce moment exact, dans leur généralité même, que leur conférera seulement un procédé ultérieur et discursif de l'esprit (universel réflexe) : elle les saisit dans leur pure et absolue réalité (universel direct), et c'est par quoi elle reste foncièrement perception. Il n'y a là qu'une différence de points de vue, ou plutôt d'effets et de relations, dans une opération unique

---

potest habere notitiam de coloribus; quod non esset, si intellectui animae essent naturaliter inditae omnium intelligibilium rationes (1, 331). — Cf. *De Verit.*, q. X, a. 6 (IX, 168). Voici maintenant pour la première hypothèse (participation *actuelle*, supra, p. 68) : Secundum hanc positionem sufficiens ratio assignari non posset, quare anima nostra corpori uniretur. Maxime videtur corpus esse necessarium animae intellectivae ad ejus propriam operationem, quae est intelligere. Si autem anima intelligibiles species secundum naturam suam apta esset recipere per influentiam separatorum principiorum tantum, non indigeret corpore ad intelligendum; unde frustra corpori uniretur (S. *theol.*, I p., q. LXXXIV, a. 4 [I, 332]. — Cf. *De Verit.*, *loc. cit.* [IX, 168 4]).

et totale, qui, d'un mot, s'appelle abstraction par rapport à ce qui lui échappe (*notae individuantes*) et perception par rapport à l'objet propre auquel elle se termine (*natura absolute considerata*). Ainsi la même courbe est dite à la fois convexe et concave, convexe eu égard à l'espace qui l'entoure du dehors, concave eu égard à celui qu'elle enveloppe au dedans.

CHAPITRE III

LA NATURE DE L'OPÉRATION INTELLECTUELLE.

— 2. LIMITES DE L'INTUITION ET ROLE DU DISCOURS.

SOMMAIRE

I. Difficulté que soulève la théorie telle qu'elle a été exposée dans le chapitre précédent. — Intuition et discours. — II. Interprétation plus satisfaisante : l'abstraction intuitive ne nous fournit que les concepts les plus universels, à l'aide desquels la pensée construit synthétiquement et discursivement tous les autres. — III. Textes divers qui appuient cette interprétation. — IV. D'une autre interprétation récente de la doctrine thomiste dans son rapport au problème de l'induction. — Réduction à l'unité, par cette voie, de l'induction et de la généralisation, considérées l'une et l'autre comme un procédé foncièrement intuitif. — V. Critique : difficulté de concilier pareille interprétation avec les faits; en quoi l'induction reste discursive. — VI. Suite : d'ailleurs, au point de vue thomiste, on ne doit tenir l'induction pour intuitive que dans le dégagement des lois les plus hautes (telles que la loi de causalité universelle), tout comme la généralisation n'est intuitive (au premier moment, universel direct) que dans la mise en lumière des notions les plus génériques. — VII. Résumé et conclusion.

I

S'il suffit de restituer à l'abstraction sa vraie physionomie pour soustraire la théorie thomiste aux difficultés examinées dans le chapitre précédent, on n'aboutit par là qu'à en soulever une autre, et d'une bien autre gravité. Il faut reconnaître que la plupart des auteurs traditionnels, par l'imprécision ordinaire de leur langage, la rendraient plus que jamais redoutable. « Qu'est-ce que l'intelligence saisit au juste dans l'image et qu'en laisse-t-elle ? demande à ce sujet un néo-thomiste éminent. Je n'ai nulle part, poursuit-il, trouvé ce problème très approfondi dans l'École : c'est cependant un des points les plus délicats de la doctrine péripatéticienne. On se borne généralement à proclamer que l'intelligence perçoit les essences. Mais quelles sont les essences immédiatement perçues ? On ne se met guère en peine de l'indiquer.... Ceci a pourtant une grande importance [1] ».

De fait, on persuadera difficilement à un esprit nourri des idées et informé des méthodes scientifiques de notre temps, que l'entendement humain ait reçu ce magique privilège de pénétrer du premier coup le fond intime des choses. Mais alors il suffirait d'y bien regarder une fois, et nous aurions la science intégrale, exhaustive, absolue, universelle, telle que Dieu la possède ! Mais alors l'erreur serait au pied de la lettre inconcevable, et il nous serait physiquement impossible de nous tromper sur la nature des êtres ! Mais alors la science ne peinerait plus à édifier lentement et minutieusement ses classifications, à ajuster, à serrer, à préciser sans cesse ses définitions, à remanier avec une inlassable persévérance ses explications et ses théories, elle se ferait en un clin d'œil et comme par un jeu, et l'on ne pourrait plus dire que le génie y est une longue patience ! Libre à un platonicien, par conséquent, de se donner cette illusion, qu'il communique directement par la pure pensée avec la pure essence des êtres [2] : une expérience séculaire nous a singulièrement assagis à cet égard. Et, sans descendre jusqu'à notre époque, on aurait même quelque droit de s'étonner qu'un tel rêve ait pu séduire une psychologie aussi soucieuse en général

---

1. E. DOMET DE VORGES, *La perception et la psychologie thomiste*, p. 168.

2. Cf. *Phédon*, 66 e, 99 e, — 37.

de réalité concrète et positive que l'est celle du péripatétisme.

II

Mais est-ce bien là ce qu'elle enseigne ? C'est précisément de l'auteur du Περὶ Ψυχῆς et de son grand disciple médiéval que se réclame un autre néo-thomiste des plus autorisés, lorsqu'il propose de n'appliquer qu'aux notions les plus génériques et les plus universelles [1] cette hypothèse d'une abstraction intuitive originelle atteignant d'emblée les principes essentiels des objets d'expérience. Ce qui revient à dire qu'en toute rigueur elle nous met seulement en possession des concepts élémentaires que l'analyse découvre au fond de toutes nos pensées comme leur commun substrat. Et surtout, c'est de ces concepts élémentaires exclusivement qu'on peut et qu'on doit soutenir qu'ils coïncident, dans le premier moment du processus généralisateur, avec leur propre objet, ou qu'ils le *perçoivent* à la lettre et immédiatement. Eux seuls donc représentent les données vraiment premières, les vraies et uniques *données,* en un mot, de l'intelligence : telles les idées d'être, d'unité, de substance, de cause, etc. Non pas sans doute la cause et la substance au sens complet et métaphysique des termes, car elles ont besoin, pour arriver à ce degré d'exactitude, d'être retouchées, perfectionnées et achevées par des analyses ultérieures. Autrement dit, nous ne les percevons point, par cet acte original et originel de l'entendement, avec la précision et la rigueur qu'elles comportent en ontologie, mais dans une

---

1. Celles qui ont nom dans l'École *transcendantaux* et *catégories,* *transcendantaux* — modes les plus universels de l'être (tels vérité, bonté, unité, etc.), *catégories* — modes généraux de l'être ou aspects fondamentaux sous lesquels on l'envisage dans le jugement (juger, affirmer, κατηγορεῖν) (tels la substance et les accidents, soit absolus, soit relatifs). Cf. tous les traités d'ontologie.

indistinction que seuls la réflexion et le raisonnement viendront démêler par la suite.

Quant aux autres concepts, nous les construisons pas à pas, à mesure que progresse notre réflexion même et que s'agrandit le champ de notre expérience, par un travail de synthèse discursive dont ces abstraits primitifs fournissent les premiers matériaux et qui est naturellement susceptible d'une perfection toujours croissante. Ainsi se forment peu à peu les notions de ces essences plus hautes et plus riches, plus compréhensives et plus complexes, que la perception intellectuelle eût été impuissante à dégager [1]. Qu'on prenne la peine d'analyser en détail l'une quelconque de ces notions, soit celle d'homme, ou de prince, ou d'ingénieur, ou toute autre; l'on s'apercevra que toutes se résolvent invariablement, au terme d'une régression plus ou moins prolongée, dans les concepts élémentaires que nous supposons présentement dus à des abstractions originelles immédiates [2].

---

1. Ce sont ces concepts que certains auteurs appellent « essences rationnelles », par opposition aux « essences réelles » qu'il ne nous est pas donné d'atteindre et dont ces essences rationnelles font pour nous fonction. Cf. E. Domet de Vorges, *op. cit.*, p. 172.

2. Voir sur ce point précis tout le IVe livre du traité de T. M. Zigliara, *La luce intellettuale e l'ontologismo*, en particulier cap. 2do (t. II, p. 181 sq.). — Pour le reste du présent paragraphe, cf. E. Peillaube, *Théorie des concepts*, praes. p. 302-3 : « Ces expressions employées couramment dans l'idéologie péripatéticienne (à savoir que l'intellect possède le pouvoir d'abstraire les essences ou raisons des choses, leur *quod quid est*, leur τὸ τί ἐστι) ont prêté quelquefois à une équivoque qu'il est facile de dissiper. L'abstraction primitive et originelle dont nous parlons n'atteint pas les essences des objets matériels au sens où l'on prend ce mot dans la science. Abstraire spontanément des essences toutes faites comme celles qu'exprime la définition serait un procédé bien facile pour arriver à la science. N'est-ce pas ce sens qu'on attribue à l'abstraction, lorsqu'on nous demande avec une pointe évidente d'ironie quelle est l'essence d'un facteur rural? (Cf. *Revue philosophique*, t. XLI, p. 526). Aristote, à qui nous devons la découverte d'une spontanéité effective de l'abstrait, se serait bien gardé d'accorder à l'homme un semblable pouvoir. Nous ne pouvons connaître *a priori* (il serait plus exact ou plus conforme, semble-t-il, à la vraie pensée de l'auteur, de dire : « du premier coup »), par une vue directe de l'esprit, aucune essence toute faite. Ce n'est que par définition et démons-

On voit par là les limites de l'intuition, et qu'elles sont vite atteintes. En somme, c'est la presque totalité de nos idées dont la genèse est ainsi restituée au discours. Et l'impression pénible que l'exposé de la doctrine thomiste risquait, autrement, de produire sur les esprits modernes, a déjà beaucoup plus de chances de s'évanouir. Reste à savoir toutefois si telle est bien, dans le fond, la pensée de notre docteur. En dépit de quelques apparences contraires [1], nous croyons que oui. Si c'est une correction apportée à sa théorie, c'est une correction qui n'en violerait la lettre que pour en mieux sauvegarder l'esprit : ou plutôt, c'est moins une correction qu'une précision.

III

Nous avons vu précédemment qu'aux yeux de saint Thomas l'entendement humain est essentiellement discursif, au point même qu'on ne doit pas, suivant la rigueur

tration, ἀποδείξει, ὁρισμῷ, que nous connaissons l'essence, τὸ τί ἔστι, quand il nous est donné de la connaître. Les essences abstraites par la spontanéité intellectuelle sont des essences génériques et transcendantes, comme les raisons d'être, de substance, d'accident, de mouvement, de repos, ou bien encore des essences spécifiques très confuses. Assurément, pour avoir le concept scientifique du mouvement, de la substance, de l'être, il faudra procéder, comme parle saint Thomas, par composition et par division, c'est-à-dire par des jugements et des raisonnements. Ces données primitives et encore très confuses (dues à l'abstraction pareillement primitive et immédiate de l'intelligence) s'éclaireront par la réflexion, mais encore faut-il qu'elles soient abstraites à l'origine par l'activité intellectuelle dans cette confusion et cette imperfection même... et ce sont même elles qui servent de point de départ nécessaire au procédé discursif de l'entendement qui les achèvera, les précisera, les complètera... Par essences, il faut donc entendre (quand on dit que l'intelligence les perçoit) les réalités les plus génériques, les plus transcendantales. »

1. Nous avons en vue les textes où saint Thomas parlera, entre autres, d'« abstraire l'essence » de pierre, ou d'homme, ou de cheval, *ut puta lapidis, aut hominis, aut equi* (Cf. *S. theol.*, I p., q. LXXXV, a. 1 ad 1 [I, 337]. — *De Ente et Essent.*, ch. III [LXVI, 3, I]). C'est sans doute pour cette raison qu'un grand nombre d'auteurs choisissent ces exemples, et aussi, vraisemblablement, *parce que c'est plus expéditif*. C'est ainsi qu'on

absolue des termes, définir l'homme un animal intelligent, mais un animal raisonnable, c'est-à-dire, dans le sens étymologique du mot, fait par nature pour raisonner [1] : cette condition est-elle conciliable avec la possession d'un pouvoir d'intuition immédiate des essences toutes faites, qui s'exercerait indifféremment à propos de tout objet et, si l'on peut ainsi dire, à jet continu ? — C'est d'autant moins vraisemblable qu'on nous avertit par ailleurs que « tous les intelligibles ne sont pas également à proximité de notre intelligence, mais qu'il y en a qu'elle saisit de prime abord, tandis qu'elle ne parvient aux autres que par l'intermédiaire de connaissances préalables [2] ». Le rapport de ce texte à l'abstraction intellectuelle, et surtout à sa portée restreinte, n'est-il pas évident ?

Mais il y a plus : dans les endroits mêmes où il insiste sur ce caractère discursif de notre science humaine, saint Thomas prend soin d'ajouter qu'elle ne laisse pourtant pas de participer dans une certaine mesure à un mode plus élevé de connaissance, à savoir l'intuition, privilège des substances supérieures ou des esprits purs [3]. Le raisonnement en effet ne pourrait passer d'un terme à l'autre sous la loi d'un progrès indéfini, s'il ne procédait d'un premier terme fixe, immédiatement saisi par la pensée — comme nous dirions aujourd'hui, s'il n'y avait pas une connaissance intuitive au point de départ, toute

---

dira qu'en voyant un cheval j'en dégage aussitôt la nature essentielle de cheval, la *chevalité*, comme disait déjà Antisthène, lorsqu'il opposait son nominalisme au réalisme de Platon, ἵππον μὲν ὁρῶ, ἱππότητα δὲ οὐχ ὁρῶ (Cf. SIMPLICIUS, *In Arist. Categ.*, 66 b 45). Et en un sens il avait parfaitement raison, car la chose n'est pas tout à fait si simple que cela.

1. Cf. *supra*, ch. I, VI, p. 38 sq.

2. *De Verit.*, q. XI, a. 3 : Intellectui non omnia intelligibilia aequaliter vicina sunt ad cognoscendum ; sed quaedam statim conspicere potest, quaedam vero non conspicit nisi ex aliis principiis inspectis (IX, 188). — Cf. a. 1 ad 12 (IX, 185).

3. *Ibid.*, q. XV, a. 1 : Quamvis cognitio animae humanae sit per viam rationis, est tamen in ea aliqua participatio illius simplicis cognitionis quae in substantiis superioribus invenitur (IX, 249).

connaissance discursive deviendrait impossible : s'il n'y avait que la connaissance discursive, il n'y aurait pas de connaissance discursive. On doit donc admettre quelques données initiales, antérieures et supérieures au discours, qui leur soit subordonné tout entier [1]. — C'est toujours la même idée maîtresse qui se fait jour à travers ces lignes transparentes : le domaine de la perception intellectuelle circonscrit à un petit nombre d'éléments premiers, matériaux obligés de toutes les synthèses ultérieures.

On pourrait alléguer encore ce que l'auteur enseigne, dans les mêmes passages, du mouvement inverse de régression par lequel les produits de ces synthèses discursives sont résolus finalement dans les premiers principes que nous devons à une intuition originelle, *in principia prima, quorum acceptio est intellectus* [2]. La *Somme théologique* et les divers ouvrages qui la complètent reviennent plus d'une fois sur cette vue générale. Il y est souvent parlé de notions primitives de l'entendement (*primae conceptiones intellectus*) qui sont dégagées du premier coup de la réalité empirique par la vertu de l'intellect agent (*quae* statim *lumine intellectus agentis cognoscuntur per species a sensibilibus abstractas* [3]) ; telles, entre autres, les notions d'être, d'unité, etc. (*sicut ratio entis, et unius, et alia hujusmodi* [4]) ; et ce sont ces notions mêmes, celle d'être en particulier, dans lesquelles

---

1. *De Verit.*, q. XV, a. 1: Motus omnis ab immobili procedit. Et sicut motus comparatur ad quietem ut ad principium, ita et ratio comparatur ad intellectum..., quia non posset mens humana ex uno in aliud discurrere, nisi ejus discursus ab aliqua simplici acceptione veritatis inciperet, etc. (IX, 249).

2. *Ibid.*: Comparatur ratio ad intellectum et ut ad terminum. Nam nec rationis discursus ad aliquid certum perveniret, nisi fieret examinatio ejus quod per discursum invenitur ad principia prima in quae ratio resolvit (IX, 249). — Cf. q. I, a. 1 : Sicut in demonstrabilibus oportet fieri reductionem in aliqua principia per se intellectui nota, ita investigando quid est unumquodque (IX, 6).

3. *Ibid.*, q. XI, a. 1 (IX, 183).

4. *Ibid.* (IX, 183).

l'analyse retrouve le fond commun de toutes nos idées (*in quod omnes conceptiones resolvit intellectus* [1]). Ces éléments radicaux de nos concepts représentent donc bien, dans la pensée du docteur, les seuls et vrais objets de l'abstraction intuitive.

Enfin saint Thomas remarque expressément qu'en plus d'un cas nous n'arrivons à déterminer les principes essentiels des êtres que par voie de raisonnement, *componendo et dividendo*, et de raisonnement parfois laborieux (*investigamus*) [2]. La connaissance de l'âme nous en fournit un exemple qui dépasse tous les autres par son éclat et sa portée. Cette connaissance en effet est double, elle peut avoir trait soit à l'existence soit à la nature du sujet pensant [3]. Or si, dans le premier cas, notre âme n'a besoin, pour savoir qu'elle existe, que de sa seule présence à elle-même, manifestée par son opération, si elle se perçoit alors elle-même par cela seul qu'elle est et qu'elle agit, il en va tout autrement dans le second cas : il y faut cette fois un peu plus de cérémonies, c'est-à-dire une enquête avisée et minutieuse [4]; et l'on ne doit pas s'étonner des erreurs

---

1. *De Verit.*, q. I, a. 1 (IX, 6). — Cf. *In I Sentent. Dist.* VIII, q. 1, a. 3 : Primum quod cadit in conceptione intellectus est ens, sine quo nihil potest apprehendi ab intellectu (VI, 69). — *De Verit.*, q. I, a. 1 : Illud quod concipit intellectus quasi notissimum et in quod omnes conceptiones resolvit est ens. Unde oportet quod omnes aliae conceptiones intellectus accipiantur ex additione ad ens (IX, 6). — *S. theol.*, I-II, q. XCIV, a. 2 : Illud quod primo cadit sub apprehensione est ens, cujus intellectus includitur in omnibus quaecunque quis apprehendit (II, 843).

2. *S. theol.*, I p., q. LVIII, a. 5 : Componendo et dividendo quandoque ad intellectum quidditatis pervenimus, sicut cum dividendo et demonstrando definitionem investigamus (I, 228).

3. *De Verit.*, q. X, a. 8 : De anima duplex cognitio haberi potest..., per hanc cognoscitur *an est* anima, sicut cum aliquis percipit se habere animam; per aliam vero scitur *quid est* anima et quae sunt accidentia ejus (IX, 168). — Cf. *S. theol.*, I p., q. LXXXVII, a. 1 (I, 347).

4. *S. theol., loc. cit.* : Est autem differentia inter has duas cognitiones. Nam ad primam cognitionem de mente habendam sufficit ipsa mentis praesentia, quae est principium actus, ex quo mens percipit seipsam ; et ideo dicitur se cognoscere per suam praesentiam (notre « conscience » moderne). Sed ad secundam cognitionem de mente habendam non sufficit ejus praesentia, sed requiritur diligens et subtilis inquisitio (I, 347).

dans lesquelles tombent ceux à qui manque la force d'esprit et de volonté nécessaire pour la mener à bon terme[1]. Que si l'essence intime de la réalité qui doit pourtant nous être la plus accessible[2], à savoir celle de notre sujet même, se dérobe aux prises de l'intuition, à plus forte raison la nature spécifique des objets extérieurs ne pourra-t-elle se découvrir qu'au prix de multiples efforts, méthodiquement appliqués. Et encore ne réussirons-nous pas toujours, tant s'en faut, même par cette voie détournée du discours, à nous en faire une notion propre et distincte : n'en percevant que l'élément générique et incapables d'en saisir le trait différentiel, il ne nous restera alors d'autre ressource que de les distinguer par l'ensemble de leurs qualités accidentelles : *quia essentiales rerum differentiae sunt ignotae frequenter et innominatae, oportet interdum uti accidentalibus differentiis ad substantiales rerum differentias designandas*[3]. Qu'on veuille bien retenir ces paroles suggestives : *essentiales rerum differentiae sunt ignotae frequenter et innominatae,* nous voilà plus que jamais loin, semble-t-il, du pouvoir d'intuition des essences à volonté et sans restriction[4].

Il paraît donc bien, tout compte fait, que la pensée de saint Thomas sur ce point ne fasse pas l'ombre d'un doute. On peut même estimer que les derniers textes cités équivalent à une déclaration formelle. Admettons toutefois qu'elle ne soit pas encore aussi décisive qu'il serait permis de le souhaiter : si l'on consent à se reporter aux explications qui précèdent, on éprouvera peut-être cette

---

1. Unde et multi naturam animae ignorant, et multi etiam circa naturam animae erraverunt (*Ibid.*). — Cf. *Contra Gent.*, III, 46 (V, 192).

2. *De Verit.*, q. X, a. 8: Ex hoc enim quod essentia sua est sibi praesens (Cf. *supra*, p. 79, note 4), anima *est potens* exire in actum cognitionis sui ipsius (IX, 168). — Cf. *Contra Gent., loc. cit.* : Ipsa autem anima semper sibi adest actu (V, 192).

3. *De potentia*, q. IX, a. 2 ad 5 (VIII, 179). — Cf. *In I de Anim.*, lect. 1, *sub fin.* (XX, 4).

4. Cf. M. Liberatore, *Della conoscenza intellettuale*, t. II, p. 350.

impression, qu'un tel déficit est chose tout à fait négligeable. Saint Thomas peut n'avoir point porté sa propre théorie à ce degré de précision : mais elle y tend visiblement tout entière comme à son aboutissement naturel. Encore une fois, si c'est la remanier que de la présenter sous ce jour, c'est la remanier avant tout par elle-même et suivant son vrai sens, *ad suam ipsius mentem*. C'est donc aussi, quant au fond, lui rester fidèle. Pour le reste, on ne peut reprocher à son auteur de n'avoir point tenu compte d'acquisitions et d'expériences que, venus plus tard dans un monde plus vieux, nous devons surtout au temps, ce grand maître. Bornons-nous à la préciser dans la mesure nécessaire, en la mettant en harmonie avec des besoins nouveaux. Tant il est vrai que la spéculation progresse, lentement peut-être, mais sûrement, et qu'aucune philosophie ne doit rester étrangère à ce mouvement universel, dont elle ne s'isolerait qu'au risque de sa propre vie.

IV

Ce problème des rapports de l'intuition et du discours dans la fonction généralisatrice de l'esprit, plus exactement dans la doctrine thomiste sur la fonction généralisatrice de l'esprit, a donné lieu, il y a quelques années, à une remarquable étude qu'a publiée la *Revue philosophique*[1]. L'auteur, et ce n'est pas sa moindre originalité, s'est d'ailleurs placé, pour le discuter, au point de vue propre de l'induction, cette *quaestio vexatissima* des logiciens modernes. S'il faut l'en croire, ceux-ci se seraient mépris du tout au tout sur la nature du procédé par excellence des sciences expérimentales. L'induction n'est pas en elle-

---

1. T. XLI, p. 353 sq. et p. 516 sq., articles de M. G. FONSEGRIVE : *Généralisation et induction*. — Cf. *Éléments de philosophie*, du même, t. I, p. 129 sq. et t. II, p. 94 sq.

même, dans son trait proprement différentiel, un discours mental, qui irait du particulier au général, à l'inverse de la déduction, qui va du général au particulier ou, en tout cas, du plus général au moins général. Non pas que le raisonnement n'ait sa part dans la procédure *totale* qui aboutit à la détermination scientifique des causes. Mais toute la question est de savoir : 1° où et comment il intervient au juste; 2° quel raisonnement c'est. Or il n'intervient 1° ni dans l'établissement de la compréhension du concept qui formule la loi (comme simple rapport *essentiel* de deux faits[1]), ni dans la constitution définitive de son extension universelle[2]. Ces deux éléments, en effet, extension universelle aussi bien que compréhension essentielle, résultent de deux abstractions intuitives, l'une portant sur un rapport de causalité ou de coexistence, l'autre sur les faits susceptibles de le réaliser ou plutôt sur la possibilité indéfinie de tels faits. Quant au raisonnement, tout son rôle est de préparer cette seconde abstraction, par la subsomption d'un nombre plus ou moins grand d'évènements concrets au concept abstrait de la loi : car c'est ainsi que nous pouvons nous rendre compte que ce concept abstrait équivaut en réalité à un concept universel, si l'on préfère, que « l'universalité latente dans la compréhension de ce concept abstrait vient à être expressément reconnue ». Ce qui revient à dire 2° que ce raisonnement est une déduction.

« Une fois formé le concept abstrait, autant pour vérifier la solidité de sa constitution que pour pénétrer plus avant la nature des êtres donnés à l'intuition sensible, nous subsumons au concept un nombre plus ou moins grand d'êtres ou d'évènements concrets. Ayant, par exemple, formé un concept par la liaison de A et de B, nous subsumons S, S', S'', S''' à A et nous *déduisons* constam-

---

1. V. g. ébullition de l'eau et élévation de sa température à cent degrés.
2. V. g. *Toute* eau *en général* bout à cent degrés.

ment l'attribution simultanée de B à S, S', S'', S''', disant : S ou S' ou S'' ou S''' est A; donc S ou S' ou S'' ou S''' est B. C'est alors que nous *voyons* que ce mouvement de déduction opéré sur S, S', S'', S''' pourrait de même s'opérer sur tout autre être en lequel se trouverait A, ce qui est proprement induire. Nous anticipons ainsi le résultat de toutes les déductions futures possibles »[1].

En résumé, « ce qu'on appelle induction ne serait alors que le nom abrégé de trois opérations bien distinctes : 1° une abstraction constitutive de la compréhension du concept, c'est-à-dire une intuition ; 2° une ou plusieurs déductions qui subsument des concrets au concept abstrait; 3° une abstraction de la possibilité indéfinie de subsomptions semblables, opération par laquelle est constituée l'extension universelle indéfinie du concept, c'est-à-dire encore une intuition. Deux abstractions intuitives, et entre les deux une période déductive, voilà donc, d'après les analyses que nous venons de faire, ce que contient l'induction [2] ».

Ainsi se vérifie l'opinion précédemment énoncée : en ce qu'elle a de vraiment caractéristique, ou en tant qu'elle affirme une liaison causale et la pose expressément comme universelle, l'induction n'est pas un procédé discursif : en réalité, elle ne diffère pas essentiellement de la généralisation [3]. C'est une généralisation qui a pour objet une idée de rapport (entre un antécédent et un conséquent) et non plus simplement une idée de qualité ou d'être [4]. En ne tenant plus compte que de son moment capital et vraiment spécifique, « l'abstraction constitutive de la compréhension du concept [5] », nous pourrons dire qu'en dernière analyse, de même que par la généralisation

---

1. *Revue philosophique*, loc. cit., p. 377.
2. *Ibid.*, p. 379.
3. *Ibid.*, p. 374 sq. et p. 535.
4. *Ibid.*, p. 374-5.
5. *Ibid.*, p. 379, etc.

l'intelligence abstrait de l'image singulière le concept général, de même par l'induction elle dégage du fait concret la loi universelle.

Unification séduisante, assurément, et dont le rapport avec l'idéologie thomiste, expressément avoué d'ailleurs, bien plus intentionnellement visé [1], n'a pas échappé au lecteur. N'eût-on pas pris soin de le marquer en propres termes, il apparaîtrait clair comme le jour que cette abstraction constitutive de la compréhension du concept sur laquelle on fait tout reposer coïncide, en somme, avec l'universel direct dont il a été question ci-dessus, comme c'est à l'universel réflexe qu'il faudrait plutôt rapporter le reste de la théorie [2]. Et par là se justifie précisément la place que nous avons donnée à celle-ci dans le présent travail. La critique que nous allons en instituer va nous donner l'occasion d'assurer encore, et à un point de vue nouveau, les résultats antérieurement acquis sur le véritable sens de la doctrine de saint Thomas. Nous avons toujours égard aux rapports de l'intuition et du discours dans le processus généralisateur.

V

A dire vrai, il semble bien que l'étude précitée multiplie à l'excès le nombre des intelligibles atteints par une vue directe de l'esprit. L'auteur a sans doute raison de protester contre « la guerre que, depuis Kant surtout, l'on fait à l'intuition intellectuelle » et de croire que, « quelle que soit l'autorité de ceux qui l'ont combattue et

---

1. *Revue philosophique*, *loc. cit.*, p. 364, après une revue des divers exposés néo-thomistes et un rappel de la théorie actuelle : « Je veux mettre ici en face d'elles (les analyses modernes) celles que pourrait faire un moderne qui se placerait au point de vue d'Aristote. »

2. Cf. *supra*, ch. II, vii, p. 62 sq.

condamnée, il faut en appeler de cette condamnation trop absolue et réviser le procès[1] ». Ce n'est pas nous, certes, qui lui fausserons compagnie dans cette voie. Mais qu'on prenne garde pourtant de ne point tomber dans l'extrême opposé par une réaction exagérée à son tour. Il ne paraît pas que les arguments mis en ligne changent rien aux faits rappelés dans la première partie de ce chapitre[2]. Sans compter qu'il serait vraiment bien étrange que tous les logiciens modernes s'y fussent trompés à ce point. Quoi qu'on en dise, les idées générales scientifiques, les universaux scientifiques, comme parlerait l'École, c'est-à-dire ceux qui ont pour contenu une loi, sont la plupart du temps, aussi bien que ceux qui ont pour contenu un être[3], construits peu à peu par un lent travail de la pensée. La « théorie discursive » de l'induction n'est pas tellement infidèle aux faits ni contraire à l'histoire des sciences et de leurs découvertes[4].

Et ce ne sont pas les citations empruntées aux confidences ou aux explications des savants eux-mêmes qui, vraisemblablement, appuieront cette thèse originale, sans doute, mais bien un peu paradoxale aussi[5]. Que les grands inventeurs parlent volontiers d'intuition, qu'il vienne un moment où l'idée leur apparaît comme « une illumination soudaine » et que ce soit alors « comme un rideau qui tout à coup se déchire ou un voile qui brusquement se lève[6] », de telles formules ont-elles vraiment la portée qu'on leur prête ? Nous pourrions observer qu'en un sens le discours mental se résout, après tout, en intuitions, que

---

1. *Revue philosophique*, loc. cit., p. 521.
2. Cf. supra, p. 72 sq. et p. 76, note 1.
3. L'auteur précité remarque d'ailleurs avec raison qu'il n'y a pas après tout une telle différence entre les deux cas. Cf. *Revue philosophique*, etc., p. 365.
4. *Ibid.*, p. 372, sq., et surtout p. 523 sq.
5. *Ibid.*, mêmes pages, notes.
6. *Ibid.*, p. 373.

le discours mental n'est qu'une série d'intuitions subordonnées les unes aux autres et se commandant les unes les autres [1]. A ce compte, il n'y aurait plus de discours. Qui prouve trop ne prouve rien. Toute la question est donc ici de savoir, et n'est que de savoir si les « intuitions » qui se produisent au cours de la recherche appartiennent à une série de ce genre, si elles sont méthodiquement déterminées, chacune à sa place, par le mouvement continu de la pensée, dont elles marqueraient les positions successives sur la ligne du raisonnement. S'il en est bien ainsi, la considération alléguée perd toute sa valeur ; ou plutôt, il n'y a manifestement rien à tirer des cas où il en est bien ainsi.

Nous accordons volontiers qu'il y en a d'autres, où se constate une discontinuité véritable et où la conclusion, si de conclusion il pouvait être question encore, dépasserait les prémisses : ce sont d'ailleurs ceux-là mêmes auxquels les savants appliquent précisément le mot « d'illumination » et dont on se réclame avec tant de complaisance [2]. Mais sont-ils plus démonstratifs ? Qu'on veuille bien y prendre garde : ce qu'on appelle à ce propos « induction intuitive » n'est pas autre chose que l'hypothèse — on le reconnaît au reste en termes exprès [3]. Or à peine est-il besoin d'observer que l'hypothèse est une pure idée, conjecturale par nature et qui ne peut passer au rang de vérité acquise qu'en vertu d'une démonstration régulière. Et cette démonstration n'a pas seulement pour but de rendre l'hypothèse certaine pour les autres [4], elle a pour but avant tout de la rendre certaine *pour le savant*

---

1. Cf. E. RABIER, *Logique*, p. 275. — *Psychologie*, p. 330.
2. *Revue philosophique*, loc. cit., p. 531 sq.
3. Cf. *Revue philosophique*, loc. cit., p. 532. — G. FONSEGRIVE, *Éléments de philosophie*, t. II, p. 96.
4. *Revue philosophique*, etc., p. 534 : « Il ne suffit pas au savant de voir, il faut encore qu'il *fasse voir*. C'est pour cela qu'il expérimente. »

lui-même[1] : cela serait-il, si l'hypothèse était à la lettre affaire d'intuition ?

On dira sans doute[2] que c'est confondre le point de vue logique avec le point de vue psychologique et qu'autre chose est la vérification de l'hypothèse, autre chose l'hypothèse elle-même. — Soit, mais il reste que c'est hypothèse, justement, et donc erreur possible (puisque « le savant n'a de cesse qu'il ne l'ait contrôlée[3] »), sinon même, trop souvent, réelle. Or, nous le répétons, c'est ce qui ne se conçoit guère dans la théorie en cause. On ne paraît pas avoir réussi à démontrer[4] que le fait de l'erreur n'est pas inconciliable avec l'induction intuitive *telle qu'on l'entend*, c'est-à-dire appliquée à tous les cas, ou peu s'en faut. Car enfin, outre que les explications proposées à cette fin ont tout autant de chances, ou même beaucoup plus de chances de convenir au discours[5], on n'a, remarque capitale, l'intuition que de ce qui est, on ne *voit* que ce qui est,

---

1. Ici encore l'aveu en échappe à l'auteur : « Ayant conscience de la part que son imagination a prise à la formation du concept (dans l'hypothèse), l'esprit n'a de cesse que lorsqu'il a contrôlé par la vision expérimentale directe sa façon de voir. C'est l'expérimentation qui lui fournit ce contrôle. » (*Loc. cit.*, p. 532).

2. Cf. *Revue philosophique*, etc., p. 369.

3. *Ibid.*, p. 532.

4. *Ibid.*, p. 523 sq.

5. Par exemple, lorsqu'on écrit : « Nous ne pensons pas que l'esprit soit capable de découvrir tous les rapports et surtout de les découvrir d'emblée, mais il peut toujours discerner quand il les voit ou quand il ne les aperçoit pas et dès lors éviter l'erreur par un aveu d'ignorance, etc. » (*loc. cit.*, p. 527). — L'esprit n'est pas capable de découvrir tous les rapports *d'emblée* : donc il ne les découvre point *par intuition* sur toute la ligne, mais — puisque, l'intuition écartée, il ne reste plus que le discours — le plus souvent par voie discursive. — De même, p. 526 : « Les essences de la nature sont beaucoup plus lointaines et moins accessibles (que « celles qui sont établies par une loi humaine »)... L'intelligence, bien qu'elle ne puisse toujours les pénétrer, peut toujours discerner le moment où elle est en possession de son objet, et par conséquent s'abstenir de l'erreur en ayant soin de marquer qu'elle n'est pas en possession de la vérité. Ainsi le vulgaire se trompe souvent, le savant ne se trompe pas quand il prend ses précautions. » Mais comment l'intelligence peut-elle « discerner le moment, etc... », si ce n'est par le raisonnement, « nisi examinando hoc, quod per discursum invenitur, ad principia prima, in

tout comme, si l'on « voit » autre chose, c'est qu'en réalité on ne voit pas, mais qu'on s'imagine seulement voir, autrement dit que l'on conçoit simplement. Il semble bien que ce soit là, *même au point de vue psychologique*, un écart considérable entre les deux opérations, et, partant, que celles-ci ne diffèrent pas seulement en valeur, mais avant tout en nature.

VI

Est-ce à dire que cette induction « discursive » des sciences expérimentales représente pour cela un type original de raisonnement réfractaire aux lois du syllogisme ? Nous ne le croyons pas. En dépit des difficultés de forme qu'on fait valoir d'habitude contre cette opinion et dans l'examen desquelles il ne nous appartient pas d'entrer ici, nous tenons le discours inductif pour réductible, en dernière analyse, au discours déductif. Sur ce point, nous sommes pleinement d'accord avec l'auteur de l'étude en question : comme lui, nous dirons que « là où il y a un discours (dans les actes inductifs), un raisonnement, on ne trouve que la déduction [1] ». Nous irons même plus loin, nous dirons aussi que « là où ces actes inductifs s'opèrent en dehors de la déduction, ce sont des actes immédiats et intuitifs [2] ». Seulement l'accord cette fois n'est plus que partiel, comme on peut s'y attendre après tout ce qui précède, et nous sommes obligés d'énoncer une réserve en faisant une distinction.

De fait, le discours inductif repose, comme tout raisonnement en général, sur des principes qui ne peuvent être

---

quae ratio resolvit » (*De Verit.*, q. XV, a. 1 [IX, 249])? Et pourquoi le savant ne se trompe-t-il point quand il prend ses précautions, ou plutôt en quoi consistent celles-ci, sinon à se servir plus scrupuleusement des procédés discursifs ?

1. *Revue philosophique, loc. cit.*, p. 535.
2. *Ibid.*

eux-mêmes, au moins si l'on vise les principes tout à fait premiers qui conditionnent tout ce processus, le résultat d'une déduction analogue antérieure [1]. Et ce sont précisément ceux-là auxquels devrait s'appliquer la théorie que nous venons de discuter. C'est-à-dire que ce sont précisément ceux-là qu'il faudrait considérer comme le fruit d'une abstraction *intuitive* initiale. Mais ce ne sont aussi que ceux-là, à savoir, pour les appeler de leur vrai nom, les principes rationnels, en particulier le principe de causalité, ce « nerf caché de toute induction »[2], — nous rejoignons notre propre thèse, ou plutôt celle même de saint Thomas. Car il ne serait pas difficile d'établir que, ramené à ces proportions restreintes, le parallélisme proposé entre l'induction et la généralisation est tout à fait dans sa pensée. L'opération de l'intelligence étant double, écrit-il par exemple, intellection des concepts et jugement, l'une comme l'autre est subordonnée à une condition première, intellection première aussi, par conséquent, et jugement premier [3]. *Premier*, et donc immédiat, résultat direct d'une intuition originelle, qui commande également toutes les démarches ultérieures de la pensée dans les deux directions. L'abstraction intuitive se trouve donc bien reléguée au point de départ, non seulement de la formation des concepts, mais aussi de l'affirmation de leurs rapports, c'est-à-dire des lois, au point de départ de l'induction aussi bien que de la généralisation.

---

1. Cf. *De Verit.*, q. I, a. 1 : In demonstrabilibus oportet fieri reductionem in aliqua principia per se intellectui nota...., alias in infinitum iretur, et sic periret omnis scientia et cognitio rerum (IX, 6). — Cf. *supra*, p. 78, notes 1 et 2.

2. F. RAVAISSON, *La philosophie en France au XIX⁰ siècle*, p. 78 (3ᵉ édit.).

3. *In IV Metaph.*, lect. 6 : Cum duplex sit operatio intellectus, una qua cognoscit quod quid est, quae vocatur indivisibilium (Cf. les « simples notions » de Descartes) intelligentia, alia qua componit et dividit, in utraque inest aliquod primum (XX, 355). — Cf. *De Verit.*, q. I, a. 1 (IX, 6), q. XV, a. 1 (IX, 249).

En d'autres termes, et pour nous en tenir à l'induction même, ce n'est pas dans « l'idée expérimentale » prise à la lettre, celle qui porte sur *telle espèce* de causalité déterminée, sur telle « loi empirique » particulière, qu'un disciple de saint Thomas devrait voir l'induction intuitive, mais seulement dans l'affirmation de la causalité universelle, dans l'énoncé du principe des lois en général, dans l'axiome rationnel de causalité. En ce sens, nous dirions volontiers avec Cl. Bernard — quoique en modifiant légèrement son texte et sans doute aussi sa pensée — que « nous avons l'intuition des lois de la nature, ... mais que nous n'en connaissons pas la forme et que l'expérience (à savoir ici l'ensemble de nos procédés discursifs) peut seule nous l'apprendre »[1]. Ce qui revient à dire que, quant aux lois empiriques elles-mêmes (ou liaisons causales *déterminées*), il y a lieu de s'en tenir à la théorie discursive de l'induction enseignée par les logiciens modernes[2]. Telle est, en définitive, l'attitude que nous paraît exiger dans l'espèce le strict point de vue thomiste. Encore une fois, ce n'est que pour le mettre dans une plus vive lumière que nous avons cru devoir instituer cette discussion.

VII

Concluons que le rôle du discours, qu'il s'agisse d'ailleurs de l'induction ou de la généralisation proprement dite, est bien autrement considérable, eu égard à la surface intellectuelle qu'il recouvre, que celui de l'intuition. Somme toute,

---

1. *Introduction à la médecine expérimentale*, p. 60.
2. Nous aurons à insister par la suite sur une conséquence très considérable de ces analyses. Réduite en effet à ces termes, c'est-à-dire ne portant plus que sur la causalité en général, l'hypothèse d'une abstraction intuitive et primitive échappe à l'objection empruntée au fait des erreurs dans lesquelles nous tombons si souvent en matière de lois naturelles (Cf. *supra*, p. 87 *sq.*) : car on se trompe alors en croyant à *tel* rapport causal déterminé, on ne se trompe pas en affirmant un rapport causal tout simplement. Rien n'empêche donc plus *de ce chef* cette affirmation d'être le résultat d'une vue directe de l'esprit.

il ne se retrouve pas seulement 1° dans la constitution de l'*extension* des concepts, c'est-à-dire dans la formation des idées générales *comme telles*, c'est-à-dire encore de l'universel *réflexe*, pour lequel nous avons déjà dû reconnaître, au cours du chapitre précédent, que son intervention est nécessaire [1]; mais 2° et surtout, la détermination du contenu intrinsèque de ces idées, c'est-à-dire de leur *compréhension* elle-même, c'est-à-dire encore de l'universel *direct*, en est aussi à chaque instant tributaire. Le plus grand nombre en effet, on pourrait même dire sans crainte la quasi-totalité de nos universaux, soit qu'ils portent directement sur des qualités ou sur des êtres, soit qu'ils en expriment les rapports nécessaires et universels, sont tout autant de constructions mentales, plus ou moins méthodiquement élaborées par un travail plus ou moins continu et successif de notre esprit. Il faut seulement se souvenir que ce travail suppose des matériaux primitifs, soit concepts élémentaires, soit jugements premiers, et que là-même l'intuition, sous la forme précise de l'abstraction intellectuelle proprement dite, recouvre tous ses droits, à savoir avant toutes choses sa suprématie inaliénable. Car ce qu'elle perd en étendue, elle le regagne en importance. Si c'est le discours qui met sur pied la plupart de nos concepts, c'est l'intuition en revanche qui lui en donne les moyens. L'intuition sans le discours ne nous conduirait pas loin; mais le discours sans l'intuition ne pourrait même pas commencer : *non posset mens humana ex alio in aliud discurrere, nisi ejus discursus ab aliqua simplici acceptione veritatis inciperet.* Condition, au demeurant, toute naturelle d'une âme qui, occupant le dernier rang dans le monde des esprits, ne doit participer que dans la mesure rigoureusement indispensable à la pure et absolue intellection dont ils jouissent.

---

[1]. Cf. *supra*, ch. II, IV-VII, p. 54 sq.

CHAPITRE IV

LES PRINCIPES DE L'OPÉRATION INTELLECTUELLE.

— INTELLECT AGENT ET INTELLECT POSSIBLE.

SOMMAIRE

I. Rapport au précédent. — II. La doctrine des deux intellects et en particulier de l'intellect agent chez Aristote. — III. Fortune variée de cette doctrine dans le péripatétisme. — La conception individualiste de l'intellect agent est fixée par le péripatétisme de l'École. — IV. Exposé de la théorie chez saint Thomas. — La critique de l'averroïsme. — V. Difficulté qui demeure dans cet exposé. — Elle ne paraît tenir qu'à un respect exagéré des formules aristotéliciennes et n'atteint pas le fond de la doctrine elle-même. — VI. L'intellect passif. — Sens précis de cette passivité. — VII. Rapport des deux intellects. — Si saint Thomas les tient pour deux facultés distinctes, il semble bien, ici encore, que la terminologie péripatéticienne l'influence plus que de raison. — VIII. Où est le véritable intérêt de la question avec le sens profond de la doctrine. — IX. Résumé et conclusion.

I

Laissons pour le moment le discours mental et revenons à l'abstraction intuitive, dont il a pour rôle de féconder les données. Nous avons vu dans un chapitre antérieur qu'en toute rigueur de termes ce mot d'abstraction désigne uniquement le côté négatif de l'opération intellectuelle et que par son côté positif elle est à la lettre perception : et telle est même la raison pour laquelle nous l'avons appelée abstraction intuitive. En somme, tout revient à dire que l'intelligence ne saisit dans l'objet que l'élément qui lui revient, à savoir l'élément spécifique, considéré en soi, dans sa notion propre, sans atteindre par elle-même les autres éléments, à savoir les éléments individuels : elle le saisit — voilà l'intuition ou la perception ; elle ne saisit que lui, sans connaître en rien des autres — voilà l'abstraction [1]. Il n'en est pas moins vrai que l'on se trouve ainsi avoir deux moments ou même deux fonctions différentes, encore qu'étroitement connexes, dans l'acte original de l'entendement : à cette dualité qu'il enveloppe répond précisément, au point de vue de ses sources internes, la célèbre distinction des deux intellects, intellect agent ou actif et intellect passif ou possible. C'est un nouvel aspect de la théorie thomiste qui s'impose à notre attention.

Cet examen nécessite lui-même un court historique de la question. Tout le monde sait que c'est à Aristote, à la doctrine aristotélicienne du Νοῦς ποιητικὸς et du Νοῦς παθητικὸς, qu'il faut remonter à cette fin. Qu'est-ce donc que ces deux Νοῦς de l'auteur du Περὶ Ψυχῆς ? par quelle série de vicissitudes sont-ils devenus les deux intellects de son grand disciple médiéval ? et surtout, en devenant ces deux intellects, que sont-ils en réalité devenus ? quelle idée enfin doit-on se faire de leur rapport réciproque ?

II

Νοῦς ποιητικὸς avec, en regard, le νοῦς παθητικὸς, son pendant, rien de plus aisé, à première vue, que d'expliquer une telle distinction. Il suffit de se reporter à la théorie des rapports du sensible et de l'intelligible sur laquelle nous

---

[1] Cf. supra, ch. II, p. 52 sq.

avons déjà dû insister plusieurs fois ; il suffit de se rappeler qu'aux yeux d'Aristote les formes intelligibles ou universelles (objet propre du Νοῦς en général) n'existent pas en elles-mêmes, à l'état séparé (χωριστὰ), comme à tort ou à raison il reproche à son maître Platon de l'avoir enseigné, mais qu'elles résident uniquement dans les individus sensibles, mêlées et confondues avec les éléments constitutifs de l'individualité elle-même [1] — si bien qu'elles n'y sont pas intelligibles en acte, mais seulement en puissance. Notre esprit n'en peut donc recevoir l'action, puisque rien n'agit précisément qui ne soit actuel, notre esprit ne peut donc les penser effectivement qu'à la condition qu'elles deviennent actuellement intelligibles en se dégageant des formes sensibles qui les enveloppent. Et comme rien ne peut passer par sa propre vertu de la puissance à l'acte, il faut en conséquence, pour leur conférer cette intelligibilité actuelle, un principe actuel aussi, et actuel par lui-même. Voilà le Νοῦς ποιητικὸς, lequel, en toute exactitude, n'a pas pour fonction de penser l'universel, mais de le rendre actuellement « pensable », de la manière que nous venons de dire, à savoir en le faisant apparaître dans sa forme pure d'essence intelligible, dégagée de toute matière. Et c'est au νοῦς παθητικὸς qu'il le fait ainsi apparaître, c'est le νοῦς παθητικὸς qui le pense pour tout de bon. Il y a donc bien, en réalité, deux Νοῦς, l'un qui seul connaît, au pied de la lettre, l'autre qui, à vrai dire, réalise les conditions de la connaissance, l'un qui devient tout, comme parle Aristote

---

[1]. Ἐν τοῖς εἴδεσι τοῖς αἰσθητοῖς τὰ νοητά ἐστιν, *De anim.*, III, 8. — Comme dit encore Aristote, l'universel, l'idée, n'est plus, comme chez Platon, ἓν παρὰ τὰ πολλά, une unité essentielle, indépendante, dans sa subsistance solitaire, des individus qui y participent, mais simplement ἓν κατὰ πολλῶν, un attribut qui s'affirme communément de ces individus. Ce qui ne veut pas dire que la conception platonicienne ne reprenne pas, ne semble pas du moins reprendre parfois le dessus (Cf. v. g. *Metaph.* VII, 15). On pourrait même soutenir qu'à ce point de vue il y a comme un flottement dans la pensée d'Aristote, qui, de sa métaphysique, retentit dans sa psychologie et même dans sa morale.

(tout ce qu'il connaît de la sorte), l'autre qui opère tout, πάντα ποιοῦν [1].

C'est ici que commence la difficulté. Aristote en effet ne s'en tient pas à cette seule différence. Tandis que le νοῦς παθητικὸς naît et meurt avec le corps, comme les puissances végétatives et sensitives, et qu'il participe comme elles à toutes ses affections, le νοῦς ποιητικὸς est ingénérable et impérissable ; indépendant en lui-même de tout organe, soustrait à toute passion et à tout changement (ἀπαθὴς), actualité parfaite et pure (ἀμιγὴς), la dissolution du corps ne l'atteint pas [2]. « Si l'on essaie de concilier ces déclarations en une théorie claire et cohérente, remarque à ce propos Ed. Zeller, on se heurte tout de suite à de nombreux problèmes, dont Aristote nous doit encore la solution [3] ». S'appuyant sur les textes où le Νοῦς ποιητικὸς nous est décrit comme séparé, tout en acte, toujours en acte, étranger à toute mutabilité, à la mémoire même et à la conscience, en un mot avec les attributs d'une sorte d'esprit universel, Alexandre d'Aphrodise y voyait non pas une faculté de l'âme humaine, mais la pensée divine elle-même, éclairant notre propre pensée à nous et la faisant aboutir [4]. Une telle interprétation pourtant ne va pas de soi, tant s'en faut. Comment la pensée divine, transcendante (à ce point transcendante même qu'elle ignore le monde qui gravite vers elle), pourrait-elle bien nous être présentée par ailleurs comme une raison immanente à l'individu et pénétrant pour ainsi parler en lui au moment de la génération, y pénétrant du dehors, sans doute (θύραθεν), mais enfin y pénétrant (ἐπεισιόντα [5]) ? Comment pourrait-elle équivaloir à un élément de l'âme

---

1. Cf. *De Anim.*, III, 5.
2. *Ibid.* (ἀθάνατος καὶ ἀΐδιος).
3. *Die Philosophie der Griechen*, II Th., II Abth., *Aristoteles*, p. 572.
4. Cf. E. Zeller, *op. et loc. cit.*
5. Cf. *De Gen. et Corrupt.*, II, 3.

humaine ? Et pourtant, et d'un autre côté, de la concevoir comme un élément de l'âme humaine, c'est à quoi les propres raisons invoquées par Alexandre ont bien de la peine à ne pas faire grandement obstacle. Mais si le Νοῦς ποιητικὸς n'est ni l'entendement absolu, ni notre entendement fini, que peut-il donc bien être ?[1] Encore une fois, l'auteur du Περὶ Ψυχῆς ne s'est pas clairement expliqué là-dessus.

III

On conçoit dès lors, comme le remarque encore Zeller[2], la fortune variée que devait subir une telle doctrine à travers l'histoire. D'aucuns affirment, en ce qui concerne spécialement le Νοῦς ποιητικὸς, que l'on en comptait au moyen âge cent soixante-quinze interprétations divergentes. C'est sans doute beaucoup. Cette multiplicité devait bien se ramener à une certaine unité, et il ne s'agirait en tout état de cause que de divergences de détail. Au vrai, et quoi qu'il en soit de celles-ci, deux types principaux se dessinent successivement, autour desquels gravitent deux groupes d'explications.

Dans l'ancien péripatétisme[3], suivi en ce point par les commentateurs arabes[4], c'est l'idée de l'unité impersonnelle qui l'emporte, sous des formes d'ailleurs assez diverses, que nous n'avons pas à préciser ici même. De quelque manière donc qu'ils spécifient chacun pour leur compte cette vue générale, Alexandre d'Aphrodise et

---

1. Cf. E. ZELLER, op. cit., p. 575.

2. Cf. Ibid., p. 577.

3. Exception faite de *Themistius*, pour autant d'ailleurs qu'on peut le considérer comme un péripatéticien, et non pas comme un éclectique assez superficiel. — Cf. E. ZELLER, *Die Philos. der Griechen*, III Th., II Abth., p. 739 sq.

4. Il faudrait poser un point d'interrogation pour *Avicenne*. — Cf. M. DE WULF, *Histoire de la philosophie médiévale*, p. 231.

Averroès se représentent également le Νοῦς ποιητικὸς comme une forme séparée et unique, extérieure, dans son éternelle subsistance, à nos âmes individuelles, lesquelles ne possèdent en propre que le Νοῦς παθητικὸς [1] et dès lors se dissolvent, comme celui-ci, avec l'organisme : c'est le χωριστὸς et le θύραθεν aristotéliciens entendus à la lettre.

La philosophie chrétienne du moyen âge ne trouvait pas son compte, comme on pense bien, à cette doctrine [2]. Aussi quand, après avoir vécu longtemps sur le fonds de la psychologie augustinienne, elle s'ouvrit dès le XII° siècle à l'influence d'Aristote [3], vit-on bientôt se former une conception décidément individualiste, et beaucoup mieux liée aussi, du Νοῦς ποιητικὸς, qui entra même en polémique violente avec la première [4] : c'est la doctrine de l'intellect agent ou actif proprement dit, entendu cette fois, sans hésitation aucune, comme un principe interne de notre nature spirituelle ou comme une propriété naturelle de notre âme, *proprietas animae naturalis* [5].

IV

C'est à saint Thomas qu'il faut demander, sur ce point comme sur tant d'autres, l'expression la plus parfaite de la pensée de l'École. Celle-ci ayant à se faire une place à

---

1. Dans lequel l'action du Νοῦς ποιητικὸς fait apparaître peu à peu un Νοῦς ἐπικτητὸς (*intellectus acquisitus*) — ou plutôt, simple puissance que l'action du Νοῦς ποιητικὸς transforme progressivement en Νοῦς ἐπικτητὸς. — Cf. E. ZELLER, *op. cit.*, III Th., 1 Abth., p. 797.

2. Cf. *De Anim.*, a. 5 : Considerandum quod si intellectus agens ponatur aliqua substantia separata praeter Deum, sequitur aliquid fidei nostrae repugnans (VIII, 479).

3. Cf. la suggestive étude de M. BAUMGARTNER sur *Die Erkenntnisslehre des Wilhelm von Auvergne* dans les *Beiträge zur Geschichte der Philosophie des Mittelalters*, Bᵈ II, Heft I.

4. Cf. P. MANDONNET, *Siger de Brabant et l'averroïsme latin au XIII° siècle*, in-4°. Fribourg, 1899.

5. *S. theol.*, I-II, q. CX. a. 4 ad 1 (II, 499).

l'encontre de la conception opposée, on ne doit pas s'étonner que son exposition revête un caractère polémique et s'applique directement à la critique des raisons apportées par les adversaires à l'appui de leur thèse. Or est-il que les averroïstes, comme on appelait alors les partisans de l'unité de l'intellect, faisaient surtout état du caractère universel de notre connaissance, entendu subjectivement ou objectivement. Subjectivement, tous les esprits s'accordent sur certaines propositions fondamentales, qui sont à la base de toutes les sciences : pareille unanimité s'entendrait-elle en dehors de l'identité numérique de l'intellect en chacun d'eux ?[1] D'ailleurs, l'objet de cette universelle adhésion est lui-même universel — c'est *l'*universel, justement : qu'on explique donc comment une intelligence individuelle par hypothèse pourrait bien l'atteindre ![2]

Ce consentement unanime, répond saint Thomas au premier argument, ne prouve pas en toute rigueur l'unité de l'intellect, dans le sens du moins où l'entendent les averroïstes, c'est-à-dire précisément dans le sens d'une unité ou identité numérique : car une unité ou identité spécifique suffit à en rendre compte. Tous les individus d'une espèce, en effet, agissent exactement de la même manière, lorsque l'action est commandée immédiatement par la nature de l'espèce elle-même. Qui ne sait que tous les moutons fuient semblablement devant le loup, leur ennemi commun ? on n'en conclut pas qu'une seule et même âme les anime. Ainsi, chez nous autres hommes, de l'assentiment universel aux premiers intelligibles : il nous

---

1. Cf. v. g. *S. theol.*, I p., q. LXXIX, a. 5 (3ᵃ object.): Omnes homines conveniunt in primis conceptionibus intellectus. His autem assentiunt per intellectum agentem. Ergo conveniunt omnes in uno intellectu agente (I, 312).

2. *Ibid.* (2ᵈᵃ object.) : Intellectus agens facit universale, quod est unum in multis. Sed illud quod est causa unitatis magis est unum. Ergo intellectus agens est unus in omnibus (I, 311-2). — Cf. *De Spirit. creat.*, a. 10, obj. 14 (VIII, 457).

est imposé par notre nature même d'hommes, *est actio consequens speciem humanam*[1]. Et voilà seulement de quelle manière tous les hommes communiquent dans le principe qui y préside, à savoir l'intellect agent : ce n'est qu'une similitude de nature, qui n'empêche aucunement ce principe de se multiplier par ailleurs en chacun de nous et avec chacun de nous[2].

Dira-t-on que la difficulté n'est que reculée et qu'il reste à rendre raison de cette similitude ou communauté de nature elle-même entre ces intelligences individuelles, autrement dit de leur identité spécifique? Saint Thomas n'en disconvient pas, mais, suivant lui, c'est assez pour cela de leur unité d'origine, *oportet tantum quod ab uno principio deriventur*[3]. Ressemblances participées de l'entendement incréé, qui est l'acte de tous les intelligibles et la source de toute vérité, nos entendements finis en reçoivent nécessairement la même constitution essentielle[4]. En ce sens, il est permis de parler d'un intellect séparé et unique, qui est Dieu même, créateur de notre âme[5], mais en ce sens seulement; car on voit assez par ce qui précède

---

1. *S. theol.*, I p., q. LXXIX, a. 5 ad 3 : Omnia quae sunt unius speciei conveniunt in actione consequente naturam speciei... Cognoscere autem prima intelligibilia est actio consequens speciem humanam (I, 312). — Cf. *De Spirit. creat.*, a. 9 ad 14 : Consensus in prima principia non causatur ex unitate intellectus, sed ex similitudine naturae, ex qua omnes in idem inclinamur, sicut omnes oves consentiunt in hoc quod existimant lupum inimicum; nullus tamen diceret in eis unam tantum animam esse (VIII, 456).

2. Cf. la suite du texte *supra* (*S. theol.*, I p., q. LXXIX, a. 5 ad 3) : Unde oportet quod omnes homines communicent in virtute, quae est principium hujus actionis; et haec est virtus intellectus agentis. Non tamen oportet quod sit eadem numero in omnibus (I, 312).

3. *Ibid.*

4. *S. theol.*, I p., q. LXXXIV, a. 5 : Ipsum lumen intellectuale quod est in nobis nihil aliud est nisi participata similitudo luminis increati, in quo continentur rationes aeternae (I, 333). — Cf. *ibid.*, q. XII, a. 2 ad 3 (I, 46).

5. *S. theol.*, I p., q. LXXIX, a. 4 : Intellectus separatus est ipse Deus, qui est creator animae (I, 34).

qu'il n'y a rien là qui porte préjudice à l'individualité des intellects particuliers¹. Pour s'allumer tous au même soleil intelligible, ils n'en restent pas moins ce qu'ils sont, des foyers lumineux, dérivés sans doute, mais subsistant en eux-mêmes et pour leur compte. L'unité de la cause s'accommode sans peine de la multiplicité des effets.

La question viendrait ainsi s'absorber dans un problème plus élevé, celui du rapport des forces créées avec l'activité absolue, celui du concours divin, comme on disait dans l'École. Mais de là même saint Thomas tire un argument de plus en faveur de la conception individualiste de l'intellect agent. De fait, si c'est une loi imprescriptible que l'influence divine enveloppe pour ainsi dire l'opération des créatures, la soutienne et la fasse aboutir, on doit bien prendre garde qu'elle ne s'y substitue pas. C'est une intervention d'ordre transcendant, qui laisse entièrement intacte leur autonomie d'action, elles conservent donc leur vertu ou efficacité interne, chacune la sienne en son genre à chacune. Pour ainsi parler encore, physiquement tout se passe comme s'il n'y avait qu'elles : ce n'est que métaphysiquement que cette intervention de la cause absolue se révèle comme nécessaire². Que notre entendement fini soit dans une dépendance essentielle de l'entendement infini, il n'en perd donc pas pour cela sa réalité et sa causalité propres³. Au contraire, pareille condition prouverait même

---

1. *S. theol.*, I p., q. LXXIX, a. 5 ad 3 : Et sic illa communicatio hominum in primis intelligibilibus demonstrat unitatem intellectus separati, quem Plato comparat soli, non autem unitatem intellectus agentis (I, 312).

2. Cf. *S. theol.*, I p., q. CV, a. 5 (I, 405-6). — *Contra Gent.*, III, 69 et 70 (V, 211 à 214). — *In II Sent.*, dist. XI, q. 1, a. 1 et 3 (VI, 478-9).

3. *De Anim.*, a. 4 ad 7 : Sicut in omnibus naturalibus sunt propria principia activa in unoquoque genere, licet Deus sit causa agens prima et communis, ita requiritur proprium lumen intellectuale in homine, quamvis Deus sit prima lux communiter illuminans (VIII, 478) — *Ibid.*, a. 5 : Non potest aliquid formaliter operari per id quod est secundum esse separatum ab ipso. Etsi id quod est separatum est principium motivum ad operandum, nihilominus oportet esse aliquid intrinsecum

à elle seule qu'il nous appartient effectivement, comme une vraie et authentique faculté de notre âme et, partant, qu'il se multiplie suivant le nombre des âmes mêmes : *sic igitur est aliquid animae et multiplicatur secundum multitudinem animarum* [1].

Et ce n'est pas non plus le caractère universel inhérent à l'objet de l'intellection qui peut faire obstacle à cette individualité des intellects. Qui prendrait occasion de l'un pour nier l'autre oublierait que l'universalité n'est pas ici le fait de l'intellection elle-même, mais de son objet, précisément. Celui-ci peut donc être universel et atteint par la pensée comme tel, sans que la pensée elle-même le devienne avec lui. Cette universalité, si l'on préfère, n'affecte l'opération intellectuelle que dans sa relation avec son terme extramental : en tant qu'opération subjective de l'entendement, l'intellection n'y a point de part et reste l'opération individuelle d'un individu, *est actio hujus hominis* [2]. — Nouvelle preuve, au surplus, que l'assentiment unanime aux vérités premières n'a rien à voir avec l'averroïsme; car, pour que tous les esprits s'accordent entre eux, il suffit qu'un même objet détermine uniformément leur adhésion. Le fait invoqué n'a pas pour cause l'unité d'intellect, disait Albert, le maître de saint Thomas, mais l'unité d'intelligible, *propter unitatem intellecti, et non propter unitatem intellectus* [3].

---

quo formaliter operetur. Oportet igitur esse in nobis aliquod principium formale quo abstrahamus intelligibilia. Et hujusmodi principium vocatur intellectus agens (VIII, 479).

1. *De Spirit. creat.*, a. 10 (VIII, 459).
2. *De Anim.*, a. 3 ad 7 : Licet species intelligibiles sint plures, id tamen quod intelligitur per hujusmodi species est unum, si consideremus habito respectu ad rem intellectam, quia universale quod intelligitur est idem in omnibus (VIII, 475). — *De Spirit. creat.*, a. 10 : Unus enim homo particularis, ut Socrates vel Plato, facit cum vult intelligibilia in actu, apprehendendo scilicet universale a particularibus, dum secernit id quod est commune omnibus individuis ab his quae sunt propria singulis. Sic ergo actio intellectus agentis, quae est abstrahere universale, est actio hujus hominis (VIII, 458).
3. *De Unit. intell.*, 7 ad 13 (édition JAMMY, V, 235).

Quant à cette universalité objective elle-même ou cette communauté de nature des objets de la pensée (*unitas intellecti*) elle a, comme tout à l'heure l'identité spécifique des intelligences, sa raison profonde dans l'unité de l'archétype divin à l'image duquel ils sont également constitués [1].

Ajoutez enfin qu'avec un intellect agent conçu à la manière des averroïstes, il n'a plus moyen d'expliquer notre conscience personnelle de l'intellection (comment la saisirions-nous en effet comme nôtre, si elle émanait d'un autre être ? [2]) ; que tous les hommes, par suite, devraient être ramenés à l'unité d'une seule action intellectuelle, et, par suite, d'une seule intelligence, et, par suite, d'une seule volonté [3], ce qui n'est pas très éloigné de les ramener aussi à l'unité d'une seule substance [4], — et la conclusion ira de soi : l'intellect agent n'est pas un principe transcendant ou n'appartient pas à un principe transcendant, il relève de notre âme individuelle, dont il représente une des facultés principales. L'unité de l'intellect est une de ces brillantes fantaisies métaphysiques qui peuvent séduire au premier

---

1. *S. theol.*, q. XV, a. 2 : Unaquaeque res habet propriam speciem secundum quod aliquo modo participat divinae essentiae similitudinem (I, 71). — Cf. *supra*, ch. I, ı, p. 27.

2. *De Anim.*, a. 5 : Sicut enim operatio intellectus possibilis est recipere intelligibilia, ita propria operatio intellectus agentis est abstrahere ea. Utramque autem harum operationum *experimur in nobis ipsis*... Oportet igitur esse *in nobis* aliquod principium formale (*constitutif*) quo recipiamus intelligibilia et aliud quo abstrahamus ea. Et hujusmodi principia nominantur intellectus possibilis et agens (VIII, 479).

3. *De Unit. intell. contra Averr.* : Si igitur sit unus intellectus omnium, ex necessitate sequitur quod sit unum intelligens, et per consequens unum volens, et unus utens pro suae voluntatis arbitrio omnibus illis secundum quae homines diversificantur ab invicem... Et ex hoc ulterius sequitur, quod nulla sit differentia inter homines, quantum ad liberam voluntatis electionem, sed eadem sit omnium (XVI, 219).

4. *De Anim.*, a. 3 : Formae et species rerum naturalium per proprias operationes cognoscuntur, propria autem operatio hominis, in eo quod est homo, est intelligere et ratione uti ; unde oportet quod principium hujus operationis, scil. intellectus, sit illud quo homo speciem sortitur... sed si intellectus est unus in omnibus velut quaedam substantia separata, sequitur quod omnes homines sortiuntur speciem per unam substantiam separatam (VIII, 474).

moment par les apparences d'un idéalisme de haut vol, mais qui ne tiennent pas devant une analyse exacte et approfondie des faits.

V

Est-ce à dire que toute obscurité ait disparu de la théorie ainsi élaborée ? Pour ne point parler ici de certains *puncta caeca* qui se retrouvent d'ailleurs d'une manière ou de l'autre au bout de toutes les psychologies de l'entendement, il est permis d'estimer que dans ce travail d'adaptation et de systématisation, les docteurs scolastiques, peu enclins aux formules nouvelles et personnelles, demeurèrent parfois trop esclaves de la lettre aristotélicienne. De là, à notre avis, les difficultés que soulève encore la théorie de l'intellect agent, si l'on prend à la rigueur tous les termes dans lesquels elle est communément exposée. Nous avons particulièrement en vue ce τῇ οὐσίᾳ ὢν ἐνεργείᾳ (*semper in actu*) qu'Aristote donnait comme un des caractères de l'intellect actif[1] et qui n'a pas laissé, semble-t-il, que d'embarrasser les péripatéticiens médiévaux.

Saint Thomas s'en fait à lui-même une objection dans la question LXXIXᵉ de la première Partie, à l'article 4, où il se demande *utrum intellectus agens sit aliquid animae* — nous sommes bien au fait. Aristote, remarque-t-il, enseigne que l'on ne peut pas dire de l'intellect actif que « tantôt il pense, tantôt il ne pense pas » (actuellement) — et donc, que l'on en doit dire au contraire qu'il pense toujours. Or notre âme ne pense pas toujours, mais tantôt pense et tantôt ne pense pas[2]. L'intellect actif n'en peut

---

[1]. Cf. *De Anim.*, III, 5, 430 a. *Semper in actu* est la traduction de l'École.

[2]. Non pas au sens cartésien, bien entendu, ou en ce sens que la vie consciente subisse en nous des interruptions, mais en ce sens que notre entendement n'est pas continuellement en exercice : « anima nostra non semper *intelligit* ». Les suspensions de la vie psychologique en général ne sont pas ici en cause.

donc pas être un élément essentiel [1]. — L'auteur du *De Anima*, est-il répondu, ne vise point par ces paroles l'intellect actif, mais l'intellect en acte. Il oppose tout simplement, dans le passage en cause, la pensée actuelle, le fait actuel de penser, à la puissance de penser; ce n'est que la différence de la faculté et de son opération [2].

Il faut reconnaître qu'une telle réponse est bien plutôt faite pour embrouiller la question. On ne peut pas dire de la pensée actuelle que tantôt elle pense et tantôt elle ne pense pas, au lieu qu'on peut le dire de la simple puissance de penser : n'est-ce pas un peu trop clair ? n'est-il pas trop clair que la pensée actuelle, du moins tant qu'elle reste actuelle, est toujours en acte ? et à quoi au juste cette observation peut-elle bien rimer ? Il semble que saint Thomas lui-même s'en soit rendu compte, car il ajoute aussitôt : « ou bien, si c'est l'intellect actif qui est vraiment en jeu, le texte allégué signifie que ces alternatives d'exercice et de suspension de la pensée en nous sont le fait, non de l'intellect actif, mais de l'intellect possible [3] ». Mais de cette autre explication encore il est difficile de se tenir pour satisfait jusqu'au bout. Si nous ne pensons pas continuellement, la faute en est à notre intellect possible, et notre intellect actif n'y est pour rien : soit, mais si nous avons vraiment un intellect actif dont on ne puisse pas dire que tantôt il pense et tantôt il ne pense pas, pourra-t-on davantage en dire autant de nous ?

Quoi qu'il en soit de ce point de détail, il n'en demeure

---

1. *Loc. cit.*: Philosophus attribuit (*in III de Anim.*, text. 20) intellectui agenti quod non aliquando intelligit et aliquando non intelligit. Sed anima nostra non semper intelligit, sed aliquando intelligit et aliquando non intelligit. Ergo intellectus agens non est aliquid animae nostrae (I, 310).

2. *Ibid.* : Dicendum quod philosophus illa verba non dicit de intellectu agente, sed de intellectu in actu. Unde supra de ipso praemiserat (text. 19) : Idem autem est secundum actum scientia rei (I, 311).

3. *Ibid.* : Vel si intelligatur de intellectu agente, hoc dicitur, quia non ex parte intellectus agentis est quod quandoque intelligimus et quandoque non intelligimus, sed ex parte intellectus qui est in potentia (I, 311).

pas moins acquis qu'au sentiment de saint Thomas, et c'est ce qui présentement nous intéresse, l'intellect actif est *aliquid animae* : ces petits tours de force d'exégèse en sont la meilleure preuve. Pour le reste, il n'y faut sans doute voir, comme nous le disions plus haut, que la trace d'un attachement excessif à des formules consacrées par la tradition péripatéticienne et que, sans doute aussi, il eût été préférable d'abandonner, tout au moins de modifier. Laissons, nous, en tout cas, la paille des mots pour le grain des choses. Ce qui est ici affaire de choses, et non plus de mots, c'est donc cette idée d'une activité abstractrice primitive de la pensée, supérieure et irréductible à l'expérience et s'exerçant sur les intuitions empiriques pour en extraire le contenu rationnel. Tel est, à notre sens, le fond solide de cette théorie fameuse, et ce ne sont pas quelques fléchissements dans le langage des vieux maîtres qui doivent nous donner le change sur ce point capital. — Le problème des rapports de l'intellect agent avec l'intellect possible suggère une remarque analogue.

VI

L'intellect agent, en effet, n'est pas l'intelligence tout entière. L'universel ou l'intelligible une fois dégagé, il reste qu'il agisse sur celle-ci et que celle-ci, informée par son action et réagissant de son côté, l'exprime en elle-même et pour ainsi dire se le parle à elle-même par un concept [1]. En tant qu'elle exerce cette nouvelle fonction, avec quelques autres que l'on indiquera plus loin, l'intelligence prend, dans la doctrine de l'École, le nom d'intellect passif ou possible. Il faut bien faire attention, ici encore, à la signification précise des formules. Saint Thomas s'en est visiblement préoccupé. Il distingue à

---

1. Cf. supra, ch. I, IV, p. 33 sq.

cette fin trois acceptions différentes du mot passion. Dans le sens le plus propre, celui-là seul pâtit, à qui on enlève ce qui convient à sa nature ou à ses tendances essentielles *(pati propriissime)* : tel un homme qui subit l'ablation d'un œil [1]. Dans un sens moins étroit, tout être pâtit, lorsqu'on lui ôte quelque chose, soit que de ce chef son état empire ou s'améliore *(pati proprie)* : tel un homme qui tombe malade ou, à l'inverse, un malade qui revient à la santé [2]. Dans un sens plus large enfin, on dit d'un être qu'il pâtit, quand il acquiert la possession actuelle de ce qu'il ne possédait qu'en puissance, quand il passe de la puissance à l'acte, même pour être doté d'une perfection nouvelle, en un mot quand il reçoit quelque chose sans rien perdre *(pati communiter)* [3]. Or tel est précisément le cas pour notre intelligence : à l'origine elle est en puissance par rapport à la connaissance, puisqu'elle n'entre en fonction qu'à une époque relativement tardive et qu'elle n'acquiert aussi ses idées que sous la loi d'un progrès successif. C'est donc en ce troisième sens exclusivement que l'intellection est chez nous une passion, *et sic intelligere nostrum est pati*, et par suite que le pouvoir qui y préside peut être appelé passif [4].

---

1. Cf. *S. theol.*, I p., q. LXXIX, a. 2 : Pati tripliciter dicitur. Uno modo propriissime, scil. quando aliquid removetur ab eo quod convenit sibi secundum naturam aut secundum propriam inclinationem, sicut cum homo aegrotat aut tristatur (I, 309).

2. *Ibid.* : Secundo modo minus proprie dicitur aliquis pati ex eo quod aliquid ab ipso abjicitur, sive ei conveniens sive non conveniens, et secundum hoc dicitur pati non solum qui aegrotat, sed etiam qui sanatur (I, 309).

3. *Ibid.* : Tertio dicitur aliquis pati communiter ex hoc solo quod id quod est in potentia ad aliquid recipit illud ad quod erat in potentia, absque hoc quod aliquid abjiciatur ; secundum quem modum omne quod transit de potentia in actum potest dici pati, etiam cum perficitur (I, 309).

4. *S. theol.*, I p., q. LXXIX, a. 2 : In principio sumus intelligentes solum in potentia, postmodum efficimur intelligentes in actu. Sic igitur patet quod intelligere nostrum est quoddam pati, secundum tertium modum passionis et per consequens intellectus est potentia passiva (I, 309).

Toute sa passivité, en d'autres termes, se borne à recevoir l'action de l'intelligible — car il ne peut évidemment passer de la puissance à l'acte que sous cette condition [1] : cette condition posée, il opère par sa vertu et suivant son mode propres. En d'autres termes encore « passif » ne veut pas dire ici qu'il soit dépourvu de toute activité interne, mais simplement que, pour exercer l'activité dont il est pourvu, il lui faut une détermination objective. L'épithète de passif ne va qu'à relever le trait caractéristique qui le distingue à ce point de vue de l'intellect agent : l'intellect agent actualise l'intelligible contenu en puissance dans les images et dans leurs objets, l'intellect passif est actualisé par l'intelligible dégagé des images par la vertu de l'intellect agent [2]. Ce qui n'empêche pas que, actualisé de la sorte, il n'agisse à son tour et pour son compte [3] : au contraire, il ne peut même pas ne pas agir alors, comme toute faculté quelconque, une fois réalisées les conditions nécessaires de son action. Bref, il n'est point passif en ce sens qu'il n'agirait aucunement, mais « serait » tout entier « agi » : il n'est passif qu'en ce sens qu'il a besoin « d'être agi » pour agir. On pourrait redire de lui ce que saint Augustin disait du rapport des causes secondes à la cause première : *agitur* (ou, ce qui revient au même, *patitur*), *at agat, non ut ipse nihil agat* [4].

---

1. *De Anim.*, a. 4 : Cum intellectus possibilis sit in potentia ad intelligibilia, necesse est quod intelligibilia moveant intellectum possibilem. (VIII, 476).

2. *De Verit.*, q. X, a. 6 : Intellectus agens facit intelligibilia actu.... Intellectus possibilis est recipere formas a rebus sensibilibus abstractas factas intelligibiles actu per lumen intellectus agentis (IX, 164).

3. *Contra Gent.*, I, 53 : Intellectus per speciem formatus intelligendo *format* in seipso quamdam *intentionem* rei intellectae... Haec autem intellectio est quasi terminus *intelligibilis operationis* (V, 38). — *De Anim.*, a. 3 : Haec *operatio*, quae est intelligere, egreditur ab intellectu possibili sicut a primo principio per quod intelligimus (VIII, 424).

4. Cf. *De Corrept. et Grat.*, c. 2 (MIGNE, *Patrol. lat.*, XLIV, 918).

Cette action, au demeurant, se déploie sous des formes variées. Ce n'est pas seulement, comme nous l'avons déjà remarqué, la conception expresse et formelle de l'intelligible ou la production du verbe mental, à travers lequel la pensée atteint cet intelligible même dans sa réalité objective [1] : ce sont encore toutes les autres opérations intellectuelles que nous détaillons aujourd'hui dans nos cours classiques sous les noms d'attention (ou de réflexion), de comparaison, de jugement et de raisonnement [2]. On doit donc mettre en première ligne les actes de réflexion, de comparaison, de jugement et de raisonnement qui concourent, soit à constituer l'extension des universaux (seconde phase du processus généralisateur), soit même à déterminer la compréhension de ceux d'entre eux — on a vu que c'est de beaucoup le plus grand nombre — qui se dérobent aux prises de l'intuition. Rappelons simplement pour mémoire qu'il en va de même enfin des principes premiers : les rapports universels et nécessaires qu'ils expriment tenant à la nature essentielle des êtres, il suffit que celle-ci ait été dévoilée par l'activité abstractrice de l'intellect agent, pour que l'intellect possible puisse les en affirmer aussitôt en toute certitude [3].

VII

Voilà comment saint Thomas peut dire que c'est l'intellect possible qui est le siège propre de la science [4].

---

1. Cf. supra, ch. I, IV, p. 33 sq. — Cf. p. 31.
2. *S. theol.*, I p., q. LIV, a. 4 : Oportet esse quamdam virtutem, quae reducitur in actum, cum fit sciens, et ulterius cum fit *considerans*. Et haec virtus vocatur intellectus possibilis (I, 216). — Cf. *De Spirit. creat.*, a. 10 : *considerare* vel *judicare* de natura communi est actio intellectus possibilis, etc. (VIII, 458).
3. Cf. supra, ch. I, v, p. 87 — *infra*, ch. VII, A, I, II et VI.
4. *Contra Gent.*, II, 75 : Proprium subjectum scientiae est intellectus possibilis (V, 124). — Il va sans dire que, par là même, l'intellect possible

L'intervention de l'intellect agent, répétons-le, se borne à rendre celle-ci possible, pour plus de précision à réaliser sa condition immédiate par la mise en lumière des éléments essentiels (abstraction) sur lesquels elle porte uniquement. Mais ici même se représente la difficulté. Quelle est au juste la portée de cette distinction ? Avons-nous affaire à deux facultés vraiment différentes, ou seulement à deux modes d'exercice différents d'une faculté unique ?

Saint Thomas n'hésite pas à se prononcer pour la première hypothèse. Et c'est très délibérément qu'il lui donne la préférence, c'est-à-dire par exclusion raisonnée de l'hypothèse adverse. Suivant lui, il faut renoncer à ne voir dans les deux intellects qu'une seule et même faculté diversement dénommée d'après la diversité même de ses fonctions. Faire apparaître ou dégager les types intelligibles dans l'actualité de leur pure notion est en effet une chose, et les penser ainsi dégagés en est une autre : dans le premier cas, l'âme est à l'intelligible dans le rapport de l'acte à la puissance ; dans le second cas, elle est au même intelligible dans le rapport inverse de la puissance à l'acte. Deux opérations peuvent-elles se ramener à principes plus nettement opposés ? Agir et pâtir ne représentent-ils pas l'antithèse la plus fondamentale qui soit ? On ne peut donc se soustraire à la nécessité de reconnaître dans l'intellect agent et dans l'intellect possible deux pouvoirs distincts [1].

---

recouvre sa nature spirituelle, dont semblait le dépouiller Aristote. Concevant en effet l'universel, l'opération intellectuelle est nécessairement indépendante de tout organe ; car les organes ne peuvent concourir qu'à la formation d'images singulières : « quia intelligere est universalium... operatio intellectus est ipsius absolute, sine hoc quod in hac operatione aliquod organum corporale communicet ; ... in organo enim corporeo recipi non possunt nisi intentiones individuatae » (*In II Sent.*, dist. XIX, q. 1, a. 1 [VI, 554]. — Cf. *In III de Anim.*, lect. 4 [XX, 108]). Sans compter que l'intelligence est capable de réflexion sur soi, ce qui passe la portée de toute puissance organique, « intellectus intelligit se, quod non contingit in aliqua virtute cujus operatio sit per organum corporale » (*Ibid.*).

1. *In II Sent.*, dist. XVII, q. 2, a. 1 : Nec iterum dico esse unam potentiam diversimode nominatam secundum diversas operationes; quia

Nous n'objecterons pas à cette théorie qu'elle compromet l'unité de l'opération intellectuelle. Saint Thomas a pris soin de remarquer lui-même que, pour émaner de deux facultés et se composer de deux opérations distinctes, l'intellection n'en est pas fatalement coupée en deux [1]. Tirer semblable conclusion, ce serait oublier que toutes les puissances de l'âme communiquent par le fond substantiel où elles plongent également leurs racines [2] et qu'on doit bien se garder par suite de les personnifier en autant de petits êtres indépendants [3]. Il faut redire ici des deux intellects et de leur rapport ce que nous avons déjà dit de l'intelligence en général et des sens : en toute rigueur de termes, ce n'est ni l'un ni l'autre qui entend, mais l'âme ou l'homme par tous les deux à la fois, *sed homo*

---

quaecumque actiones reducuntur in contraria principia, impossibile est eas reducere in eamdem potentiam. Cum ergo recipere species intellectas, quod est intellectus possibilis, et facere eas intelligibiles actu, quod est intellectus agentis, non possint secundum idem convenire; sed recipere convenit alicui secundum quod est in potentia et facere secundum quod est in actu, impossibile est agentem et possibilem non esse diversas potentias (VI, 535). — Cf. *S. theol.*, I p., q. LXXIX, a. 7 : Diversificatur potentia intellectus agentis et intellectus possibilis, quia respectu ejusdem objecti aliud principium oportet esse potentiam activam, quae facit objectum esse in actu, et aliud potentiam passivam, quae movetur ab objecto in actu existente ; et sic potentia activa comparatur ad suum objectum ut ens in actu ad ens in potentia ; potentia autem passiva comparatur ad suum objecto e contrario ut ens in potentia ad ens in actu (I, 313).

1. *De Anim.*, a. 4 ad 8 : Duorum intellectuum, scilicet possibilis et agentis, sunt duae actiones. Nec tamen sequitur quod sit duplex intelligere in homine, quia ad unum intelligere oportet quod utraque istarum actionum concurrat (VIII, 478).

2. *S. theol.*, I-II, q. XXXVII, a. 1 : Dicendum quod omnes potentiae animae in una essentia animae radicantur (II, 137). — *De Verit.*, q. XIII, a. 3 : Est una anima, in qua omnes cognoscitivae potentiae fundantur (IX, 222).

3. Saint Bonaventure observe très justement dans le même sens que « cum cogitamus de intellectu agente et possibili non debemus cogitare quasi de duobus substantiis vel quasi de duobus potentiis ita separatis quod una sine alia habeat suam operationem perficere, et aliquid intelligat intellectus agens sine possibili, et aliquid cognoscat intellectus agens quod tamen homo, cujus est intellectus ille, ignoret. Haec enim vana sunt et frivola, ut aliquid sciat intellectus meus, quod ego nesciam » (*In II Sent.*, dist. XXIV, P. 1, a. 2, q. 4 ad 5 et 6 [édition de Quaracchi, II, 571]).

per utrumque ; et par là, par cette unité du sujet simple qui les possède et les emploie parallèlement, s'explique la coordination réciproque de leurs opérations respectives en un acte parfait et total [1].

Il n'y a donc point là de grave difficulté. Est-ce une raison cependant pour multiplier les facultés de ce sujet simple, comme si l'on se disait qu'il trouvera toujours moyen de tout remettre en place, c'est-à-dire précisément de tout ramener à l'unité? Que l'intelligence, qui se déploie dans le domaine de l'universel et du nécessaire, ne puisse se réduire à la sensibilité, limitée au particulier et au contingent, rien de mieux : mais pareille opposition ne se retrouve plus d'un intellect à l'autre, au contraire, c'est même de l'un à l'autre identité d'objet. Quant à celle que l'on met en avant, actualité *donnée à* l'intelligible dans le premier moment, actualité *reçue de* l'intelligible dans le second, il paraît bien qu'une simple diversité d'aptitudes, et comme d'attitudes aussi, suffise pour y répondre. C'est ici que nous allons retrouver l'observation précédemment faite à propos de la terminologie péripatéticienne.

Au vrai, il est assez difficile de ne pas estimer que celle-ci a, sur ce point encore, influencé plus que de raison la psychologie thomiste et gêné plus ou moins la liberté de ses analyses. De quoi s'agit-il, en somme? De constater que notre intelligence ne fait pas l'intelligible de toutes pièces, pas plus qu'elle ne le reçoit tout fait des choses extérieures. Elle ne le reçoit pas tout fait des choses extérieures, puisque celles-ci, et partant les images qui les expriment dans leur réalité individuelle et concrète, ne

---

1. Cf. *supra*, ch. II, p. 60, note 2. — *De Spirit. creat.*, a. 10 ad 15: Non est dicendum quod intellectus agens seorsum intelligat ab intellectu possibili, sed homo intelligit per utrumque (VIII, 461). — Le même saint Bonaventure remarque encore que « etsi ad nostrum intelligere concurrat recipere et judicare, sive abstrahere et suscipere, hi sunt tamen plures actus ad invicem ordinati ex quibus resultat unus actus perfectus » (*Ibid.*, ad 4 [édition de Quaracchi, II, 570]).

le contiennent qu'en puissance et qu'il faut que l'intelligence l'en extraie par l'effort de son analyse [1]. Elle ne le fait pas non plus de toutes pièces, puisque précisément elle le dégage des choses extérieures [2]. Traduisons en termes plus modernes : le rôle de la pensée n'est pas, dans la doctrine thomiste, d'organiser le chaos des sensations par l'application de concepts tout *a priori* qu'en vertu d'un processus tout subjectif elle ferait jaillir de sa spontanéité même au simple contact des données sensibles ; son rôle est d'extraire de celles-ci leurs conditions universelles et nécessaires, de s'appliquer aux intuitions empiriques pour en extraire le *contenu* rationnel. Et dès lors, si, par un côté, elle reste subordonnée aux images et aux choses, en un mot à l'expérience, qui lui fournit la matière de ses idées [3], elle recouvre son indépendance par un autre côté, puisque ce n'est juste que la matière de ses idées dont elle est redevable à l'expérience et que c'est à elle de les tirer de cette matière, par cette sorte de pénétration plus aiguë qui lui fait atteindre dans les objets l'élément essentiel que l'expérience elle-même ne démêle pas [4]. Voilà le rapport inverse dont on nous parlait

---

1. *S. theol.*, I p., q. LIV, a. 4 : Naturae rerum materialium, quas nos intelligimus, non subsistunt extra animam immateriales et intelligibiles in actu, sed sunt solum intelligibiles in potentia extra animam existentes. Et ideo oportet esse aliquam virtutem, quae faciat illas naturas intelligibiles actu (I, 216).

2. *De Verit.*, q. X, a. 6 et a 8 ad 1 : Species intelligibilium non sunt intellectui innatae neque ipsa anima in se omnium rerum similitudines format, quia tunc oportet quod ipsa in se actu habeat illas similitudines rerum ; et sic redibit in praedictam opinionem, quae ponit omnium rerum scientiam animae naturaliter insitam esse.. Verum est quod scientiam a sensibilibus mens nostra accipit, inquantum efficiuntur per actionem intellectus formae a sensibilibus abstractae intelligibiles actu (IX, 164 et 169).

3. *In II Sent.*, dist. XX, q. 2, a. 2 ad 2 : Objectum intellectus quasi materialiter administratur vel offertur a virtute imaginativa (VI, 566).

4. *De Verit.*, q. X, a. 6 ad 2 : Circa idem virtus superior et inferior operantur, non similiter, sed superior sublimius ; unde et per formam, quae a rebus accipitur, sensus non ita efficaciter rem cognoscit sicut intellectus ; sed sensus per eam manuducitur in cognitionem exteriorum accidentium,

tout à l'heure : ramené à ces termes, et il semble bien que ce soient ses vrais termes, on ne voit pas qu'il exige quelque chose de plus que cette diversité d'aptitudes et d'attitudes mentales dont nous parlions nous-même [1]. L'intellect serait dit passif, en tant que notre science dépend des choses et dans la mesure où elle dépend des choses ; il serait dit actif, en tant que notre science est son œuvre à lui et dans la mesure où elle est son œuvre à lui : *Scientia nostra partim ab intrinseco est, et secundum hoc comparatur mens nostra ad res sensibiles ut actus ad potentiam et ponitur in ea intellectus agens, qui faciat intelligibilia in actu — partim ab extrinseco, et secundum hoc comparatur anima ad res ut potentia ad actum, et ponitur in ea intellectus possibilis, cujus est recipere formas a rebus sensibilibus abstractas, factas intelligibiles actu per lumen intellectus agentis* [2]. Nous rejoignons le texte même de saint Thomas, rétablissant sur ses propres traces le vrai sens de son argumentation et ne violant une fois de plus la lettre de sa théorie que pour en maintenir plus fidèlement l'esprit.

VIII

Car, si nous y voyons bien, c'est toujours la même conception dominante en face de laquelle on se retrouve en dernière analyse. Et ainsi, à cette hauteur même où la terminologie d'école perd singulièrement de son importance, se révèle la cohérence supérieure de la doctrine que nous avons pris à tâche d'exposer. Donnons-

---

intellectus vero pervenit ad nudam quidditatem rei secernendo eam ab omnibus materialibus conditionibus (IX, 164).

1. Au fond, la formule est de saint Thomas lui-même : Cf. *De Verit.*, q. X, a. 6 : Cum mens nostra comparatur ad res, quae sunt extra animam, invenitur se habere ad eas *in duplici habitudine*, etc. (IX, 164).

2. *De Verit.*, q. X, a. 6 (IX, 164).

nous la satisfaction d'en retracer toute la suite en une rapide synthèse.

Les essences ou formes universelles, objet propre de l'entendement, ne subsistent en réalité que dans les êtres empiriques avec lesquels nous sommes mis en rapport par notre sensibilité. Mais comme elles y coexistent avec les éléments individuels en un complexus irrésoluble à la sensibilité elle-même, elles n'y sont pas données à l'état de réalités immédiatement « pensables », en sorte que l'esprit n'eût qu'à en recevoir l'action pour se les représenter aussitôt dans leur pure actualité : immanence potentielle de l'intelligible dans le sensible, c'est donc toujours là qu'il en faut revenir. Car c'est de là que résultent :

1° La nécessité d'une double opération ou plutôt d'une double phase dans l'opération intellectuelle, l'une, à coup sûr, par laquelle l'intelligible est actuellement connu, mais aussi une autre, au préalable, qui, en l'isolant du sensible même, réalise la seule condition sous laquelle il est positivement connu — comme nous avons déjà proposé de dire, l'une par laquelle il est positivement *représenté*, l'autre par laquelle il n'est que présenté ;

2° La nécessité parallèle ou consécutive d'une double aptitude de l'entendement, l'aptitude à concevoir l'universel sans doute, mais en outre et avant tout l'aptitude à l'extraire du donné empirique par une abstraction radicale, sans laquelle la conception en demeurerait pour nous impossible.

Que ces deux aptitudes, maintenant, doivent être tenues pour deux facultés proprement dites, distinctes et irréductibles, ou qu'on y doive plutôt voir deux fonctions différentes d'une même faculté, il nous semble qu'à prendre les choses par ce biais la question ne tire plus guère à conséquence. L'essentiel est qu'on admette l'existence de ces deux facultés ou fonctions, qu'on les appelle comme on voudra, avec la raison métaphysique d'où elle se déduit ; l'essentiel est, en d'autres termes, que nous ayons bien affaire à un *réalisme intellectualiste*, un réalisme, puisque c'est de la réalité même que la pensée dégage le contenu de ses notions supérieures, un réalisme intellectualiste, puisqu'il faut qu'elle l'en dégage et le conçoive expressément par une vertu propre, qui constitue l'entendement même. C'est cette idée maîtresse qui donne son sens profond à la théorie des deux intellects ; c'est elle, à notre avis, qu'il en faut retenir, que notre docteur l'ait mise en pleine lumière lui-même, ou qu'une estime exagérée des formules aristotéliciennes l'ait empêché de la placer où elle devait être, à savoir au premier plan.

IX

En résumé, l'intellect possible répond à notre faculté intellectuelle, considérée non seulement dans ses procédés discursifs, mais aussi dans sa fonction proprement cognitive, c'est-à-dire, au sens thomiste, comme pouvoir de s'assimiler à l'objet et de le redoubler idéalement par une représentation interne à travers laquelle il le vise lui-même. Par suite, s'il est au premier point de vue la cheville ouvrière de tout le processus généralisateur, au second point de vue il entre encore en exercice dans la formulation première des principes directeurs de la connaissance et dans l'appréhension des concepts généraux mis au jour par l'abstraction. Ce n'est donc pas à ce titre que la qualification de passif lui est attribuée : elle ne concerne que l'état de potentialité radicale par laquelle il débute et la nécessité où il se trouve, pour en sortir, de recevoir une détermination objective, c'est-à-dire l'action de l'intelligible.

Quant à l'intellect agent ou actif, son office propre est de ménager celle-ci, et il désigne conséquemment l'activité originale par laquelle la pensée y procède dans le fait précis de l'abstraction. Il n'y aurait pas lieu d'inférer l'existence de ce second intellect, si l'intelligible était donné tout fait dans les choses. Mais comme en réalité il n'y est pas donné, comme d'autre part l'intellect possible ne peut entrer en exercice que sous l'influence d'un intelligible actuel, aucune connaissance intellectuelle n'aurait jamais lieu sans cette intervention de l'intellect agent, qui la rend ainsi possible en actualisant son propre objet et qui est précisément dit agent ou actif en ce sens même.

Cette dualité de pouvoirs ne porte d'ailleurs aucun préjudice à l'unité de l'acte intellectuel. Car, en admettant même 1° que ce soient vraiment deux pouvoirs distincts, ce ne seraient, à tout prendre, que les deux pouvoirs d'une seule et même âme, qui exercerait son intellection par chacun d'eux ; au reste et 2°, il ne faudrait pas trop insister sur cette différence, qui pourrait bien tenir beaucoup plus à la lettre de la théorie qu'à son véritable esprit. Celui-ci consiste essentiellement à reconnaître dans l'intelligence une activité supérieure et irréductible aux facultés empiriques, dégageant et concevant l'universel, que leur objet ne contient que matériellement et qui par là même leur échappe. Tel est en tout cas le trait capital par où la doctrine thomiste doit intéresser un philosophe que préoccuperait sur toute chose l'utilisation de cette doctrine au point de vue du problème critique.

CHAPITRE V

LES PRODUITS DE L'OPÉRATION INTELLECTUELLE.

— CARACTÈRE ANALOGIQUE DE NOTRE CONNAISSANCE DU SUPRASENSIBLE.

SOMMAIRE

I. Conséquence de tout ce qui précède relativement à la portée de la connaissance intellectuelle. — II. Son objet propre et immédiat: les « universaux » du monde des corps. — Elle n'atteint les réalités spirituelles qu'ensuite et *ad modum rerum corporearum*. — Imperfection inévitable d'un tel mode de connaissance. — III. Application à l'idée de Dieu. — Nous ne nous élevons à lui que par la voie des créatures et nous ne nous formons de lui qu'une notion plus que jamais imparfaite. — IV. Nécessité qui en résulte de recourir aux négations. — V. En quel sens précis il faut l'entendre. — VI. Les trois procédés de la théodicée et leur synthèse dans la méthode d'analogie. — VII. Distinction nécessaire entre la question de l'existence et la question de la nature. — Que même pour celle-ci on ne doit rien exagérer. — VIII. Résumé et conclusion.

I

Étant donnée cette importance capitale que saint Thomas attribue à l'idée d'une activité propre et irréductible de la pensée, l'on comprend qu'il se refuse à voir dans la connaissance sensible la condition suffisante et totale de la connaissance intellectuelle [1]. La conclusion qu'il en tire aussitôt, c'est qu'on ne doit pas s'étonner que la connaissance intellectuelle s'étende bien au delà du champ de la connaissance sensible ou, comme nous dirions plutôt aujourd'hui, de l'expérience, *et ideo non est mirum si cognitio intellectualis ultra sensitivam se extendat* [2]. Il ne faut que bien entendre de quelle manière précise elle la dépasse. C'est la question finale qui nous reste à examiner et qui nous acheminera par une transition toute naturelle au grand problème critique, puisque c'est aussi le propre objet de la métaphysique qui va s'y trouver en jeu.

II

La doctrine de saint Thomas sur ce point n'est pas autre que celle qu'on peut attendre, après tout ce qui précède, d'un esprit aussi ferme et aussi rigoureux. Intimement unie à un organisme et s'éveillant à l'action dans le monde de l'expérience auquel, par lui, elle se rattache, notre intelligence s'applique tout d'abord à découvrir les éléments essentiels et par suite universels des êtres qui composent ce monde empirique. Autant dire qu'elle n'arrive que dans ce seul domaine — quand elle y arrive — à se former des concepts positifs et adéquats,

---

1. *S. theol.*, I p., q. LXXXIV, a. 6 ad 1 : Datur intelligi quod veritas non sit totaliter a sensibus exspectanda. Requiritur enim lumen intellectus agentis, per quod immutabiliter veritatem in rebus mutabilibus cognoscamus (I, 334). — *Ibid., in corp.* : Ex parte phantasmatum intellectualis operatio a sensu causatur. Sed quia phantasmata non sufficiunt immutare intellectum possibilem, sed oportet quod fiant intelligibilia actu per intellectum agentem, non potest dici quod sensibilis cognitio sit totalis et perfecta causa intellectualis cognitionis, sed magis quodammodo est materia causae (I, 334). — *De Verit.*, q. X, a. 6 ad 2 : Pro tanto dicitur cognitio mentis a sensu originem habere, non quod omne quod mens cognoscit sensus apprehendit, sed quia ex his quae sensus apprehendit mens in aliqua ulteriora manuducitur (IX, 164).

2. *S. theol.*, I p., q. LXXXIV, a. 6 ad 3 (I, 334).

exprimant d'emblée les choses telles qu'elles sont en elles-
mêmes, dans leur réalité propre et, en ce sens, absolue.
C'est toute la signification d'une formule que l'on rencontre
fréquemment chez les auteurs traditionnels et qui n'est
guère que reproduite de saint Thomas lui-même : « L'objet
propre et immédiat de notre intellection, en notre état présent, réside dans les essences des êtres sensibles, *objectum
proprium et immediatum intellectus nostri in praesenti
rerum conditione sunt essentiae rerum sensibilium* [1] ».

Objet propre, mais non pas cependant objet unique.
Au-dessus du domaine de l'expérience sensible, il y a la
sphère supérieure des substances spirituelles. Spirituel
lui-même, notre entendement peut s'y hausser par l'effort
de sa spéculation : mais là même il expérimente d'une
nouvelle manière sa dépendance à l'égard de la sensibilité,
ou plus exactement l'effet prolongé et inévitable de cette
dépendance originelle. Nous retrouvons toujours l'application de la même loi fondamentale : la connaissance est
en tout être fonction de sa nature, *cujuslibet cognoscentis
cognitio est secundum modum suae naturae* [2]. Si notre
nature d'esprits nous vaut d'entrer en rapport de connaissance avec le monde des esprits [3], notre condition d'esprits
incarnés nous fait en revanche une loi absolue de ne les
concevoir qu'à l'aide de comparaisons ou de similitudes
prises de l'ordre inférieur [4]. Il en va de ce cas comme des

---

1. Cf. v. g. ZIGLIARA, *Summa philosophica*, t. II, p. 309. — Cf.
S. theol., I p., q. LXXXIV, a. 7 : Intellectus humani, qui est conjunctus
corpori, proprium objectum est quidditas sive natura in materia corporali
existens (I, 335).

2. *S. theol.*, I p., q. XII, a. 4 (I, 40).

3. *S. theol.*, I p., q. LXXXVIII, a. 1 ad 1 : Illud quod mens nostra de
cognitione incorporalium rerum accipit, per seipsam cognoscere potest.
Et hoc adeo verum est, ut etiam apud Philosophum dicatur quod scientia
de anima est principium quoddam ad cognoscendum substantias spiri-
tuales (I, 351).

4. *S. theol.*, I p., q. LXXXIV, a. 7 ad 3 : Incorporea, quorum non sunt
phantasmata, cognoscuntur a nobis per comparationem ad corpora sensibilia, quorum sunt phantasmata (I, 335).

autres : notre entendement peut bien avoir une opération propre dans laquelle le corps n'est pour rien et, par suite, subsister en lui-même à part de ce corps¹, il n'en est pas moins redevable aux sens et, par eux, au corps, leur condition immédiate, de la matière de ses idées². L'indépendance intrinsèque et subjective dont il jouit au premier point de vue n'exclut pas la dépendance objective et extrinsèque à laquelle, au second point de vue, il reste assujetti. Les sens accompagnent l'entendement jusque dans ses productions les plus raffinées et, à des doses diverses, sous des formes plus ou moins subtiles, mêlent leurs représentations à ses concepts les plus immatériels³. Pensant sans

---

1. *S. theol.*, I p., q. LXXV, a. 2 : Ipsum igitur intellectuale principium, quod dicitur mens vel intellectus, habet operationem per se, cui non communicat corpus. Nihil autem potest per se operari, nisi quod per se subsistit, non enim est operari nisi entis in actu. Unde eo modo aliquid operatur quo est. Propter quod non dicimus quod calor calefacit, sed calidum. Relinquitur igitur animam humanam, quae dicitur intellectus vel mens, esse aliquid incorporeum et subsistens (I, 283).

2. *Ibid.*, ad 3 : Corpus requiritur ad actionem intellectus.... ratione objecti (I, 283). — *Ibid.*, q. LXXXIV, a. 7 : Impossibile est intellectum secundum praesentis vitae statum, quo passibili corpori conjungitur, aliquid intelligere in actu nisi convertendo se ad phantasmata (I, 334). — *Ibid., inf.* : Ad hoc quod intellectus actu intelligat, non solum accipiendo scientiam de novo, sed etiam utendo scientia jam acquisita, requiritur actus imaginationis et ceterarum virtutum pertinentium ad partem sensitivam. Utuntur autem organo corporali sensus et imaginatio.... Inde est quod impedito actu imaginativae per laesionem organi,.... impeditur homo ab intelligendo in actu etiam ea quorum scientiam praeaccepit, etc. (I, 331).

3. *Ibid.* : Hoc quilibet in seipso experiri potest, quod quando aliquis conatur aliquid intelligere, format sibi aliqua phantasmata per modum exemplorum, in quibus quasi inspiciat quod intelligere studet. Et inde est etiam quod quando aliquem volumus facere aliquid intelligere, proponimus ei exempla, ex quibus sibi phantasmata formare possit ad intelligendum (I, 334). — *De Verit.*, q. XIII, a. 4 : Intellectus quodammodo sensibilibus operationibus admiscetur, cum a phantasmatibus accipiat ; et ita ex sensibilibus operationibus quodammodo intellectus puritas inquinatur (IX, 221). — Cf. *Ibid.*, a. 3 : Intellectus humanus, quia a phantasmatibus intelligibiles species abstrahit, est minoris efficaciae (quam intellectus angelicus, qui semper ad formas pure immateriales intuetur). Nihilominus tamen, inquantum in intellectu humano puritas intellectualis cognitionis non penitus obscuratur,... inest ei facultas ad ea quae sunt pure immaterialia contuenda (IX, 222).

organe, suivant les deux célèbres mots d'Aristote, nous ne pensons pourtant pas sans images [1]. Ce n'est pas l'essor pleinement libre d'une pensée tout à fait pure. Si haut qu'elle monte vers le ciel intelligible, elle n'y plane jamais en toute aisance, et un fil plus ou moins ténu la retient toujours fixée à la terre.

Il n'y a pas lieu d'insister sur la conséquence, à savoir sur l'imperfection inévitable d'un tel mode de représentation. En partant des choses matérielles, remarque à ce sujet saint Thomas, nous nous élevons sans doute aux réalités immatérielles, mais la connaissance que nous en obtenons de la sorte demeure forcément inadéquate ; car il n'y a pas de proportion rigoureuse entre les unes et les autres [2]. En particulier, les analogies que peuvent nous suggérer les premières sont fort lointaines et ne nous fournissent dès lors qu'une façon de symbolisme appauvri [3]. Moins que jamais la connaissance parvient dans l'espèce à égaler son objet : elle ne l'atteint même plus désormais par des concepts positifs et directs, dans sa réalité intime et propre [4], mais seulement par des concepts indirects et négatifs, qui nous font bien plutôt entendre ce qu'il n'est pas que ce qu'il est, *incorporeas substantias in statu praesentis vitae cognoscere non possumus nisi per remotionem — vel,* ajoute saint Thomas, *per aliquam compa-*

---

1. Cf. *De Anim.*, III, 4. 429 a et 7. 430 b.

2. *S. theol.*, I p., q. LXXXVIII, a. 2 ad 1 : Ex rebus materialibus ascendere possumus in aliqualem cognitionem immaterialium rerum, non tamen in perfectam; quia non est sufficiens comparatio rerum materialium ad immateriales (I, 352).

3. *Ibid.*: Sed similitudines, si quae accipiantur, sunt multum dissimiles (I, 352).

4. *Ibid.*, a. 1 : Secundum statum praesentis vitae non possumus intelligere substantias separatas immateriales secundum seipsas (I, 351). — *Ibid.*, a. 1 : Per hoc enim quod anima cognoscit seipsam pertingit ad cognitionem aliquam habendam de substantiis incorporeis, qualem eam contingit habere, non quod simpliciter et perfecte eas cognoscat (I, 351).

rationem ad phantasmata[1]. Les deux formules se complètent et s'expliquent l'une l'autre.

III

A combien plus forte raison la substance spirituelle par excellence, la substance absolue, échappera-t-elle, dans l'intimité de sa nature, aux prises d'une intelligence qui, pour la concevoir, ne dispose que de notions empruntées au monde du fini ![2] C'est surtout à cette connaissance du transcendant divin que saint Thomas s'attache, dans le sens que nous venons d'indiquer, et c'est sur elle qu'à sa suite il nous paraît à propos de nous appesantir. Non pas qu'il s'agisse, à dire vrai, d'une doctrine qui lui appartienne en propre : comme d'habitude, son rôle est plutôt de synthétiser en ce point la tradition de l'École et de lui donner sa formule définitive, avec cette puissance de coordination et cette précision supérieure qui caractérisent son génie essentiellement compréhensif.

Le principe, il serait plus exact de dire le fait primordial dont il faut partir, c'est que notre entendement n'a point par lui-même l'intuition de l'essence infinie de Dieu[3].

---

1. *S. theol.*, I p., q. LXXXIV, a. 7 ad 3 (I, 335). — [per remotionem — per negationem].

2. *Contra Gent.*, I, 14 : Divina substantia omnem formam quam intellectus noster attingere potest sua immensitate excedit, et sic ipsam apprehendere non possumus cognoscendo quid est (V, 12). — *Ibid.*, IV, 1 : Intellectus humanus, a rebus sensibilibus connaturaliter sibi scientiam capiens, ad intuendam divinam substantiam in seipsa, quae super omnia sensibilia, imo super omnia alia entia improportionabiliter elevatur, pertingere per seipsam non valet (V, 291). — Cf. surtout *Ibid.*, III, 47 : Si autem alias substantias separatas in hac vita intelligere non possumus propter connaturalitatem intellectus nostri ad phantasmata (quae accidit ei ex unione ad corpus [*Ibid.*, 45] [V, 192]), multo minus in hac vita divinam essentiam videre possumus, quae transcendit omnes substantias separatas (V, 193).

3. *S. theol.*, I p., q. XIII, a. 2 ad 3 : Essentiam Dei in hac vita cognoscere non possumus secundum quod in se est (I, 49). — *Contra*

Cette intuition nous est bien promise par l'Écriture, et c'est en quoi consiste en substance la béatitude céleste [1]. Mais, comme ces simples mots nous le font pressentir, elle appartient à un ordre supérieur, l'ordre de la grâce, ou plutôt de la gloire, qui en est la consommation suprême, et elle requiert dès lors une élévation spéciale de notre intelligence, l'adaptant surnaturellement à cette nouvelle fonction, une sorte de faculté de surcroît dont nous gratifie la souveraine miséricorde, pur don, par conséquent, de la libéralité divine, au-dessus de toutes les exigences de notre nature, bien plus de toute nature créée en général [2]. Laissée à ses seules ressources, notre intelligence n'y peut parvenir [3].

Ici encore la conclusion se tire d'elle-même. C'est, en premier lieu, que, ne connaissant pas Dieu directement dans son essence, il reste que nous remontions à lui par l'intermédiaire des créatures, en qualité de cause première

---

Gent., III, 47 : Quod non possumus in hac vita videre Deum per essentiam (V, 193).

1. *Contra Gent.*, III, 51 : Haec igitur visio immediata Dei nobis repromittitur in Scriptura (*Cor.* XIII, 12 : Videmus nunc per speculum in aenigmate, tunc autem facie ad faciem)... Secundum autem hanc visionem Deo assimilamur et ejus beatitudinis participes sumus (V, 198).

2. *Ibid.*, 52 : Non est autem possibile quod ad istum visionis divinae modum aliqua creata substantia ex virtute propria possit attingere.... Hinc est quod *Rom.* VI, 23 dicitur : Gratia Dei vita aeterna. In ipsa enim divina visione ostendimus esse hominis beatitudinem, quae vita aeterna dicitur, ad quam sola Dei gratia dicimur pervenire, quia talis visio omnem creaturae facultatem excedit nec est possibile ad eam pervenire nisi divino munere (V, 192). — *Ibid.*, 53 : Oportet quod ad tam nobilem visionem intellectus creatus per aliquam divinae bonitatis influentiam elevetur (cf. *supra*.... per novae formae appositionem...). Virtus enim intellectus creati naturalis non sufficit ad divinam substantiam videndam, ut ex dictis patet. Oportet ergo quod augeatur ei virtus ad hoc quod ad talem visionem perveniat. Non sufficit autem augmentum per intensionem naturalis virtutis, quia talis visio *non est ejusdem rationis cum visione naturali intellectus creati* (la vision de Dieu « est d'un autre ordre », absolument, que l'intuition naturelle de l'entendement créé). Oportet ergo quod fiat augmentum virtutis intellectivae per novae dispositionis adeptionem (V, 199).

3. *Ibid.* : Non est igitur possibile ad hanc visionem perveniri ab intellectu creato nisi per actionem divinam (V, 189).

et universelle, *quod scilicet omnium est causa* [1]. C'est, en second lieu et surtout, que l'inadéquation de notre pensée et de son objet atteint cette fois son maximum. De fait, nous pouvons bien attribuer à Dieu les perfections, tout au moins le principe transcendant ou la réalité éminente des perfections qui se rencontrent dans ses œuvres [2]. Mais celles-ci, pour sublimes qu'on les suppose, demeurant toujours infiniment au-dessous de sa puissance, comment réussirions-nous, en nous appuyant sur elles, à nous former de sa nature autre chose qu'une notion très imparfaite, faible et fugitive étincelle auprès de l'éclair de sa grandeur ? [3] Cette considération s'applique sans doute en première ligne aux créatures sensibles, notre milieu naturel ; mais il en va de même de toute créature, quelle qu'elle soit ; et nous avons déjà vu précédemment qu'il n'y en a point une seule en dehors des créatures sensibles elles-mêmes que nous ne soyons réduits à nous représenter

---

1. *S. theol.*, I p., q. XII, a. 12 (I, 46). — Cf. *Ibid.*, q. XIII, a. 2 ad 3 : Essentiam Dei in hac vita cognoscere non possumus secundum quod in se est, sed cognoscimus eam secundum quod repraesentatur in perfectionibus creaturarum (I, 49). — *Ibid.*, q. LXXXVIII, a. 3 : Deus non est primum quod a nobis cognoscitur, sed magis per creaturas in Dei cognitionem pervenimus (I, 352).

2. *S. theol.*, I p., q. IV, a. 2 : Quidquid perfectionis est in effectu, oportet inveniri in causa effectiva vel secundum eamdem rationem vel eminentiori modo (I, 16). — *Ibid.*, q. XII, a. 12 : Cognoscimus de ipso ea quae necesse est ei convenire secundum quod est prima omnium causa (I, 46).

3. *In Job* XI, lect. 1 : Cum invisibilia Dei cognoscere non possimus nisi per ea quae facta sunt, ea vero quae facta sunt multum deficiant a virtute factoris, oportet quod remaneant multa in factore consideranda, quae nobis occultantur..... Etiam creaturis perfecte cognitis adhuc creator non perfecte cognosceretur ; tunc enim per effectus causa perfecte cognosci potest quando effectus adaequantur causae virtuti : quod de Deo dici non potest (XIV, 48 et 49). — *Ibid.*, XXVI, lect. 1 : Et ne videantur haec, etsi non totam divinam potentiam adaequare, tamen magna ex parte ad ejus aequalitatem accedere, subjungit : *Et cum vix parvam stillam sermonis ejus audierimus, quis poterit tonitruum magnitudinis illius intueri ?* quasi dicat : Omnium quae nunc dicta sunt de effectibus divinae potentiae, minor est comparatio ad divinam potentiam, quam unius parvi sermonis quasi silenter stillantis ad maximi tonitrui sonitum (XVI, 93-4).

à leur image. La loi est générale : *per effectus non proportionatos causae non potest perfecta cognitio de causa haberi*[1] ; or l'être infini est à jamais hors de proportion avec tout être fini quelconque, quelle que puisse être l'excellence de sa nature, *super omnia alia entia improportionabiliter elevatur*[2].

IV

Voilà pourquoi nous sommes si souvent contraints de recourir, en matière de transcendant, à des formules négatives, pour compenser tant bien que mal cette impuissance incurable de notre pensée à saisir en elle-même la perfection absolue. Nous disons par exemple de Dieu qu'il est raison, mais nous pourrions dire aussi bien, sinon mieux, qu'il est « non-raison » (*irrationabilitas*), entendez quelque chose d'infiniment supérieur à la raison même. Et ainsi des autres attributs. A peine avons-nous prêté à Dieu la bonté, ou la justice, ou la beauté, ou la sagesse, que nous les lui retirons aussitôt, pour marquer plus fortement à quel point il est meilleur que toute bonté, plus saint que toute justice, plus admirable que toute beauté, plus excellent que toute sagesse[3].

---

1. *S. theol.*, I p., q. II, a. 2 ad 3 (I, 8).
2. *Contra Gent.*, IV, 1 (V, 291). — Cf. *supra*, p. 122, note 2.
3. *In I de Div. nomin.* lect. 1. — *S. theol.*, I p. q. XII, a. 12: Secundum quod creaturae deficiunt a repraesentatione Dei, nomina a nobis imposita a Deo removeri possunt et opposita praedicari. Unde Deus sic dicitur ratio quod potest dici « irrationabilitas », et sic dicitur intellectus quod potest dici « non-intelligibilitas » : non quidem propter hoc quod haec ei deficiant — sed quia superexcedit (XV, 273 et I, 46). — Cf. *De potent.*, q. VII, a. 5 ad 2: Tripliciter ista de Deo dicuntur. Primo quidem affirmative, ut dicamus: Deus est sapiens ; quod quidem de eo oportet dicere propter hoc quod est in eo similitudo sapientiae ab ipso fluentis. Quia tamen non est in Deo sapientia qualem nos intelligimus et nominamus, potest vere negari, ut dicatur: Deus non est sapiens. Rursum, quia sapientia non negatur de Deo quia ipse deficit a sapientia, sed quia supereminentius est in ipso quam dicatur aut intelligatur, ideo oportet dicere quod Deus sit supersapiens (VIII, 162).

Connaissance vraie, assurément, et exacte, au moins par un côté, puisque ces négations accumulées ont précisément pour effet de mieux relever l'incommensurabilité absolue du Souverain Être[1]; mais connaissance qui, par un autre côté, demeure fort en deçà de la perfection souhaitable, puisque la nature divine, considérée positivement en elle-même, se dérobe à son effort et que par là nous apprenons de cette nature beaucoup plutôt ce qu'elle n'est pas que ce qu'elle est[2].

V

Il faut préciser encore. Dans les noms que nous attribuons à Dieu, on doit distinguer deux choses : les perfections qu'ils expriment, et la manière dont ils les expriment[3]. Au premier point de vue, s'il y a des perfections que Dieu ne peut posséder que dans leur réalité éminente, attendu que dans leur réalité propre elles sont incompatibles avec les conditions de l'existence absolue, il y en a d'autres qui, par elles-mêmes, lui conviendraient de tous points et que, prises à la lettre, il faudrait plutôt affirmer de Dieu que des créatures : telles la vie, la bonté, etc.[4] Mais alors, et par cette raison même, nous retombons dans l'impossibilité de nous en faire une

---

1. In Boeth. *De Trinit.* Prooem. q. I, a. 2 ad 1 : Tunc maxime mens nostra in Dei cognitione perfectissima invenitur, quando cognoscit ejus essentiam esse supra omne id quod apprehendere potest in statu hujus vitae (XVII, 855).

2. *Contra Gent.*, I, 14 : Et sic ipsum apprehendere non possumus cognoscendo quid est, sed aliqualem ejus habemus notitiam cognoscendo quod (quid?) non est (V, 12). — Cf. *Ibid.*, 30 : Non enim de Deo capere possumus quid est, sed quid non est (V, 25).

3. *S. theol.*, I, p., q. XIII, a. 3 : In nominibus quae Deo attribuimus est duo considerare, scilicet perfectiones ipsas significatas, ut bonitatem, vitam, et hujusmodi, et modum significandi (I, 50).

4. *Ibid.* : Quantum igitur ad id quod significant hujusmodi nomina, proprie competunt Deo, et magis proprie quam ipsis creaturis, et per prius dicuntur de eo (I, 50).

idée exacte. Ce qui revient à dire qu'au second point de vue ou quant à la manière toute relative dont notre pensée les exprime, *quantum ad modum significandi*, elles conviennent, à l'inverse, aux créatures plutôt qu'à Dieu [1]; si bien que, prises de cette autre sorte, on doit plutôt les lui refuser, qu'on a, en tout cas, autant de raisons de les lui refuser que de les lui attribuer [2].

On voit désormais en quel sens précis on les lui refuse, à savoir dans le sens même où elles s'affirment des créatures. Si ce n'est pas « univocation », comme parlait l'École, ou réduction à un genre commun et par là-même identité de signification sur toute la ligne [3], ce n'est pas non plus « équivocation », ou pure synonymie verbale, sans aucun rapport réel [4]. La vérité doit être cherchée entre ces deux extrêmes : en dernière analyse, notre connaissance du divin est simplement analogique [5].

VI

Enfermés dans le monde des sens, nous n'avons donc de recours, pour atteindre ce transcendant par excellence qui

---

1. *S. theol.*, I p., q. XIII, a. 3 : Quantum vero ad modum significandi, non proprie dicuntur de Deo, habent enim modum significandi qui creaturis competit (I, 50). — Cf. *Contra Gent.*, I, 30 : Quantum ad modum significandi, omne nomen cum defectu est. Nam nomine res exprimimus eo modo quo intellectu concipimus ; intellectus autem noster, a sensibilibus cognoscendi initium sumens, illum modum non transcendit qui in rebus sensibilibus invenitur... et sic in omni nomine a nobis dicto, quantum ad modum significandi imperfectio invenitur quae Deo non competit, quamvis res significata aliquo eminenti modo Deo conveniat, ut patet in nomine bonitatis et boni (V, 25).

2. *Ibid.* : Possunt igitur hujusmodi nomina et affirmari de Deo et negari; affirmari quidem propter nominis rationem, negari vero propter significandi modum (V, 25).

3. Cf. *Contra Gent.*, I, 32 : Nihil de Deo et rebus aliis univoce praedicatur (V, 26). — Cf. *S. theol.*, I p., q. XIII, a. 5 (I, 51). — *De potent.*, q. VII, a. 7 (VIII, 165 sq).

4. *Contra Gent.*, I, 33 : Non omnia nomina dicuntur de Deo et creaturis pure aequivoce (V, 26).

5. *Ibid.*, 34 : Ea quae dicuntur de Deo et creaturis analogice dicuntur (V, 27).

s'appelle Dieu, que dans trois procédés principaux, le procédé de causalité (*via causalitatis*), le procédé de transcendance (*via eminentiae*) et le procédé de négation (*via negationis* ou *via remotionis* [1]).

Le premier consiste à remonter des choses à Dieu comme à leur principe universel et à leur emprunter la notion des attributs qu'il doit posséder à ce titre, en vertu de cet axiome, qu'il ne peut pas ne pas se rencontrer dans la cause au moins autant de perfection que dans l'effet [2].

Le procédé de transcendance élève ensuite à l'infini, en vue de les proportionner à l'objet divin, ces perfections mêmes dont l'idée a été prise des créatures [3].

Et pour les élever de la sorte à l'infini, le seul moyen, en tout cas le meilleur moyen est la plupart du temps de nier qu'elles conviennent à Dieu — dans le sens où on les affirme des créatures : c'est le procédé de négation [4].

La méthode d'analogie n'est que la synthèse de ces trois procédés.

VII

Il serait presque superflu d'observer que cette doctrine ne se rapporte en toute exactitude qu'au problème de

---

1. *S. theol.*, I p., q. XIII, a. 1 : Deum cognoscimus secundum habitudinem principii, et per modum excellentiae, et remotionis (I, 48).— *Ibid.*, q. LXXXIV, a. 7 ad 3 : Deum cognoscimus ut *causam*, et *per excessum*, et *per remotionem* (I, 335). — In Boeth. *De Trinit.*, Prooem., q. I, a. 2 : Cognoscitur ex omnium *causa*, et *excessu*, et *ablatione* (XVII, 354).

2. *S. theol.*, I p., q. IV, a. 2 : Quidquid perfectionis est in effectu oportet inveniri in causa effectiva (I, 16).

3. *Contra Gent.*, I, 30 : Omnem enim perfectionem creaturae est in Deo invenire, sed per alium modum eminentiorem (V, 25).

4. *Contra Gent.*, I, 30 : Modus autem supereminentiae quo in Deo dictae perfectiones inveniuntur per nomina a nobis imposita significari non potest nisi per negationem, sicut cum dicimus Deum aeternum vel infinitum, vel etiam per relationem ipsius ad alia, etc. (V, 25).

l'essence intime du premier principe. L'imperfection inévitable de notre connaissance sur ce point n'empêche pas qu'en ce qui concerne l'existence de Dieu nous ne puissions parvenir à une certitude rigoureuse [1]. Ce n'est pas ici le lieu de reprendre cette démonstration, qui est d'ailleurs classique.

Il y a plus. Au point de vue de la nature divine elle-même, pour infirme et caduc qu'on doive le proclamer, notre savoir n'est pourtant pas destitué de toute valeur. Car enfin, d'où vient que nous ne trouvons rien en nous ni hors de nous qui ne soit infiniment disproportionné avec l'adorable réalité dont nous cherchons à nous faire tant bien que mal une idée, si ce n'est de ce que nous reconnaissons cette disproportion infinie ? Et la reconnaître, n'est-ce pas avoir de Dieu, en un sens, une notion vraiment exacte, par laquelle il est nettement distingué de tout ce qui n'est pas lui, *propria consideratio, cum cognoscatur ut ab omnibus distinctus* ? [2] On pourrait même parler à ce propos de connaissance parfaite, à condition de l'entendre d'une perfection relative ; connaissance parfaite — traduisez : la plus parfaite qu'il nous

---

1. *S. theol.*, I p., q. II, a. 2 ad 3 : Per effectus causae non proportionatos non potest perfecta cognitio de causa haberi ; sed tamen ex quocumque effectu potest manifeste nobis demonstrari causam esse. Et sic ex effectibus Dei potest demonstrari Deum esse, licet per eos non perfecte possimus eum cognoscere secundum suam essentiam (I, 8).

2. *Contra Gent.*, I, 14 : Quia in consideratione substantiae divinae distinctionem ejus ab aliis rebus per affirmativas differentias accipere non possumus, oportet eam accipere per differentias negativas. Sicut autem in affirmativis differentiis una aliam contrahit et magis ad completam determinationem rei appropinquat, secundum quod a pluribus differre facit, ita una differentia negativa per aliam contrahitur, quae a pluribus differre facit ; sicut, si dicamus Deum non esse accidens, per hoc ab omnibus accidentibus distinguitur ; deinde si addamus ipsum non esse corpus, distinguemus ipsum etiam ab aliquibus substantiis ; et sic, per ordinem, ab omni eo quod est praeter ipsum, per negationes hujusmodi distinguetur ; et tunc de substantia ejus erit propria consideratio, cum cognoscetur ut ab omnibus distinctus (V, 12).

soit possible d'obtenir dans la vie présente et par nos moyens naturels d'information [1].

VIII

Nous emprunterons la conclusion de ce chapitre à saint Thomas lui-même, dans une page qui en résume à souhait les idées principales.

« Notre connaissance naturelle », écrit-il, ramenant toujours la question à son principe, « a pour point de départ obligé le sens. D'où il résulte qu'elle ne peut étendre le champ de ses conquêtes que si et qu'autant que les êtres sensibles peuvent eux-mêmes lui frayer la voie. Or, en matière de transcendant et surtout de transcendant divin, pareil secours ne la mène pas bien loin : il est incapable en particulier de la conduire jusqu'à l'intuition de l'essence divine. Car les créatures sensibles — et même les créatures en général — sont des œuvres de Dieu qui n'égalent pas, tant s'en faut, la vertu de leur cause ; encore moins sauraient-elles nous en découvrir la pure essence. — Ce qui ne veut pas dire qu'entre celle-ci et nous l'abîme demeure tout à fait infranchissable. Si elles restent infiniment au-dessous de la perfection de leur cause suprême, les créatures ne laissent pas de dépendre d'elle : par où nous est premièrement notifiée son existence. Et nous n'entendons pas seulement par là qu'elle existe, nous prenons aussi connaissance des attributs qu'elle ne peut pas ne pas posséder en sa qualité même de cause première et universelle : il ne faut que se rappeler

---

1. In Boeth. *De Trinit.*, Procem. q. I, ad. 2 ai 1 : Tunc maxime mens nostra in Dei cognitione perfectissima invenitur, quando cognoscit ejus essentiam esse supra omne id quod apprehendere potest in statu hujus vitae (XVII, 355). — Cf. *Contra Gent.*, III, 48 : Non est possibile in hac vita ad altiorem Dei cognitionem pervenire (V, 194).

qu'elle dépasse précisément ses œuvres de l'infini. En d'autres termes, nous l'atteignons 1° par son rapport aux créatures ; 2° nous connaissons sa distinction radicale d'avec celles-ci, à savoir qu'elle n'est rien de ce qui procède d'elle ; et nous comprenons 3° que la raison n'en est pas dans quelque défaut ou limitation de son être, mais tout au contraire dans sa transcendance et son infinitude même [1]. »

On reconnaît les trois procédés signalés plus haut : procédé de causalité (*unde cognoscimus de ipso ea quae necesse est ei convenire secundum quod est prima omnium causa*), procédé de négation (... *et differentiam creaturarum ab ipso, quod scilicet non est aliquid eorum quae ab ipso causantur*), procédé de transcendance (*et quod haec non removentur ab eo propter ejus defectum, sed quia superexcedit*), avec la nécessité de les réunir dans la méthode propre de la théodicée — ou plutôt pour mettre sur pied cette méthode, essentiellement analogique. Non pas, au reste, que la théodicée seule en soit tributaire : au vrai, c'est toute notre connaissance de l'immatériel en général qui en relève. Et ce fait n'a rien que de très compréhensible, si l'on se reporte à la vraie notion de notre nature. Substantiellement composés d'une âme et d'un corps, esprits informant un organisme, nous ne

---

[1]. *S. theol.*, I p., q. XII, a. 12: Naturalis nostra cognitio a sensu principium sumit. Unde tantum se nostra naturalis cognitio extendere potest, in quantum manuduci potest per sensibilia. Ex sensibilibus autem non potest usque ad hoc intellectus noster pertingere, quod divinam essentiam videat: quia creaturae sensibiles sunt effectus Dei virtutem causae non adaequantes. Unde ex sensibilium cognitione non potest tota Dei virtus cognosci et per consequens nec ejus essentia videri. Sed quia sunt effectus a causa dependentes, ex eis in hoc perduci possumus, ut cognoscamus de Deo an est, et ut cognoscamus de ipso ea quae ei necesse est convenire secundum quod est prima omnium causa excedens sua creata. Unde cognoscimus de ipso habitudinem ejus ad creaturas, quod scilicet omnium est causa; et differentiam creaturarum ab ipso, quod scilicet non est aliquid eorum quae ab ipso causantur; et quod haec non removentur ab eo propter ejus defectum, sed quia superexcedit (1, 46).

devons pas nous étonner que les sens, qui sont directement liés à l'organisme, aient une aussi grande part à notre intellection des choses spirituelles, qui est en elle-même affaire d'esprit : *cujuslibet cognoscentis cognitio est secundum modum suae naturae.* La logique du système ne s'est pas un instant démentie.

DEUXIÈME PARTIE

LE RÉALISME THOMISTE

AU POINT DE VUE CRITIQUE

CHAPITRE VI

LE RÉALISME THOMISTE ET L'IDÉALISME EN GÉNÉRAL

SOMMAIRE

I. Objet de ce chapitre. — D'un reproche d'empirisme adressé souvent à la doctrine thomiste. — II. Réponse : différence radicale entre celle-ci et l'empirisme — l'activité de l'esprit et le véritable rôle des images. — III. Instance : la pensée subordonnée malgré tout aux choses. — IV. Réponse : sens exact de cette subordination. — Entendement fini et entendement absolu. — Rapport inverse des choses à l'un et à l'autre. — Primauté définitive de la pensée. — V. Résumé et conclusion : synthèse de l'idéalisme et du réalisme dans une conception plus haute, qui retient le fond de vérité de l'un et de l'autre.

I

Si le réalisme thomiste est par un côté le contre-pied de l'idéalisme, ce n'est pas qu'il n'ait avec lui, à ne l'envisager du moins que dans son principe fondamental, aucun point de contact. On a souvent remarqué que, vues de haut et par leurs grands aspects, bien des doctrines se rapprochent, que l'on croyait d'abord opposées de toute manière. Avant d'aborder la comparaison détaillée de la théorie de saint Thomas avec celle de Kant, nous voudrions établir que cette loi trouve son application dans le rapport de la première théorie à l'idéalisme en général. Ce sera comme un complément de notre exposé du réalisme thomiste et comme une autre transition naturelle au parallèle même que nous proposons d'instituer entre ce réalisme et l'idéalisme kantien.

Opinion à première vue paradoxale, nous n'en disconviendrons pas. Il se trouve en effet que nombre d'auteurs férus d'idéalisme reprochent précisément à la doctrine thomiste de présenter avec le sensualisme, tout au moins avec l'empirisme, une affinité inquiétante — quand ils ne vont pas jusqu'à la taxer ouvertement d' « empirisme tout cru ». N'est-il pas dans son esprit de faire dépendre la connaissance intellectuelle des *choses* extérieures ? N'est-ce pas ce *caput mortuum* de la chose matérielle qui, à l'entendre, conditionnerait en nous la pensée rationnelle, la pensée aux ailes d'or, éprise d'idéal et d'infini, la libre et divine pensée ? Combien plus satisfaisante à cet égard la conception d'un esprit législateur des choses elles-mêmes, leur imposant, sous peine de ne plus exister, ses propres conditions, et de qui, en ce sens, on peut redire la parole célèbre : « les choses sont parce qu'il les voit » ! Combien plus noble et plus digne apparaît-il alors dans sa belle indépendance !

II

Prenons garde aux enthousiasmes irréfléchis et aux accusations téméraires. Empirisme, c'est bientôt dit. Ne se ferait-on pas tout d'abord de cette doctrine une idée assez inexacte ? L'empirisme consiste à rendre compte des principes de la pensée par une totalisation, ni plus ni moins, des données sensibles, opérée passivement et comme mécaniquement, avec ou sans intervention, d'ailleurs, de l'association et de l'hérédité. Notons cet automatisme : dans l'empirisme en effet, et c'est là un de ses traits différentiels, l'entendement est *tout passif*, semblable à un appareil enregistreur sur lequel, à force de petits coups multipliés et additionnés, se dessinerait peu à peu la courbe générale de l'expérience, sans qu'il prenne de lui-même aucune part proprement dite au résultat, sans qu'il ait autre chose à faire, pour ainsi dire, que de se laisser faire. Ou plutôt, dans l'empirisme il n'y a pas, à proprement parler, d'entendement ; et ce mot, comme les mots similaires d'*intelligence* ou de *raison*, n'y a tout juste que la valeur d'une étiquette commode pour désigner d'un seul coup les transformations les plus élevées et les plus complexes de la sensation. On voit assez par tout ce qui précède qu'il en va tout autrement de la doctrine thomiste. C'est bien d'activité qu'il s'agit cette fois, d'activité de l'esprit, *se faisant* ses notions à lui *par une opération propre*, qui sans doute n'en crée pas le contenu de toutes pièces, qui sans doute en emprunte les éléments à la réalité empirique, mais qui ne les reçoit pas pour cela de celle-ci à la manière d'impressions qu'il ne faut qu'être à même de subir. Et c'est même là tout le fond de l'entendement, qui reste ainsi un élément essentiel et irréductible de notre constitution mentale [1].

Au fait, de quoi dépend, dans la théorie de saint Thomas, l'universalité, cette caractéristique essentielle de l'idée ? Nous avons pu nous en rendre compte antérieurement, l'universalité de l'idée a pour condition dans cette doctrine la possibilité d'envisager à part, l'aptitude à considérer *en soi* la nature ou essence que cette idée représente, en dehors des particularités, spécialement des déterminations temporelles et spatiales qui font pour nous l'individu et auxquelles demeure enchaînée la sensation [2]. Il ne peut

---

1. Cf. *supra*, ch. IV, p. 111 sq.
2. Cf. *supra*, ch. II, p. 54 sq. — *S. theol.*, I p. q. LXXXV, a. 2 ad 2 : Intentio universalitatis accidit naturae secundum quod percipitur ab intellectu sine individualibus conditionibus (I, 333) ; — où, comme nous lisons *Quodlib.*, XI q. I, a. 1 ad 2 : Quia abstrahit (intellectus) ab his quae determinant locum et tempus determinatum (IX, 612).

plus être question, dans une telle hypothèse, d'une pure et simple accumulation de données empiriques s'intégrant d'elles-mêmes par le jeu d'un mécanisme mental qui prolonge tout uniment, si l'on préfère, qui réfléchit et condense aussi en notre conscience le mécanisme extérieur et universel, bien mieux, qui n'est même pas autre chose que ce mécanisme extérieur et universel prenant conscience de lui-même en nous [1]. Mais l'intelligence est si peu les sens que, pour qu'elle puisse s'exercer, nous devons précisément nous dégager des impressions sensibles et les dominer, qu'elle est ce pouvoir même de nous en affranchir! Ces impressions sensibles résultant, en dernière analyse, de l'action sur nos organes d'un objet matériel, c'est-à-dire d'une action qui se déploie comme toute action physique dans l'espace et dans le temps, elles sont toujours rapportées à quelque point précis de l'une et de l'autre, et donc affectées d'un caractère de singularité irrémédiable. L'idée, au contraire, échappe à ces conditions inférieures et considère les choses *sub specie aeternitatis* ; l'intelligence ne peut donc la concevoir qu'en s'émancipant, dans et par un acte propre, de ces conditions mêmes, *abstrahendo ab hic et nunc* [2]. Entendons bien, « un acte et un acte propre » : supposez un entendement inerte ou, pour parler avec plus d'exactitude, supposez qu'il n'y ait pas d'entendement proprement dit, au sens de principe original d'action, et que tout se réduise à la mécanique des images, la genèse du concept rationnel devient du même coup une indéchiffrable énigme. Tel est, avons-nous remarqué plus haut, le sens profond de la célèbre théorie de l'intellect agent et l'idée qu'il en faut retenir [3].

---

1. Cf. MAUDSLEY, *Physiologie de l'esprit*, p. 310 : « L'uniformité de la nature devient consciente d'elle-même dans l'esprit de l'homme. »

2. Cf. *S. theol.*, I p., q. XVI, a. 7 ad 2 (I, 76).

3. Cf. *supra*, ch. IV, p. 114. — *Contra Gent.*, II, 77 : Determinatas naturas rerum sensibilium praesentant nobis phantasmata, quae tamen nondum pervenerunt ad esse intelligibile, cum sint similitudines rerum

C'est cet acte propre de la pensée, mettant en lumière dans les images ou dans leurs objets les éléments essentiels et formellement intelligibles, que saint Thomas désigne d'habitude par la formule symbolique d' « illumination des images », et qu'il rapporte précisément à l'intellect actif (*intellectus illuminat phantasmata* [1]). A cause de quoi l'action décisive revient, non pas aux images, mais à l'intellect agent lui-même, *et sic principalitas actionis non attribuitur phantasmatibus, sed intellectui agenti* [2]. Les images ne jouent pas dans l'espèce le rôle de cause principale, mais celui de cause instrumentale [3]; en termes plus modernes, elles sont moins causes que conditions. Elles sont à l'intellect ce que cette force physique qui s'appelle chaleur est, dans le phénomène

---

sensibilium etiam secundum conditiones materiales quae sunt proprietates individuales et sunt etiam in organis materialibus. Non igitur sunt intelligibilia actu; et tamen, quia in hoc homine cujus similitudinem repraesentant phantasmata est accipere naturam universalem denudatam ab omnibus conditionibus individualibus, sunt intelligibilia in potentia. Est igitur in anima *virtus activa in phantasmata*, faciens ea intelligibilia actu; et haec potentia animae vocatur intellectus agens (V, 132). — Cf. *S. theol.*, I p., q. LXXIX, a. 3 : Oportet ergo ponere virtutem activam ex parte intellectus, quae faciat intelligibilia in actu per abstractionem specierum a conditionibus individuantibus. Et haec est necessitas ponendi intellectum agentem (I, 310). — *De Anim.*, a. 5 : Est in anima invenire quamdam virtutem activam immaterialem, quae ipsa phantasmata a materialibus conditionibus abstrahit; et hoc pertinet ad intellectum agentem (VIII, 479). — *De Spirit. creat.*, a. 9 : Quia universalia non subsistunt nisi in sensibilibus, quae non sunt intelligibilia actu, necesse est ponere aliquam virtutem, quae faciat intelligibilia in potentia esse intelligibilia actu, abstrahendo species rerum a conditionibus individuantibus ; et haec virtus vocatur intellectus agens (VIII, 453).

1. *S. theol.*, I p., q. LXXIX, a. 4 : Oportet dicere quod in ipsa anima humana sit aliqua virtus, per quam possit phantasmata illustrare (I, 311). — *Ibid.*, q. LXXXV, a. 1 ad 4 : Phantasmata illustrantur ab intellectu agente, h. e. ab eis per virtutem intellectus agentis species intelligibiles abstrahuntur.... inquantum per virtutem intellectus agentis accipere possumus in nostra consideratione naturas specierum sine individualibus conditionibus (I, 337).

2. *Contra Gent.*, II, 77 (V, 132).

3. *De Verit.*, q. X, a. 6 ad 7 : In receptione quâ intellectus possibilis species rerum accipit a phantasmatibus, se habent phantasmata ut agens instrumentale et secundarium (IX, 164)

de la nutrition, à une force supérieure, la force vitale, qui la plie à son service et la fait concourir à ses fins [1]. Tout leur office est de mettre pour ainsi dire l'intellect en rapport avec ses premiers objets [2], et c'est à lui de se former lui-même ses idées, en dégageant d'abord et s'exprimant ensuite à lui-même les conditions nécessaires et universelles de ces objets : car celles-ci, n'y étant intelligibles qu'en puissance, ne peuvent être actualisées que par son intervention même [3]. C'est donc bien lui qui est ici, en dernière analyse, cause principale ou cause proprement dite [4]. Voilà comment on peut dire que, tout en recevant sa science des choses, il en est cependant l'auteur [5]. Voilà comment on peut dire aussi qu'il représente un principe autonome et indépendant [6]. Voilà comment on peut dire enfin et surtout que cette doctrine

---

1. *Quodlib.*, VIII, a. 3 : Quoddam agens est quod non sufficit de se ad inducendum formam suam in patiens, nisi superveniat aliud agens ; sicut calor ignis non sufficit ad complendum actionem nutritionis nisi per virtutem animae nutritivae (IX, 573).

2. *Contra Gent.*, II, 73 : Ad nihil autem sensus et phantasia sunt necessaria ad intelligendum, nisi ut ab eis accipiantur species intelligibiles (V, 125). — *In II Sent.*, dist. XX, q. 2, a. 2 ad 2 : Objectum intellectus quasi materialiter administratur vel offertur a virtute imaginativa (VI, 566).

3. *Quodlib.*, VIII, a. 3 : Ad hoc autem non ex seipsis sufficiunt phantasmata, quod moveant intellectum possibilem, cum sint in potentia intelligibilia, intellectus autem non moveatur nisi ab intelligibilibus in actu. Unde oportet quod superveniat actio intellectus agentis, cujus illustratione fiant intelligibilia in actu, sicut illustratione lucis corporalis fiunt colores visibiles actu (IX, 573-4).

4. *Ibid.* : Et sic patet quod intellectus agens est principale agens, qui agit rerum similitudines in intellectu possibili ; phantasmata autem, quae a rebus exterioribus accipiuntur, sunt quasi agentia instrumentalia (IX, 574).

5. *De Verit.*, q. X, a. 6 : Verum est quod scientiam a sensibilibus mens nostra accipit, nihilominus ipsa anima in se similitudines rerum format, inquantum per lumen intellectus agentis efficiuntur formae a sensibilibus abstractae intelligibiles actu, ut in intellectu possibili recipi possint (IX, 164).

6. *S. theol.*, I p., q. LXXV, a. 2 et q. LXXIX, a. 3 : Virtutem activam immaterialem ex parte intellectus, quae habet operationem propriam per se, cui non communicat corpus (I, 283 et 310).

serait déjà, de ce seul chef et tout compte fait, plus voisine de l'idéalisme que de l'empirisme.

III

Il est vrai que, par un autre côté, la difficulté semble rester tout entière. L'entendement peut bien être doué d'une activité propre et irréductible, supérieure aux sens, dont elle se sert seulement pour découvrir les éléments constitutifs des choses : toujours est-il que cette activité n'est pas à la lettre législatrice des choses mêmes, mais qu'elle se borne à extraire de celles-ci leur contenu rationnel. Elle leur est donc asservie, c'est elle qui, malgré tout, dépend des choses, et non les choses d'elle. Les choses viennent d'abord, au premier plan, et l'intelligence ensuite, à l'arrière-plan. On a beau faire : entre ce réalisme impénitent et l'idéalisme l'abîme demeure infranchissable.

Ce n'est pas tout, et il est même permis de se demander comment l'intelligence peut bien venir de la sorte. Si c'est la chose qui prime, l'intelligence n'est-elle pas condamnée à ne plus pouvoir logiquement apparaître ? « Il n'y a que deux points de départ possibles en philosophie, observe Fichte dans un texte fameux, ou l'intelligence en soi ou la chose en soi... Or le système qui part de la chose en soi est incapable d'expliquer l'intelligence... L'intelligence en effet a pour caractéristique essentielle d'être pour elle-même. Or une chose ne peut pas être pour elle-même, il faut toujours supposer une intelligence pour qui elle est. Vous n'obtiendrez donc jamais l'intelligence, si vous ne le supposez pas comme un Premier (*ein Erstes*), comme un Absolu (*ein Absolute*)[1] ».

---

1. *Sämmtliche Werke*, t. I, p. 437.

IV

C'est surtout ici qu'on doit éviter toute précipitation. Sans doute, à prendre la théorie thomiste par un certain biais, il paraît bien que ce soient les choses qui conditionnent l'intelligence, laquelle dès lors leur est en ce sens subordonnée. Saint Thomas ne laisse-t-il pas échapper cette grave parole : *res mensurant intellectum,* les choses mesurent l'intelligence ?[1] — Ou encore : « C'est la réalité extramentale qui produit sa propre représentation dans notre intelligence[2], et il est dans la nature de celle-ci de se conformer à elle[3]. » — « La science est comme l'empreinte que font sur nous les choses à la manière d'un sceau[4]. » On pourrait multiplier les citations de ce genre.

Mais il ne faut que restituer les textes intégraux d'où ces formules sont extraites pour se rassurer sur leurs conséquences. A dire vrai, c'est notre entendement humain, créé et fini, que vise en pareil cas l'auteur du *De Veritate*. Et que notre entendement humain soit mesuré par les choses, cela n'empêche pas celles-ci d'être mesurées à leur tour par l'entendement absolu et divin, archétype universel, principe de toute intelligibilité et de tout être[5]. Et c'est précisément parce que les choses sont ainsi mesurées par l'entendement absolu, parce qu'elles se

---

1. *De Verit.*, q. I, a. 2: Quia intellectus, ajoute le saint docteur, accipit a rebus et est quodammodo motus ab ipsis (IX, 8). — Cf. *Ibid.*, q. II, a. 5, ad 6: Relatio quae importatur nomine scientiae designat dependentiam scientiae nostrae a scibili (IX, 36).

2. *Ibid.*, a. 8: Res existens extra animam... nata est facere de se veram apprehensionem in intellectu humano (IX, 18).

3. *Ibid.*, a. 9: In intellectus natura est ut rebus conformetur (IX, 19).

4. *De Verit.*, q. II, a. 1 ad 6 : Scientia in nobis est sigillatio rerum in animabus nostris (IX, 24).

5. *Ibid.*, q. I, a. 2 : Res naturales, ex quibus intellectus noster scientiam accipit, mensurant intellectum nostrum, sed sunt mensuratae ab intellectu divino, in quo sunt omnia creata sicut artificiata in intellectu artificis (IX, 8).

règlent, comme nous dirions aujourd'hui, sur l'entendement absolu, qu'en se réglant sur elles notre entendement fini se règle aussi sur l'entendement absolu et participe à la vérité absolue [1]. — De même, quand on parle de réalité extramentale produisant les idées dans l'intelligence, c'est notre intelligence humaine qu'on veut dire ; et, si celle-ci reçoit la vérité (*veram apprehensionem*) de celle-là, la raison en est que celle-là de son côté est constituée sur le modèle d'un exemplaire divin, de qui elle tient sa vérité même [2]. De même enfin, notre science humaine peut bien être comme une empreinte des choses sur nos âmes : n'oublions pas qu'en revanche les formes ou essences sur lesquelles elle porte sont à l'inverse comme une empreinte de la science divine sur les choses [3], « comme la marque de l'ouvrier empreinte sur son ouvrage [4] ».

Nous avons donc, en dernière analyse, trois termes qui s'enveloppent l'un l'autre : entendement absolu, choses ou objets naturels, entendement fini. Mais, qu'on le remarque bien, les choses ne jouent guère ici qu'un rôle d'intermédiaire, entre l'entendement absolu au point de départ et l'entendement fini au point d'arrivée [5]. C'est l'entendement

---

1. *De Verit.*, I, a. 4 ad 5 : A veritate intellectus divini exemplariter procedit in intellectum nostrum veritas primorum principiorum, secundum quam de omnibus judicamus (IX, 11). — *S. theol.*, I p., q. XVI, a. 1 : Res naturales dicuntur esse verae secundum quod assequuntur similitudinem specierum quae sunt in mente divina ; dicitur enim verus lapis, qui assequitur propriam lapidis naturam secundum praeconceptionem intellectus divini (I, 73).

2. *De Verit.*, q. I, a. 8 : Res autem existens extra animam per formam suam imitatur artem divini intellectus (IX, 18).

3. *Ibid.*, q. II, a. 1 ad 6 (Cf. texte cité *supra*, p. 142, note 4) : ... Ita e converso formae non sunt nisi quaedam sigillatio scientiae divinae in rebus (IX, 24). — *Ibid.*, a. 5 ad 16 : Relatio enim quae importatur in divina cognitione non importat dependentiam ipsius cognitionis ad cognitum, sed magis e converso ipsius cogniti ad cognitionem (IX, 36).

4. Descartes, *Méditation 3e* (édition Garnier, I, 132).

5. *S. theol.*, I p., q. XIV, a. 8 ad 3 : Res naturales sunt mediae inter scientiam Dei et scientiam nostram. Nos enim scientiam accipimus a

absolu qui s'exprime par elles et, pour ainsi parler, s'objective en elles, comme elles se redoublent à leur tour et, pour ainsi parler encore, se subjectivent dans l'entendement fini. L'entendement absolu impose ses lois aux choses, et celles-ci les imposent à l'entendement fini, lequel, ressemblance participée lui-même de l'entendement absolu [1], se retrouve, pour ainsi parler toujours, en elles, reconnaît son homogénéité avec elles, se continue à elles, qui ne sont d'une certaine manière que lui-même extériorisé et *réalisé* (*res factus*) [2]. L'intelligence reprend donc en dernière analyse ou plutôt conserve sa primauté ; elle est bien, dans son inaliénable indépendance, la mesure universelle, échappant elle-même à toute mesure [3], la raison définitive et totale, à laquelle il n'y a plus à chercher de raison. Elle est vraiment posée dans le système et ainsi que le veut Fichte, comme un *Premier*, comme un

---

rebus naturalibus, quarum Deus per suam scientiam causa est. Unde sicut scibilia naturalia sunt priora quam scientia nostra et mensura ejus, ita scientia Dei est prior quam res naturales et mensura ipsarum. Sicut etiam aliqua domus est media inter scientiam artificis qui eam fecit et scientiam illius qui ejus cognitionem ex ipsa jam facta capit (I, 64). — *De Verit.*, q. I, a. 2 : Res naturales, ex quibus intellectus noster scientiam accipit, mensurant intellectum nostrum, sed sunt mensuratae ab intellectu divino... Res ergo naturalis inter duos intellectus constituta secundum adaequationem ad utrumque vera dicitur ; secundum enim adaequationem ad intellectum divinum dicitur vera, inquantum implet hoc ad quod est ordinata per intellectum divinum ; secundum autem adaequationem ad intellectum humanum dicitur res vera, inquantum nata est de se formare veram aestimationem (IX, 8).

1. *S. theol.*, I p., q. LXXXIV, a. 5 : Ipsum enim lumen intellectuale, quod est in nobis, nihil est aliud quam quaedam participata similitudo luminis increati, in quo continentur rationes aeternae (I, 333). — *Ibid.*, q. LXXIX, a. 4 ad 5 : Virtus, quae a supremo intellectu participatur (I, 311). — *Ibid.*, q. XII, a. 2 : Ipsa intellectiva virtus creaturae est aliqua participativa similitudo ipsius Dei, qui est primus intellectus. Unde et virtus intellectualis creaturae lumen quoddam intelligibile dicitur, quasi a prima luce derivatum, etc. (I, 39).

2. *De Verit.*, q. X, a. 2 : C'est en ce sens que saint Thomas dit que « mens nostra accipit cognitionem a rebus, *mensurando eas quasi ad sua principia* » (IX, 155).

3. *De Verit.*, q. I, a. 2 : Sic ergo intellectus divinus est mensurans non mensuratus (IX, 8).

Absolu, statur in intellectu sicut in primo [1]. Et l'on ne voit plus trop en quoi peut bien s'y trouver compromise la suprême dignité de la Pensée.

V

En résumé, si l'on appelle idéalisme toute doctrine dans laquelle les choses sont subordonnées à la pensée, le réalisme thomiste ne laisse pas d'être un idéalisme à sa manière. Parlons plus exactement : si ce qui fait la valeur indestructible de la conception idéaliste, c'est de subordonner les choses à la pensée, le réalisme thomiste n'est pas exclu de cet avantage. Assurément, ce n'est pas notre pensée relative et finie, à laquelle il attribue ainsi la priorité, mais la pensée infinie et transcendante, principe dernier et absolu de toute intellection dans les esprits, créés à son image et ressemblance, et de tout être dans les choses, conformées à ses idées éternelles : peu importe pourtant, dès là que c'est pensée et que de cette pensée tout procède. Pour remonter dans l'absolu et l'infini, elle ne perd rien de son excellence, qui devient au contraire infinie et absolue elle-même ; loin que ses droits soient mis en péril, ils n'en sont à l'inverse que mieux assurés.

Quant à notre intelligence finie, si elle reçoit ses concepts des choses, encore faut-il 1° qu'elle les en extraie et, en ce sens, les fasse elle-même, par une activité originale qui la constitue essentiellement et qui utilise simplement les images à cette fin ; 2° cette activité a précisément pour cause efficiente et exemplaire l'entendement absolu, ce qui explique métaphysiquement l'accord ou l'homogénéité de ses lois propres avec celles des choses, qui dérivent de la même source transcendante. En un mot,

---

1. *S. theol.*, I p., q. LXXXII, a. 4 ad 3 (I, 324). — Cf. *Ibid.*, q. XVI, a. 1 : Sic ergo veritas principaliter est in intellectu (I, 73).

c'est moins de notre pensée aux choses subordination que coordination. A quoi notre pensée est réellement subordonnée en ce sens, conjointement avec les choses mêmes, c'est à l'Intelligence suprême, à savoir la Pensée encore, la Pensée toujours, qui, plus que jamais, nous apparaît comme le vrai point de départ. A cette hauteur, le réalisme se résout donc bien en idéalisme; ou plutôt idéalisme et réalisme viennent s'absorber également et se fondre l'un avec l'autre dans cette conception compréhensive d'un principe unique et universel, acte de tous les intelligibles, concevant éternellement toute vérité et possédant éminemment toute perfection, à la fois Réalité absolue et Idéal absolu.

CHAPITRE VII

LE RÉALISME THOMISTE ET L'IDÉALISME KANTIEN.
— 1. LE PROBLÈME DE LA SCIENCE.

SOMMAIRE

Comment reparaît l'opposition entre le réalisme thomiste et l'idéalisme. — L'idéalisme kantien. — Division du chapitre.

A. *Le réalisme thomiste et l'idéalisme kantien comme explications de la nécessité et de l'universalité des connaissances rationnelles.* — I. Équivalence tout d'abord des deux hypothèses à ce point de vue. — II. Difficulté inhérente au réalisme : comment dégager l'universel et le nécessaire de la réalité limitée et contingente ? — De quelle manière le réalisme thomiste résout cette difficulté. — Retour sur la distinction entre l'universel direct et l'universel réflexe ou entre l'abstraction (intuitive) et l'universalisation (discursive) : dans le premier cas la pensée coïncide avec les éléments essentiels de la réalité, considérés en eux-mêmes et à part, qui forment la matière des concepts universels. — III. Rapport au problème des jugements synthétiques *a priori*. — Nécessité de pousser plus avant la discussion, en établissant non plus seulement l'équivalence des deux hypothèses, mais la supériorité de l'une sur l'autre. — IV. Exposé du formalisme kantien. — L'aperception pure et la déduction transcendantale. — V. Critique : que l'on y postule une harmonie préétablie entre l'entendement et la sensibilité sans rien qui la garantisse, si bien qu'en dernière analyse l'accord des deux fonctions et, partant, l'universalité (ou *resp.* la nécessité) des lois rationnelles demeurent problématiques. — VI. Critique du réalisme thomiste au même point de vue : dans celui-ci, ce sont les conditions universelles et nécessaires des choses elles-mêmes que la pensée atteint dans les choses elles-mêmes, en sorte que l'objectivité de notre savoir y est aussi solidement fondée que possible.

B. *Le réalisme thomiste et l'idéalisme kantien dans leur rapport direct à l'expérience.* — I. La doctrine de l'aperception pure et la nécessité de recourir à l'expérience pour la détermination des lois naturelles. — Impossibilité de concilier l'une avec l'autre. — II. Comment le réalisme thomiste fournit l'interprétation toute simple de ce fait. — III. Autre forme de la même argumentation. —

IV. Différence entre celle-ci et l'argumentation précédente. — Passage au paragraphe suivant.

C. *Le réalisme thomiste et l'idéalisme kantien au point de vue de la cohérence interne.* — I. Difficulté que soulève l'idéalisme kantien : les catégories appliquées malgré tout à l'ordre des noumènes. — II. Instance : la distinction du phénomène et du noumène est présupposée par le système lui-même. — Réponse : cela n'empêche pas que le système aboutisse finalement à soustraire le noumène aux catégories. — III. Nouvelle instance : distinction entre connaissance et pensée ; légitimité de l'application des catégories aux noumènes dans le second cas, c'est-à-dire comme limite idéale des phénomènes. — Réponse : on n'échapperait à une contradiction que pour retomber dans une autre. — Au surplus, la valeur purement immanente des catégories n'est jamais mieux établie que par là. — IV. Cohérence rigoureuse du réalisme thomiste à cet égard.

Résumé et conclusion. — Triple supériorité du réalisme thomiste.

C'est donc seulement dans l'absolu que la théorie de saint Thomas place l'identité de la pensée et de la réalité : dans le monde du fini et du créé, elle les sépare, ou plutôt elle n'admet que leur accord ou harmonie, et elle l'explique précisément par leur identité dans l'Absolu. Idéalisme, pourrait-on dire, s'il s'agit du transcendant, réalisme s'il s'agit de l'immanent, et l'un fondant l'autre. Ainsi la doctrine thomiste réconcilie-t-elle les deux grandes conceptions qui départagent en somme tous les systèmes ; plus exactement, ainsi réunit-elle ce qui fait le fond solide de l'une et de l'autre. Mais si on le prend à la façon de Kant, si c'est notre pensée finie elle-même dont on fait dépendre les choses, tout au moins quant à leur élément de nécessité et d'universalité ou quant à leur *forme,* il est trop clair que l'opposition reparaît dans toute sa rigueur : entendu de cette sorte, l'idéalisme n'a plus rien de commun avec le réalisme thomiste, aux yeux duquel cette forme est dégagée des choses mêmes par l'activité propre de la pensée. C'est tout le problème de la raison théorique ou spéculative et, en ce sens même, de la science [1], qui reçoit

---

1. Par opposition à *croyance,* bien entendu, et non pas à métaphysique — *Wissen,* et non pas *Wissenschaft.*

ainsi deux solutions nettement divergentes. Et c'est aussi, entre ces deux solutions, une alternative rigoureuse, que leur examen comparé pourra seul trancher au profit de l'une ou de l'autre.

Cet examen peut se poursuivre à trois points de vue différents, soit que l'on considère directement dans les deux théories en présence l'explication qu'elles fournissent de l'universalité et de la nécessité propres à la connaissance rationnelle ou scientifique, soit que l'on se préoccupe de leur rapport à l'expérience, soit que l'on en mesure enfin le degré de cohérence interne.

A. — *Le réalisme thomiste et l'idéalisme kantien comme explications de l'universalité et de la nécessité des connaissances rationnelles.*

I

Que l'hypothèse réaliste de saint Thomas soit tout aussi plausible à ce premier point de vue que l'hypothèse aprioriste pure de Kant, c'est ce qu'il ne serait pas trop malaisé d'établir. Sans doute, à considérer les principes de la raison comme des lois fonctionnelles de la pensée dont ils règlent du dedans l'exercice, on ne saurait s'étonner, au moins de prime abord[1], qu'aucune exception n'y soit jamais constatée ou, ce qui revient au même, que ces principes nous apparaissent avec un caractère de rigueur absolue. Mais si, dans les concrets singuliers que lui fournit la sensation, l'intelligence pénètre par sa vertu propre jusqu'à l'essence universelle qu'ils réalisent uniformément ; si elle en découvre par là même les conditions nécessaires et universelles ; si, par exemple, des causes et

---

1. Cf. *infra*, v, p. 166 *sq*.

des effets empiriques, elle extrait la notion rationnelle de la cause et de l'effet en soi[1], ainsi que le rapport d'absolue dépendance qui rattache objectivement l'un à l'autre ; s'il en est ainsi, la nécessité et l'universalité des principes supérieurs de la connaissance ne se conçoivent-elles pas également bien ? Synthèse primitive ou analyse primitive, forme de l'esprit imposée à l'objet ou forme de l'objet reçue et comme redoublée idéalement dans l'esprit, en ce sens c'est tout un : d'une manière comme de l'autre, l'esprit la retrouvera invariablement dans l'objet.

Et c'est, dans le fond, ce que disait récemment l'un des philosophes qui font le plus d'honneur aujourd'hui à la pensée française. Non pas qu'il ne reste entre sa position et la nôtre de notables différences ; en particulier, et si nous osons en exprimer notre avis, cet auteur n'insiste pas assez sur le rôle de l'activité abstractrice de l'esprit, si tant est même qu'il y insiste en quelque façon ; son procédé est beaucoup plus négatif que positif, il montre bien que la nécessité et l'universalité ne requièrent pas l'*a priori* (au sens kantien), il ne montre pas aussi bien comment elles peuvent, sans préjudice des droits inaliénables de la pensée rationnelle, se tirer malgré tout de l'expérience ; et peut-être revient-il par là trop en arrière du côté de l'empirisme. Mais le rapprochement n'en est pas moins fondé, et nous avons tenu à le signaler :

---

1. Il ne faudrait pas se faire un épouvantail de ces formules. On est parfois tenté de croire qu'elles désignent je ne sais quelle opération mystérieuse et presque mystique même, tout à fait contraire aux tendances positives de notre psychologie moderne. C'est prendre peur un peu vite. J'expérimente, par exemple, ma causalité personnelle, j'ai conscience de faire apparaître telle réalité déterminée, soit cette modification qui s'appelle mon effort volontaire — jusque là je n'ai affaire qu'à une cause concrète. Mais vient un moment où mon intelligence *comprend ce que c'est que d'être une cause*, à savoir de contribuer à faire apparaître de la sorte quelque réalité, *ce qu'il faut*, si l'on aime mieux, *pour qu'il y ait une cause*, à savoir contribuer de la sorte à faire apparaître quelque réalité. On ne voit pas qu'il y ait là la moindre trace de mysticité ou d'illuminisme.

n'est-ce pas une preuve de plus qu'il valait la peine, même aujourd'hui, de rappeler l'attention sur la vieille doctrine dont s'inspire le présent travail ?

« La nécessité, lisons-nous dans *Le mouvement idéaliste et la réaction contre la science positive*, n'a pas sa seule explication dans quelque chose de supérieur à l'expérience et à la totalité du contenu de l'expérience (*par où l'on entend ici, par où du moins l'on ne peut entendre que des connaissances proprement dites ou des éléments de la connaissance, et non pas le simple pouvoir d'abstraire de l'expérience les données qu'elle implique, mais qui lui échappent en tant que telle*). Ce contenu, en effet, tel qu'il est donné à l'individu et à l'espèce, renferme des éléments que l'analyse peut découvrir et subordonner l'un à l'autre (*l'analyse, etc., voilà sur quoi il eût fallu insister, préciser et expliquer dans le sens qui vient d'être indiqué*). Or, s'il existe dans la réalité et, du même coup dans l'expérience des éléments inséparables l'un de l'autre, ils s'imposeront partout et toujours : ils se retrouveront au fond de toute expérience (*oui, mais encore faudra-t-il que l'esprit ait le pouvoir de les y retrouver par une vue plus aiguë et plus intense qui pénètre jusqu'à ce qui, dans le contenu de l'expérience, échappe à l'expérience elle-même*). La nécessité dépendra, en ce cas, des éléments mêmes contenus de fait (*c'est-à-dire, objectivement, en réalité*) dans l'expérience en général, dans la conscience en général, telle qu'elle s'apparaît à elle-même par l'analyse (*entendez, pour rejoindre tout à fait notre thèse, l'abstraction intellectuelle, saisissant dans l'expérience ses conditions universelles et nécessaires*). Ce seront donc encore des éléments radicaux de l'expérience, quoique non particuliers et accidentels (*disons mieux : des éléments de la réalité expérimentée, quoique non saisis avec la particularité et la contingence sous lesquelles l'expérience les présente, mais dans leur pure et idéale notion*), mais ce ne seront point nécessairement pour cela des formes transcendantes et *a priori* de l'entendement [1]. »

Encore une fois, synthèse primitive appliquant aux choses les conditions subjectives de notre connaissance ou analyse primitive dégageant dans notre connaissance les conditions objectives des choses, il n'y a pas, après tout et quant au résultat, une si grande différence entre les deux interprétations.

II

Un idéaliste répondrait sans doute que c'est fermer les yeux sur une énorme difficulté que soulève le réalisme. Comment la nécessité et l'universalité pourraient-elles être ainsi subordonnées à l'expérience, ne fût-ce qu'à une expérience originelle sur laquelle s'exercerait une fois pour toutes l'activité abstractrice de l'esprit? Les explications qui précèdent ne reviennent-elles pas à donner les principes rationnels pour des propositions *a posteriori*? que ce soit *a posteriori* par rapport à la seule intuition empirique d'où ils sont extraits, peu importe : toujours est-il qu'ils revêtent d'autre part une forme universelle et abstraite (par exemple, *tout* ce qui commence d'exister a une cause); or il n'existe dans la réalité expérimentale que des faits ou des êtres concrets et individuels.

Rien de plus exact. Mais nous avons vu dans un chapitre antérieur que le concept universel proprement dit n'a pas, au vrai, d'autre contenu que le concept « simplement abstrait », que la *consideratio naturae absoluta* dont parlait saint Thomas et à laquelle ce concept universel proprement dit ajoute seulement une relation toute logique, toute extrinsèque aussi, de multiplicabilité ou de communicabilité indéfinie, la relation de genre ou d'espèce [2]. Or

---

1. A. Fouillée, *op. cit.*, p. 67.
2. Cf. *supra*, ch. II, iv-vii, p. 51 sq. (universel *direct* et universel *réflexe*). — Cf. D. Mercier, *Critériologie générale*, p. 286.

ce concept abstrait (de la nature « à l'état absolu »), s'il est inadéquat aux individus concrets dont il est dégagé et dont il laisse de côté les caractères proprement individuels — à cause de quoi on l'appelle précisément abstrait —, n'est cependant pas inexact, infidèle ; il ne défigure pas ou ne dénature pas la réalité, il en représente, au contraire, les éléments les plus considérables, à savoir les éléments essentiels, *ea tantum quae per se competunt tali naturae* [1], ceux auxquels, chose capitale en l'espèce, tient directement et par soi ce rapport, essentiel aussi, qui s'exprime dans le principe même. Car il est manifeste que ce n'est pas d'être, par exemple, *tel* ou *tel* commencement d'existence se produisant en tel ou tel endroit, avec tels ou tels caractères à lui et tout à fait incommunicables, qui fait que ce commencement d'existence exige de toute nécessité une cause pour commencer effectivement d'exister : cette nécessité lui vient de ce qu'il est un commencement d'existence, tout simplement, quelles que soient ses particularités individuelles, ce dont le principe en lui-même fait totalement abstraction. La preuve, si de preuve il pouvait être besoin, c'est que j'affirme invariablement la même exigence essentielle d'une cause de tout commencement d'existence quelconque, de tous les commencements d'existence sans exception, si différents qu'ils puissent être par tout le reste, à quelque ordre de réalité qu'ils se rapportent chacun par devers soi.

Ce dernier point veut être éclairci encore. A dire vrai, ce n'est pas seulement des caractères individuels qu'aux termes de la doctrine thomiste il est fait abstraction, lorsque se dégage pour la première fois la loi de causalité universelle, mais aussi des éléments proprement spécifiques eux-mêmes. Le rapport objectif que saisit l'intelligence n'est point, par exemple, celui qui rattache le son

---

1. Cf. *Quodlib.* VIII, q. 1, a. 1 (IX, 571). — *De Ente et Essent.*, c. 3 *sub. fin* (XVI, 333).

en général à un état vibratoire des corps sonores en général, *a fortiori* telle espèce de sons à telle espèce de corps sonores, etc. : c'est le rapport entre commencement d'existence tout court et cause tout simplement. Cette remarque nous paraît d'une importance capitale. On dit assez souvent : la preuve que l'action causatrice n'est point affaire d'expérience, ou plutôt que l'intelligence ne peut en dégager l'idée de l'expérience, c'est la possibilité des erreurs en pareille matière ; c'est aussi la nécessité de recourir, dans la détermination de la cause, à la méthode d'exclusion[1] : si la notion de causalité était extraite des données empiriques, ni l'un ni l'autre ne se concevrait plus ; elle est donc *surajoutée* à ces données et prise d'ailleurs que de ces données. — Mais tout d'abord, l'expérience que l'on vise en pareil cas est l'expérience externe, du moins est-ce surtout d'elle qu'il s'agit et l'on serait bien embarrassé d'établir que l'expérience interne est frappée sur toute la ligne de la même impuissance[2] : n'y eût-il que le fait de causation personnelle, c'en serait assez pour la restituer dans tous ses droits. Car rien ne nous empêche d'y voir le fait privilégié d'où l'intelligence abstrait les deux idées universelles en question et dans lequel elle saisit le rapport absolu qui rattache l'un à l'autre les objets de ces deux idées. D'autre part, et surtout, c'est seulement la liaison causale en elle-même (*in universali*) qu'elle en

---

1. Il est presque inutile de rappeler ici que les méthodes d'expérimentation codifiées par St. Mill se ramènent en effet, dans leur fond commun, à un procédé d'élimination. On ne démontre pas directement et positivement par elles que tel antécédent est la cause cherchée, mais indirectement et négativement qu'il ne reste que lui à pouvoir jouer ce rôle à l'exclusion de tous les autres, étant le seul qui soit donné chaque fois que le phénomène l'est (1re méthode, de concordance), ou qui ne soit pas donné quand le phénomène ne l'est pas (2e méthode, de différence) ou qui varie lorsque le phénomène varie (3e méthode, des variations concomitantes), etc. — Cf. Taine, *De l'intelligence*, t. II, p. 312 sq. (8e édition).

2. A moins de recourir à l'instance critiquée *supra*, chapitre préliminaire, B, p. 8 *sq.*, c'est-à-dire à moins de se rabattre sur l'aperception pure, c'est-à-dire encore, comme nous l'avons montré *ibid.*, à moins de *postuler* l'idéalisme, qui est justement en question.

extrait, et non pas, il faut le répéter, telle ou telle liaison causale déterminée, ne fût-ce que spécifiquement. Rappelons-nous à cet égard les explications que nous a fournies un précédent chapitre : suivant l'hypothèse thomiste, les abstractions primitives auxquelles elle attribue un caractère de perception directe ne nous donnent pas les notions toutes faites des êtres naturels, objets proprement dits des diverses sciences — celles-là sont positivement construites par un travail discursif de la pensée — mais simplement les concepts les plus génériques, répondant aux éléments les plus universels de la réalité, dont les autres éléments ne représentent que des spécifications ou déterminations de plus en plus restreintes [1]. Et la cause en soi, la cause tout court, se trouve précisément être l'une de ces notions tout à fait primitives et génériques. On ne voit donc plus en quoi pourraient bien faire obstacle à notre analyse, prises en elles-mêmes et à la lettre, des observations comme celle-ci : l'action causale exercée par tel être sur tel autre nous échappe, à telles enseignes que rien n'est plus facile que de s'y tromper. Car on se trompe alors en supposant telle *espèce* de cause pour telle *espèce* de faits, et non pas en admettant *une cause*, sans plus, et quelle qu'elle soit. Sans doute, ce peut être également, aussi longtemps du

---

1. Cf. *supra*, ch. III, II, III, p. 68 *sq*. — Les anciens docteurs donnaient de ce fait (à savoir que les premiers abstraits sont les plus génériques) une raison métaphysique empruntée à la loi générale qui régit les rapports de l'acte et de la puissance. Toute connaissance en effet est un passage de la puissance à l'acte; toute connaissance est une actualisation de la puissance intellectuelle. Or « omne quod procedit de potentia ad actum prius pervenit ad actum incompletum, qui est medius inter potentiam et actum, quam ad actum perfectum » ; d'autre part, « actus perfectus ad quem pervenit intellectus est scientia completa, per quam distincte et determinate res cognoscuntur, actus autem incompletus est scientia imperfecta, per quam sciuntur res indistincte sub quadam confusione — qui scit enim aliquid indistincte adhuc est in potentia ut sciat distinctionis principium, sicut qui scit genus est in potentia ut sciat differentiam ». La conclusion va de soi : « cognitio ergo magis communis est prior quam cognitio minus communis ». (*S. theol.*, I p., q. LXXXV, a. 3 [I, 339]).

moins qu'on ne se place pas à un autre point de vue, le résultat de l'application d'une catégorie ou forme *a priori*. Mais, en toute précision, il ne s'agit pas encore de se décider à cet égard : on voulait seulement montrer qu'en soi le fait objecté, à savoir le caractère négatif et indirect de la détermination scientifique de la cause et les méprises possibles qu'il a pour but de prévenir, s'accommode aussi bien de l'interprétation opposée.

Reprenons-en donc le développement. Comme le lecteur a déjà pu s'en rendre compte, tout y repose sur cette conception de l'universel *direct* ou *métaphysique*, ainsi que nous l'avons appelé avec plusieurs auteurs, qui est bien le point central et comme la clef de voûte de la théorie tout entière. Ou, pour mieux dire peut-être, tout y repose sur ce *fait* du dégagement primitif et immédiat de l'universel direct, que c'est l'honneur de la doctrine traditionnelle d'avoir mis en lumière par sa profonde analyse des conditions de l'acte intellectuel. Qui ne saisit point cette distinction des deux universels, qui s'obstine à ne considérer que l'universel proprement dit, l'universel réflexe ou logique, s'embarrasse dans des difficultés inextricables : au vrai, on ne voit pas comment il pourra jamais échapper à l'alternative, ou de nier l'universalité et la nécessité des principes rationnels, ou, pour les sauvegarder — en apparence [1] — de se réfugier dans un apriorisme radical à la manière de Kant. Car enfin, l'expérience à elle seule ne nous donne que du particulier, il n'y a pas à sortir de là : rien n'existe, hors de la pensée rationnelle, avec le caractère d'universalité sous lequel la pensée rationnelle conçoit naturellement toutes choses. Et dès lors il paraît bien que ce caractère soit l'œuvre de la pensée rationnelle elle-même et ne tienne qu'à la nature de celle-ci ou à sa constitution propre — nous voilà en plein subjectivisme. Mais, encore une fois, nous tenons désormais la clé de la difficulté. Sans

---

1. Cf. *infra*, v, p. 166 *sq*.

doute, si l'on entend l'universalité en tant que telle, *ut sic*, comme disaient les anciens, *reduplicative*, comme ils disaient encore, l'universalité *toute faite*, si nous osons dire à notre tour, elle est l'œuvre de l'esprit qui, en réalité, la *fait* bel et bien lui-même. Mais ce n'est pas à dire pour cela qu'il la fasse de toutes pièces, que les concepts rationnels jaillissent tout d'un coup et tout entiers de la spontanéité de l'entendement au seul contact des impressions reçues dans la sensibilité. « Lorsqu'on parle d'universel abstrait, observe saint Thomas dans un texte remarquable qu'il faut citer tout au long, on entend deux choses, qui sont la nature de l'objet et l'abstraction elle-même ou l'universalité. Or la nature, à laquelle s'ajoute dans le concept abstrait par l'intelligence l'idée d'universalité, n'existe que dans les individus [1]. Mais cette idée d'universalité qui s'y ajoute dans le concept abstrait, ainsi que l'abstraction elle-même, sont, en tant que telles, choses d'intelligence. Et nous avons l'analogue de ce fait dans le sens lui-même. La vue en effet perçoit la couleur de la pomme sans son odeur. Or si l'on demande où est la couleur qui est ainsi perçue sans l'odeur, la réponse va de soi : dans la pomme, évidemment. Seulement, qu'elle soit perçue sans l'odeur, cela tient uniquement à la vue, étant donné que celle-ci nous fournit la représentation de la couleur, et non pas celle de l'odeur. Il en va de même dans l'ordre intellectuel : l'humanité, objet de l'intellection, n'existe qu'en tel ou tel homme; mais qu'elle soit conçue en dehors des conditions de l'individualité — en quoi consiste l'abstraction, sur laquelle se greffe l'universalisation — c'est uniquement le fait de l'intelligence, laquelle n'est impressionnée que par les éléments spécifiques (ou génériques) et ne connaît point, par elle-même, des caractères individuels [2]. »

---

1. Cf. *infra*, p. 178, note 2 et 180, note 1.
2. *S. theol.*, I p., q. LXXXV, a. 2 ad 2 : Cum dicitur universale abstractum, duo intelliguntur, scilicet ipsa natura rei, et abstractio seu

Et par là même on voit en quel sens précis il faut entendre cette assertion : l'intelligence saisit les « raisons » universelles des choses dans les choses mêmes. Il ne s'agit pas de percevoir comme universels — ce qui semble bien contradictoire — soit les individus existants, soit même leur nature ou essence, plus exactement ceux d'entre leurs éléments essentiels auxquels seuls se termine l'acte propre de l'intelligence. Assurément celle-ci ne les perçoit pas comme individuels, c'est-à-dire qu'elle fait abstraction des notes individuantes ; mais, redisons-le, elle ne les perçoit pas non plus comme universels : elle les perçoit, et voilà tout, elle les perçoit tout simplement et tout court, pris absolument en eux-mêmes et dans leurs traits constitutifs, *quantum ad ea tantum quae per se competunt tali naturae* [1]. La conception expresse de ces éléments comme universels, au sens strict du mot, ne vient qu'ensuite, l'universel proprement dit ne résulte que d'un acte ultérieur de l'esprit, ajoutant, comme nous l'avons expliqué, au contenu du simple concept abstrait, à la nature considérée absolument en soi, une relation logique et extrinsèque de communicabilité à une multitude indéfinie. Or, et c'est ici que nous paraît se révéler dans tout son jour la profondeur de cette belle doctrine, si cet universel proprement dit non seulement est le fruit déjà tardif d'une opération logique et discursive

---

universalitas. Ipsa igitur natura, cui accidit vel intelligi vel abstrahi vel intentio universalitatis, non est nisi in singularibus. Sed hoc ipsum quod est intelligi vel abstrahi vel intentio universalitatis est in intellectu. Et hoc possumus videre per simile in sensu. Visus enim videt colorem pomi sine ejus odore. Si ergo quaeratur ubi sit color, qui videtur sine odore, manifestum est quod color, qui videtur, non est nisi in pomo. Sed quod sit sine odore perceptus, hoc accidit ei ex parte visus, in quantum in visu est similitudo coloris et non odoris. Similiter humanitas, quae intelligitur, non est nisi in hoc vel illo homine, sed quod humanitas apprehendatur sine individuantibus conditionibus, quod est ipsum abstrahi, ad quod sequitur intentio universalitatis, accidit humanitati secundum quod percipitur ab intellectu, in quo est similitudo naturae speciei, et non individuorum principiorum (I, 338).

1. Cf. *De Anim.*, a. 4 (VIII, 477). — *De Ente et Essent.*, c. 3 (XVI, 333).

de la pensée [1], mais aussi n'a d'existence comme tel que dans la pensée, il en va tout autrement du simple concept abstrait, ou plutôt de la nature ou essence qu'il représente prise absolument en elle-même, de l'universel direct ou matériel : il existe, lui, dans l'individu d'où il est dégagé ; il est proprement la nature ou essence de cet individu, isolée de tous les accidents qui constituent pour nous l'individu même, ni plus ni moins. En le concevant, c'est donc bien le réel que l'intelligence atteint, et le réel tel qu'il est, non pas, il est vrai, dans la totalité de ses derniers et plus infimes détails, mais enfin tel qu'il est, dans son fond essentiel et, si nous osons dire, dans ses grandes lignes. Suivant la comparaison de saint Thomas, pour être conçue par l'intelligence en dehors des éléments qui l'individualisent dans tel fait particulier, la nature du commencement d'existence, par exemple, que j'ai sous les yeux, n'en est pas moins saisie, à ce premier moment, telle qu'elle est dans ce fait lui-même, comme la couleur d'un fruit, pour être perçue à part de son odeur, n'en est pas moins la couleur de ce fruit, à la fois odorant et coloré. Tout ce qu'il y a de subordonné à la pensée, dans les deux cas, c'est précisément d'être connu à part du reste, la couleur à part de l'odeur, la nature essentielle à part des éléments accidentels : mais cette abstraction ou, si l'on préfère, cette sélection opérée par la faculté de connaître n'empêche pas plus ce qui est connu de se rapporter à la réalité extramentale, que le fait, par exemple, de n'embrasser dans mon champ visuel qu'un espace très restreint n'empêche d'être réels les objets que j'aperçois dans cet espace [2].

---

1. Cf. *supra*, ch. II, IV-VII, p. 51 *sq.*
2. Cf. encore ce texte de la *S. theol.*, I p., q. LXXXV, a. 1 ad 1 : Dicendum quod abstrahere contingit dupliciter. Uno modo per modum compositionis et divisionis, sicut cum intelligimus aliquid non esse in alio vel esse separatum ab alio (*lorsqu'il y a perception et affirmation expresse de leur séparation*). Alio modo per modum simplicitatis, sicut cum intelligimus unum, nihil considerando de alio (*lorsqu'on perçoit ou conçoit simplement une chose sans une autre, n'affirmant rien de*

En résumé, il y a dans le simple concept abstrait ou dans l'universel direct deux choses à considérer : la nature ou essence qu'il exprime, et l'état abstrait ou absolu dans lequel il l'exprime, à savoir l'élimination qu'il opère des particularités individuelles, l'abstraction en un mot. Celle-ci, sans doute, est le fait du sujet connaissant et, en ce sens, quelque chose de subjectif, mais en ce sens seulement, et non pas dans celui des kantiens, qui entendent par là, si nous comprenons bien, non plus simplement ni précisément ce qui tient à la manière dont s'exerce l'acte de la connaissance, mais en outre et surtout un élément introduit par cet acte même dans son propre objet. Si, dans ce second cas, l'objectivité rigoureuse de notre savoir s'en trouve compromise, on ne peut nier que dans le premier cas elle n'en reçoive aucun dommage. Car enfin pourquoi, d'autre part, c'est-à-dire absolument parlant, le sujet déformerait-il l'objet en le connaissant ? Nous avons déjà eu l'occasion de nous expliquer sur ce point dans notre chapitre préliminaire : l'hypothèse suivant laquelle c'est le sujet qui s'assimile à l'objet n'enveloppe pas plus de contradiction que l'hypothèse opposée, suivant laquelle c'est l'objet qui s'assimile au sujet [1]. Rien donc n'empêcherait non plus de ce côté la première hypothèse

---

leur rapport). Abstrahere igitur per intellectum ea quae secundum rem non sunt abstracta (*i. e. separata*), secundum primum modum abstrahendi non est absque falsitate. Sed secundo modo abstrahere per intellectum quae non sunt abstracta (separata) secundum rem *non habet falsitatem* (I, 338). — Cf. *De Anim.*, a. 3 ad 8 : Hoc est ab intellectu, scilicet quod intelligat unum in multis per abstractionem a principiis individuantibus. Nec tamen intellectus est vanus aut falsus, licet non sit aliquid abstractum in rerum natura ; quia eorum quae sunt simul unum potest vere intelligi absque hoc quod intelligatur alterum (*on peut sans erreur* [vere] *concevoir une chose sans une autre, avec laquelle elle ne fait pourtant qu'un*), licet non possit vere intelligi vel dici quod eorum quae sunt simul unum sit sine altero (*bien qu'on ne puisse sans erreur concevoir ou affirmer que l'une va sans l'autre*) (VIII, 475).— Tel est le sens du célèbre adage de l'école : *abstrahentium non est mendacium*, traduit d'ailleurs d'Aristote : οὐδὲ γίνεται ψεῦδος χωριζόντων (*Phys.*, II, 2, 193 b).

1. Cf. *supra*, chapitre préliminaire, p. 22, note 1.

d'expliquer aussi bien que la seconde, comme nous le disions plus haut, le double caractère de nécessité et d'universalité inhérent aux connaissances rationnelles, ce point central et capital auquel, du propre aveu de Kant, se ramène d'abord tout le débat.

III

On aboutirait au même résultat, en posant la question sous la forme précise que l'auteur de la *Critique* aime à lui donner et qu'on serait même inexcusable de passer sous silence, le problème des jugements synthétiques *a priori*. Ce problème a vivement préoccupé les modernes disciples de saint Thomas, qui l'ont surtout discuté au point de vue de l'axiome causal. Il n'est guère possible de résumer ici, même à grands traits, toute leur compendieuse discussion [1]. Aussi bien a-t-on le droit de se demander si, en général, ils ont été heureusement inspirés de se cantonner dans cette discussion toute logique, ou peu s'en faut, roulant tout entière sur le pur concept de causalité, considéré en soi, dans son idéal abstrait et scientifique. Il paraît bien difficile de tenir longtemps dans ces conditions : la preuve n'en est-elle pas dans l'ingéniosité même des analyses proposées ? [2] Quand on est obligé d'aller chercher si loin ses explications, il est bien à craindre que la thèse qu'on

---

1. La question est invariablement discutée dans tous les traités d'ontologie ou de critériologie. (Cf., entre autres, P. Delmas, *Ontologia*, p. 650 sq. — D. Mercier, *Critériologie générale*, p. 220 sq.). — Elle a fait aussi l'objet de nombreux mémoires et notes ainsi que de débats animés dans la section philosophique des *Congrès scientifiques internationaux des catholiques*. — Voir en particulier : Congrès de 1888, mémoires de M. O'Mahony et de M. A. de Margerie (p. 265 sq. — 276 sq. du compte rendu). — Congrès de 1894, mémoire du P. Fuzier (p. 5 sq. de la section des Sciences philos.). — *Akten* du Congrès de Munich (1900), p. 220 sq.

2. Cf. v. g. *Revue thomiste*, novembre 1897, article de M. A. Farges, *Nouvel essai sur le caractère analytique du principe de causalité*.

défend ne brille point par une particulière évidence : si les choses étaient si claires, on n'aurait pas besoin, semble-t-il, pour les mettre au jour, de tant de « machines et d'artifices ». Pourquoi donc ne pas remonter d'emblée aux vrais principes de l'idéologie thomiste, avec le commerce et comme le contact qu'elle implique, à ce moment précis que nous avons appelé la conception de l'universel *direct*, entre la pensée et les choses ?[1] Qu'on doive qualifier d'analytique ou de synthétique le jugement qui affirme une relation essentielle entre deux termes — il y a bien des chances pour que cela devienne vite une querelle de mots[2] —, peu importe : toujours est-il que ces termes ne sont plus ici de purs concepts *a priori*, dont le rapport ressortirait à la seule analyse rationnelle, mais que, par l'expérience primitive d'où ils sont extraits l'un et l'autre, ils prennent pied dans le plein et le vif de la réalité (nous avons toujours en vue l'universel direct), dont ils expriment ainsi un aspect véritable — un aspect *essentiel*, surtout, ce qui justifie l'extension qui en est faite par la généralisation proprement dite (universel réflexe) et nous dispense de recourir à une « forme » du sujet.

En d'autres termes, le jugement de causalité peut être synthétique — il nous paraît préférable de ne pas engager le thomisme sur ce point — en revanche ce jugement ne serait pas *a priori*, du moins ne le serait-il pas absolument, mais seulement par rapport à toute l'expérience qui

---

1. Cf. *supra*, chap. II, vii. — Il s'agit avant tout, et même, à la rigueur, uniquement, des *abstraits primitifs*. Cf. *supra*, chap. III, ii.

2. Cf. v. g. D. Mercier, *Critériologie générale*, p. 222 sq. : « Encore une fois, il s'agit de bien s'entendre. Le principe de causalité n'est pas analytique... *dans l'acception kantienne du mot*... mais au sens aristotélicien et scolastique de cette expression » (c'est-à-dire dans le sens de *propositio per se nota, quae statim, intellectis terminis, intelligitur.* Cf. *supra*, p. 37). — De même, J. Halleux, *Les principes du positivisme contemporain*, p. 322 : « En admettant même avec Kant que le principe de causalité ne soit pas analytique *dans le sens propre du mot...*, etc. »

suit cette expérience originelle dont nous le dégageons pour la première fois. Par suite, la difficulté tombe, puisque, au point de vue critique, cette difficulté ne résidait pas en toute exactitude dans le caractère synthétique du principe, mais dans son caractère synthétique *joint à son apriorité*, d'où résultait précisément l'impossibilité de le vérifier soit par analyse soit par appel à l'expérience [1].

Il est donc bien vrai que l'on se retrouve toujours en face de la même conclusion : lois de notre connaissance imposées aux objets ou lois des objets dégagées abstraitement dans notre connaissance, à notre présent point de vue et jusqu'à critique plus approfondie, les deux suppositions se valent. Toutefois, et en raison de cette équivalence même, il est impossible de s'en tenir à cette constatation. Pour donner la préférence au réalisme thomiste, il faut manifestement quelque chose de plus. Nous ne sommes peut-être pas sans l'avoir. C'est ce que nous allons essayer d'établir en poursuivant notre parallèle.

IV

L'explication de Kant est bien connue. C'est la célèbre déduction transcendantale. L'auteur de l'*Analytique* pose

---

[1]. Cf. *Critique de la Raison pure*, trad. BARNI, t. I, p. 54 à 58 *passim*. Au lieu que les jugements analytiques se vérifient par eux-mêmes, dans les jugements synthétiques il faut quelque autre chose encore (*x*) « sur quoi s'appuie mon entendement pour joindre au concept du sujet un prédicat qui lui appartienne sans y être contenu... » Pas de difficulté pour les jugements empiriques ou *a posteriori* : cet *x* est l'expérience elle-même, qui m'apprend la liaison de fait de tel attribut avec tel sujet. « Mais ce moyen d'explication ne saurait nullement s'appliquer aux jugements synthétiques *a priori*. » Soit, par exemple, le jugement de causalité : *tout ce qui arrive a une cause*. « Le concept d'une cause exprime quelque chose qui est tout à fait différent de l'idée d'événement et qui, par conséquent, n'y est pas contenu... Quelle est ici cette inconnue *x* où s'appuie l'entendement, lorsqu'il pense trouver en dehors du concept A un prédicat B qui est étranger à ce concept, mais qu'il croit voir lui rattacher... et même nécessairement ? », donc en dehors de toute expérience ou *a priori* (III, 39 à 42).

la question en termes très nets : « *Comment des conditions subjectives de la pensée* (les catégories) peuvent-elles avoir une *valeur objective*[1] », c'est-à-dire s'appliquer universellement aux choses que nous pensons? Or, poursuit Kant, « il n'y a pour une représentation et ses objets que deux manières possibles de coïncider, de s'accorder d'une façon nécessaire, et, pour ainsi dire, de se rencontrer. Ou bien c'est l'objet qui rend possible la représentation, ou bien c'est la représentation qui rend l'objet possible[2]. » Mais de recourir à la première hypothèse, c'est à quoi nous savons d'ores et déjà qu'on ne doit pas songer, au moins pour la connaissance rationnelle, puisqu'alors c'en serait fait de la nécessité et de l'universalité essentielles à celle-ci[3]. Il ne reste en conséquence que le second cas, dans lequel, si « la représentation ne donne pas elle-même l'*existence* à son objet, elle détermine néanmoins l'objet *a priori* en ce sens qu'elle seule permet (par ses concepts fondamentaux) de *connaître* quelque chose comme *objet*[4]. » Par là s'éclaircit le mystère : « toute connaissance empirique est nécessairement conforme à ces concepts, puisque sans eux il n'y aurait pas d'*objet d'expérience* possible... Par conséquent, la valeur objective des catégories, comme concepts *a priori*, repose sur ceci, à savoir que seules elles rendent possible l'expérience, quant à la forme de la pensée » (c'est-à-dire en tant que liée et organisée). Et Kant revient à la charge, avec cette insistance que ne rebutent même pas les redites accumulées : « Car alors les catégories se rapportent nécessairement et *a priori* aux objets d'expérience, puisque ce n'est en

---

1. *Critique de la Raison pure*, trad. BARNI, t. I, p. 152 (III, 109).

2. *Ibid.*, p. 154. — Cf. *Prolégomènes*, trad. nouvelle, p. 134 (IV, 67).

3. *Critique*, etc., trad. BARNI, t. I, p. 154 (III, 111). — Cf. *Prolégomènes*, trad. nouv., p. 134 (IV, 67).

4. *Critique*, etc., p. 154 (III, 111). — Cf. *Prolégomènes*, § 36 (*sub fin.*) et 38, trad. nouv., p. 135 sq. (IV, 68 sq.).

général que par le moyen de ces catégories qu'un objet d'expérience peut être pensé[1]. »

En résumé, ces concepts ou lois *a priori* de notre entendement ne peuvent manquer de gouverner les objets, puisqu'il n'y a juste d'objets pour nous que ceux qui s'accommodent à ces lois, disons mieux, puisque les objets ne peuvent être constitués pour notre entendement, pour nous, précisément que par ces lois mêmes. L'expérience étant l'œuvre de notre pensée organisant *a priori* la matière sensible par une action synthétique originelle, il n'est pas étonnant que notre pensée retrouve dans l'expérience ses propres principes, qui s'appliquent forcément aux choses en tant qu'il en existe pour nous et qui ont en ce sens une portée universelle.

Ainsi donc s'expliquent l'universalité et la nécessité que l'analyse découvre comme le trait différentiel des principes directeurs de notre connaissance. Mais par là même on comprend qu'avec Kant tout usage transcendant de ces principes nous soit interdit. Et c'est même un des points, à peine est-il besoin de le remarquer, sur lesquels éclate au plus vif l'antagonisme radical des deux doctrines, celle de saint Thomas et la sienne. Au lieu que chez le

---

[1]. *Critique*, etc., *loc. cit.* (III, 112). — Kant dit aussi (*Critique*, etc., t. I, p. 165) que l'unité de la conscience est ce qui seul constitue le rapport des représentations à un objet, c'est-à-dire leur valeur objective (III, 119). Les catégories en effet se ramènent à une origine commune *a priori*, ces multiples pouvoirs de synthétiser la diversité (*ibid.*, p. 163) qu'elles exercent dans le jugement, elles les reçoivent d'une source plus haute, d'une unité originairement synthétique (*ibid.*, p. 160), qui est le fondement de la possibilité de toute liaison ou synthèse en général (*ibid.*, p. 158), le *principe* transcendantal de l'*unité* dans les éléments divers de nos représentations (*ibid.*, t. II, p. 426) : c'est la conscience transcendantale ou aperception pure (*ibid.*, t. II, p. 419 — t. I, p. 161) ou l'unité transcendantale de l'aperception, par laquelle toute diversité donnée dans l'intuition est réunie dans un concept de l'objet (*ibid.*, t. I, p. 167) (III, 117, 115, 114, 577, 572, 116, 120). — Cf. *Prolégomènes*, etc., p. 133, où les catégories sont appelées « les conditions de l'union nécessaire des représentations en une seule conscience, union qui constitue la possibilité même de l'expérience » (IV, 67).

premier les principes rationnels, étant conçus comme
l'expression abstraite en nous des lois réelles des choses
hors de nous, s'appliquent conséquemment aux choses
telles qu'elles sont en elles-mêmes, il ne s'agit pour Kant,
on le sait, que des choses telles qu'elles nous apparaissent,
de l'« expérience », comme il l'appelle, des « objets de
l'expérience », comme nous venons de l'entendre dire
encore, ou des phénomènes. Ce qui se conforme par
définition même aux lois de notre pensée, ce sont les
phénomènes, à savoir les choses en tant que nous nous
les représentons, dans une expérience, encore une fois :
quant aux choses en tant qu'elles sont en elles-mêmes,
au delà de l'expérience, c'est tout différent, et les lois de
notre pensée n'ont plus rien à voir avec elles. Voilà
comment Kant peut se croire en droit de proscrire la
métaphysique, qui prétend dépasser l'expérience et
atteindre les choses telles qu'elles sont en soi, tout en
mettant hors de cause la science proprement dite, qui
reste dans les limites de l'expérience et des choses telles
qu'elles sont pour nous ; voilà comment c'est même en
faisant effort pour légitimer la science qu'il aboutit à
condamner la métaphysique. — Quel jugement porter sur
cette conception kantienne des notions rationnelles ?

V

Assurément, il ne manque pas d'historiens qui la
tiennent pour définitive. Par cette théorie de la déduction
transcendantale, dit-on parfois, Kant s'est établi à l'avance
dans une position inattaquable. N'est-il pas permis pour
le moins d'en douter ? On serait sans doute mal venu à
contester que ce soit là pour l'idéalisme un point de vue
particulièrement avantageux ; et l'on aurait mauvaise
grâce à ne point reconnaître que c'est aussi une idée
singulièrement profonde, comme il n'en peut venir qu'aux

plus puissants génies spéculatifs, et dont la découverte suffit à immortaliser un philosophe. Est-ce à dire qu'elle doive emporter d'emblée l'adhésion de tout esprit réfléchi? Si elle commande l'attention, s'impose-t-elle à l'assentiment?

Nous ne dirons sans doute pas que la valeur universelle des principes de l'entendement ne s'y trouve pas tellement assurée, restreinte qu'elle y est à l'expérience phénoménale : car, en un sens, cela même est ici la question. Entendons-nous. Nous ne le dirons pas pour le moment, à cet endroit même ; à un autre point de vue, en effet, nous aurions le droit d'argumenter de la sorte, en nous réclamant de ce fait, que Kant reconnaît à la raison pratique le privilège de franchir les bornes de l'expérience: car si nous parvenions à démontrer que ce ne peut être, en dernière analyse, qu'à la condition de reconnaître le même privilège à la raison spéculative, nous pourrions conclure sans aucune pétition de principe qu'une théorie qui, comme le formalisme de la déduction transcendantale, enferme cette raison spéculative dans le cercle de l'expérience est dès lors controuvée. Passons cependant condamnation sur ce point, que nous aborderons un peu plus tard [1], et tenons nous-en, pour le moment, au propre point de vue de Kant lui-même: selon nous, même à ce point de vue, la nécessité et l'universalité de la connaissance intellectuelle ont bien de la peine, telles qu'il les entend, à n'être pas singulièrement compromises, bien plus, ruinées de fond en comble. C'est une critique qui a déjà été faite, critique vigoureuse et, à notre avis, victorieuse ; nous ne pouvons mieux faire que de nous en inspirer pour une part.

Si donc il faut en croire Kant, les intuitions sensibles, par lesquelles nous nous représentons les choses extérieures, et, par elles, et, dans cette mesure, ces choses mêmes, ne peuvent pas ne pas se conformer (nécessité)

---

1. Cf. *infra*, ch. VIII, III *sq*.

partout et toujours (universalité) aux lois de la pensée, précisément parce que ce sont les lois de la pensée et que, si ces intuitions cessaient de s'y conformer, elles ne seraient plus pensées, justement. Or, on a remarqué avec raison [1] qu'il y a là une confusion fâcheuse : en toute rigueur, la question n'est pas de savoir si les intuitions ne peuvent devenir objet de pensée qu'en se conformant aux lois de la pensée — ce qui semble bien être d'ailleurs trop incontestable —, mais si elles seront toujours susceptibles de devenir objet de pensée, tout simplement, — ce qui est tout autre chose, ce qui, dans la propre doctrine de Kant, avec l'absolue hétérogénéité qu'elle implique entre la sensibilité et l'entendement, entre la sensibilité, puissance de réceptivité affectée du dehors, et l'entendement, puissance de spontanéité agissant du dedans [2], soulève même une difficulté redoutable. Car enfin, rien ne nous garantit dès lors que la sensibilité se pliera toujours sans résistance aux formes de l'entendement. Que celui-ci obéisse à la nécessité de ces formes, soit, puisque ce sont *ses* formes, il n'y a pas grand mal ni mérite, il est payé pour cela : mais on ne voit pas pourquoi les sensations, qui ne procèdent pas de lui, qu'il trouve pour ainsi dire toutes faites comme la matière obligée de son exercice, seraient assujetties à la même nécessité ; on le voit encore moins pour les objets de ces sensations, qui sont encore plus indépendants de lui. Puisque l'entendement n'est pour rien dans la genèse des unes ou des autres, comment donc leur imposerait-il ses exigences ? Il y a tout à craindre que les unes et les autres ne fassent la sourde oreille et ne secouent le joug. Bref, c'est la propre difficulté que Kant fait valoir contre le dogmatisme, et qui consisterait à

---

1. Cf. E. RABIER, *Psychologie*, p. 384 sq. — A. FOUILLÉE, *Le mouvement idéaliste*, etc., p. 67 sq.
2. Cf. v. g. *Critique de la Raison pure*, Introduction (§ I) ; début de l'*Esthétique*; et Introduction (§ I) à la *Logique transcendantale.—Logik*, Einleit., V.

supposer, sans rien qui la fonde, une harmonie préétablie entre la pensée et les choses, entre les lois de la première et celles de la seconde [1]. C'est cette même difficulté, qui n'est que déplacée, et non pas résolue : au lieu d'une harmonie préétablie entre la pensée et les choses, on postule une harmonie préétablie entre l'entendement et la sensibilité; les deux postulats vont de pair, et l'un n'est pas plus justifié que l'autre.

Et qu'on ne vienne pas dire qu'il faut bien que les sensations et, par elle, leurs objets, continuent invariablement de s'accorder avec les lois de la pensée, en particulier avec la loi de causalité, attendu que, sans cela, la pensée, n'ayant plus d'objet, cesserait d'exister, attendu que, sans cela, le monde ne serait pas pensé [2]. Sans compter que le dogmatisme (leibnitien) pourrait raisonner exactement de même, et outre qu'on serait bien embarrassé d'expliquer quelle nécessité il peut bien y avoir à ce que la pensée subsiste et à ce que le monde soit pensé, outre qu'il resterait toujours à celui-ci la ressource d'être senti, pareille instance n'aboutirait à rien moins qu'à faire brusquement tourner le système sur lui-même, en y introduisant une contradiction fondamentale [3]. Car, après avoir dit que c'est l'unité de la conscience qui fait pour nous l'unité des choses (théorie de l'aperception pure et des catégories), on en arriverait à déclarer, au moins équivalemment (en donnant le déterminisme ou enchaînement causal des phénomènes comme la condition de la pensée), que c'est l'unité des choses qui fait l'unité de la conscience; car, après avoir

---

1. Cf. *Critique de la Raison pure*, trad. BARNI, t. I, p. 191 sq. (III, 185). — *Réponse à Eberhard* (*Ueber eine Entdeckung, nach der alle neue Kritik der reinen Vernunft durch eine ältere entbehrlich gemacht werden soll*) [VI, 66 sq.].

2. Cf. en particulier *Réponse à Eberhard*: Von dieser Harmonie zwischen dem Verstande und der Sinnlichkeit hat die Kritik zum Grunde angegeben, dass ohne diese keine Erfahrung möglich ist, mithin die Gegenstände... von uns gar nicht aufgenommen werden (VI, 67).

3. Cf. E. RABIER, *op. cit.*, p. 391, note 1.

affirmé que la liaison n'est pas dans les choses, mais n'y est introduite que par un acte synthétique et original de la pensée [1], on affirmerait à présent que cette liaison appartient bien effectivement aux choses avant toute opération de la pensée, étant même seule à rendre celle-ci possible. Inutile d'insister sur cette antinomie de la raison pure — nous voulons dire : de la philosophie de la raison pure.

Kant reprochait à l'empirisme perfectionné de Hume, c'est-à-dire à l'empirisme devenu associationisme, de rester à côté de la question, lorsqu'il faut rendre compte du caractère de nécessité (et, conséquemment, d'universalité) inhérent à nos connaissances rationnelles ; autrement dit, il lui reprochait d'expliquer *autre chose* que ce qui est à expliquer : car la nécessité des principes rationnels est une nécessité objective, valable en toute hypothèse et pour toute intelligence et pour toute réalité quelconque, au lieu que lui, l'associationisme, nous apporte à la place une nécessité toute subjective, tenant à une simple habitude contractée au contact des impressions répétées de l'expérience et subordonnée par suite à tous les hasards de celle-ci [2]. On voit que l'apriorisme kantien, jugé même de son propre point de vue, s'achoppe, en dernière analyse, à une difficulté analogue, sinon identique, et finalement y succombe. De ce que vous avez toujours vu les choses se passer de telle façon, objectait-il en substance aux partisans de Hume, et de ce que vous avez pris l'habitude de vous les représenter de la sorte, il ne s'ensuit pas qu'elles se passeront invariablement de cette sorte. — De ce que les principes sont uniquement des formes constitutives et la condition *a priori* de notre pensée, répondraient sur le même ton les partisans de Hume, vous n'avez pas le droit de conclure en toute assurance qu'aucune exception n'y sera jamais faite en dehors de notre pensée elle-même, à

---

1. Cf. *Critique de la Raison pure*, trad. BARNI, t. I, p. 163 (III, 117).
2. Cf. *Ibid.*, t. I, p. 156 sq. et surtout p. 48-9 (III, 113 et 35).

commencer, puisque celle-ci de soi est vide, par les *sensations* qui lui fournissent un contenu et dont l'accord avec elle demeure ainsi problématique. L'objection n'est-elle pas aussi forte, aussi décisive, d'un côté que de l'autre? Et en se la retournant l'un à l'autre, les deux adversaires ne nous invitent-ils pas eux-mêmes à les renvoyer dos à dos?

VI

Considérons maintenant le réalisme thomiste. Or est-il que dans celui-ci tout ce qu'il y a d'antérieur à l'expérience et tout ce que l'on peut en conséquence rapporter au sujet, c'est uniquement cette faculté d'abstraction qui s'exerce sur les principes essentiels de la réalité empirique et qui s'appelle au sens propre du mot l'intelligence [1]. Ses modernes représentants pourraient reprendre à leur compte, et pour se l'appliquer à la lettre, le célèbre correctif de Leibniz : *excipe, nisi ipse intellectus* ; car intelligence ici veut dire, non pas même ce système complexe de lois constitutives dont nous parlent les kantiens, tout ce laborieux attirail de fonctions synthétiques superposées et sans portée objective démontrable, mais tout simplement le pouvoir de démêler dans les faits concrets les éléments radicaux qui assurent indépendamment de la pensée [2] l'unité profonde des choses et qui, dégagés sous leur forme abstraite, avec la notion expresse de leur identité dans tous les cas du même genre, constituent le contenu de nos idées premières ou de nos principes premiers.

D'où il suit aussitôt qu'aux termes de cette doctrine ce sont bien les conditions nécessaires et universelles des choses elles-mêmes que l'intelligence saisit dans les choses

---

1. Cf. *supra*, p. 111 sq. — p. 160.
2. C'est-à-dire de notre pensée, finie, relative. La pensée infinie et absolue est ici hors de cause. — Cf. *supra*, ch. VI, iv.

elles-mêmes, et non plus ses conditions subjectives qu'elle applique aux choses en tant qu'elles lui apparaissent : c'est donc bien aussi d'une nécessité et d'une universalité réelles et pour tout de bon objectives qu'il est désormais question. Par exemple, ayant dégagé des causes particulières et des commencements d'existence particuliers que lui offre l'expérience les idées universelles de commencement d'existence et de cause en soi [1], l'intelligence pénètre la relation nécessaire qui unit la première à la seconde, c'est-à-dire qu'elle comprend qu'il est dans la *nature du commencement d'existence en général*, de tout commencement d'existence, d'exiger une cause pour commencer effectivement d'exister.

Sans doute, les deux termes que nous fournit l'expérience sont contingents l'un et l'autre : c'est *telle* cause concrète et *tel* commencement concret d'existence, par exemple la cause concrète et contingente que je suis et le commencement d'existence concret et contingent qu'est ma modification, soit mon effort volontaire. L'on ne voit pas trop dès lors, l'on ne voit même pas du tout au premier aspect, comment de cette particularité et de cette contingence sur toute la ligne on pourra bien tirer quoi que ce soit d'universel et de nécessaire. Et telle est la propre raison pour laquelle Kant, nous l'avons constaté tout à l'heure, crut devoir supposer que c'est la pensée qui rend l'objet possible (quant à la forme), et non l'objet la pensée. Mais nous avons constaté aussi qu'avec l'idéologie thomiste cette difficulté se résout sans trop de peine. Chacun des deux termes en présence enveloppe et réalise, de fait, une nature *immuable*; et il suffit que l'esprit ait la faculté d'atteindre en chacun d'eux, suivant le processus général que nous avons décrit, ces traits essentiels ou proprement constitutifs, caractéristiques par définition de tous les faits du même ordre, pour qu'il puisse affirmer en toute certitude

---

1. Cf. à ce sujet supra, p. 150, note 1.

le rapport absolu qui les rattache objectivement l'un à l'autre [1].

« Objectivement » — il ne paraît pas possible en effet de concevoir une connaissance plus objective, dans le sens le plus plein et le plus littéral du mot, que celle qui atteint de la sorte l'objet tel qu'il est en lui-même, dans sa constitution essentielle, au lieu de le modifier en agissant sur lui et en lui imprimant la forme de son action, bien plus, au lieu de ne le mettre elle-même sur pied que par cette action. Parlons avec plus d'exactitude : tandis que dans l'autre hypothèse on n'est jamais sûr qu'à cette action de la connaissance les phénomènes se prêteront toujours sans regimber et qu'on n'a ainsi aucune caution de leur accord avec les lois de l'entendement [2], nous sommes délivrés ici d'une telle incertitude. Si la forme n'est plus imposée par l'esprit à l'objet, mais qu'elle ne soit, à vrai dire, que celle même de l'objet reçue abstraitement dans l'esprit, il n'y a plus à craindre, apparemment, que l'objet lui fausse jamais compagnie. Ainsi l'universalité et la nécessité de notre savoir sont-elles établies sur le fondement le plus solide. En sorte que le réalisme thomiste ne se présente pas seulement à nous comme une théorie tout aussi recevable que l'idéalisme kantien, mais surtout et en dernière analyse comme une théorie plus satisfaisante, à laquelle il semble bien que nous ayons déjà, de ce chef, le droit de donner la priorité.

B. — *Le réalisme thomiste et l'idéalisme kantien dans leur rapport à l'expérience.*

I

Le réalisme thomiste aurait d'ailleurs, pour revendiquer cette primauté, d'autres titres encore. Comparons-le de

---

1. Cf. *supra*, p. 156 sq.
2. Cf. *supra*, p. 167 sq.

nouveau avec la doctrine de l'aperception pure, ce vrai centre spéculatif du système de Kant, et prenons les choses par un autre côté. D'après la *Critique*, c'est donc nous qui, par l'unité de notre conscience (pure ou transcendantale [1]) établissons entre les phénomènes ces rapports nécessaires qu'on appelle leurs lois. « La liaison n'est pas dans les objets...., elle est uniquement une opération de l'entendement, lequel est avant toutes choses une législation pour la nature ; c'est-à-dire que, sans lui, il n'y aurait nulle part de nature ou d'unité synthétique des éléments divers des phénomènes suivant des règles [2] ». — Mais comment Kant peut-il dire ou plutôt reconnaître, dans les mêmes passages, qu'il y a nombre de lois naturelles pour la découverte desquelles il faut invoquer le secours de l'expérience ? [3] C'est donc qu'on ne peut les dériver jusqu'au bout des catégories de notre entendement [4] ; c'est donc qu'il y a aussi des synthèses qui ne procèdent pas de la pensée, mais qui sont *données* dans les choses mêmes ; la liaison ou forme n'est donc pas tout entière l'œuvre de notre esprit, mais elle tient, au moins pour une part, à la réalité extramentale ! N'est-ce pas, saisie sur le vif, l'homogénéité radicale des principes de l'être et de ceux du connaître ? Et que devient le formalisme de l'*Analytique* ?

On nous répondra sans doute que nous triomphons un peu vite : ces lois que nous n'apprenons que par expérience « ne sont que des déterminations particulières de lois plus élevées encore, dont les plus hautes (celles dans lesquelles rentrent toutes les autres) procèdent *a priori* de l'entendement même et, loin de dériver de l'expérience, donnent au contraire aux phénomènes leur caractère de conformité

---

1. Dont les catégories ne sont que les formes secondaires et dérivées. Cf. *supra*, p. 165, note 1.
2. *Critique de la Raison pure*, trad. BARNI, , t. I, p. 163 et t. II, p. 423 (III, 117 et 583).
3. *Ibid.*, t. II, p. 432 et t. I, p. 189 (III, 583 et 134).
4. *Ibid.*, t. I, p. 189 (III, 134).

à des lois et rendent précisément par là l'expérience possible[1] ». Autrement dit, ce n'est pas la liaison ou synthèse en tant que telle qui est *donnée* dans les faits, c'est seulement le revêtement extérieur, pour ainsi parler, qui la différencie dans chaque cas au regard de nos sens, suivant la diversité des intuitions qu'elle met en rapport ; et, dès lors, dire que la connaissance d'un grand nombre de lois physiques est *a posteriori* revient, au fond, à dire que les intuitions le sont ; ce qui a si peu de peine à s'accorder avec l'idéalisme *formel* de Kant, que c'en est même une des propositions fondamentales.

Mais ici encore la difficulté n'est que reculée, elle n'est pas résolue. Laissons de côté ce qui concerne les intuitions elles-mêmes et leur rapport à un principe indépendant de la pensée[2] : que toutes les lois particulières se réduisent tant qu'on voudra à quelques formes universelles ou catégories, il reste que ces formes ou catégories, il ne nous est pas loisible de les appliquer où bon nous semble et comme bon nous semble ; il reste que les faits ne se laissent pas lier suivant l'une ou l'autre indifféremment, mais qu'ils exigent, suivant les cas, tantôt l'une tantôt l'autre. On voit la conséquence : les faits portent donc *en eux-mêmes*, ou c'est à n'y plus rien comprendre, le principe de cette différenciation ; il y a par suite dans les choses mêmes quelque marque empiriquement distinctive des catégories qui leur conviennent, si l'on préfère, un point d'application objectif des catégories[3]. Et telle est précisément la raison pour laquelle « il est nécessaire que l'expérience intervienne », afin que nous sachions quelle catégorie il faut effectivement appliquer en chaque cas donné. Mais qu'est-ce à dire, un point d'application objectif des catégories, sinon la réalité

---

1. *Critique de la Raison pure*, trad. BARNI, t. II, p. 432 (III, 584).
2. Cf. *supra*, A, v, p. 168 sq.
3. Cf. A. FOUILLÉE, *Le mouvement idéaliste*, etc., p. 59.

objective elle-même de celles-ci ?[1] sinon l'ordre (ou la liaison, ou la synthèse) inhérent, encore une fois, aux choses elles-mêmes et par elles-mêmes, dans lesquelles l'intelligence n'ait plus qu'à le reconnaître, en l'achevant, ou en le concevant sous sa forme abstraite et proprement scientifique? Quoi qu'on fasse, la difficulté reste tout entière : on affirme d'une part que l'ordre est *uniquement* l'œuvre de l'entendement, et l'on est obligé d'accorder d'autre part que les choses y sont déjà assujetties avant toute action de l'entendement.

Nous pourrions même soutenir sans exagération que, loin d'être levée, cette difficulté se trouve aggravée encore. Sans une marque objective, présente dans les faits eux-mêmes, les catégories, observions-nous, n'auraient plus où se prendre et, pouvant tout lier indifféremment, ne pourraient plus rien lier; en sorte que la liaison, redisons-le, ne dépende pas exclusivement d'elles, mais aussi des objets. — Il y a plus : l'existence de cette marque objective les rend même superflues; car, si l'ordre est ainsi donné dans les phénomènes mêmes, elles arrivent trop tard, quand la besogne est déjà faite, à savoir quand les phénomènes sont déjà liés; en sorte que la liaison, non seulement ne dépende pas exclusivement d'elles, mais, en réalité, n'en dépende même pas du tout.

C'est ainsi que le formalisme de l'*Analytique* se ferait prendre une fois de plus en flagrant délit de désaccord avec les faits. C'est *un fait*, en effet, un fait avoué par Kant lui-même, « qu'il y a nombre de lois naturelles que nous ne découvrons que par expérience », en d'autres termes, que les catégories ne s'appliquent pas indistinctement à toute intuition ou phénomène quelconque et qu'il y a par suite dans les objets eux-mêmes quelque raison de la synthèse, irréductible à nos formes mentales.

Ce qui revient à dire que ce ne sont plus à la lettre des

---

1. Cf. E. RABIER, *Psychologie*, p. 282.

formes mentales, s'imposant du dedans aux choses telles qu'elles s'expriment dans la pensée, mais des abstraits suprêmes de la réalité expérimentée, dont ils dévoilent simplement les aspects les plus universels. Et par ce côté la doctrine kantienne serait dans l'ordre logique à peu près ce qu'est la doctrine platonicienne, au dire d'Aristote, dans l'ordre ontologique. S'il faut en croire son grand disciple, l'immortel théoricien des idées doublait les choses au lieu de les expliquer et tout en croyant les expliquer [1]: Kant ferait de même pour nos connaissances; ses formes *a priori* ne sont en dernière analyse que la doublure inutile de nos intuitions.

II

Que le réalisme thomiste, maintenant, trouve son compte à ce fait même dont il vient d'être question, c'est sur quoi, après tout ce qui précède, on ose à peine insister. Car enfin, si la synthèse et l'ordre existent déjà dans les choses indépendamment des catégories, à titre de *données* proprement dites, antérieures à toute action de l'entendement, si celui-ci n'a plus pour rôle que de les y découvrir et qu'il ne soit même, dans son fond, que ce pouvoir de les y découvrir, comment nier la réalité objective des rapports que nous affirmons, comment nier que nous ne les affirmions des choses précisément que pour les y avoir découverts?

Assurément, et en un sens, en tant que rapports proprement scientifiques ou expressément universels, ils n'y existent pas tout faits, et l'intelligence, en les y découvrant de la sorte, les achève aussi, pour reprendre notre formule antérieure, c'est-à-dire les conçoit actuellement sous cette forme abstraite et scientifique, *inchoantur a natura, perficiuntur ab intellectu*. Mais nous avons montré ci-dessus de

---

[1]. Cf. *Métaphysique*, I, 7. — XIII, 4.

quelle manière, à savoir par la distinction capitale des deux moments du processus généralisateur, cette part d'idéalité qu'il faut reconnaître à nos concepts se concilie très bien, dans la doctrine de saint Thomas, avec leur objectivité radicale, que, loin de mettre en péril, elle présuppose au contraire. Il ne sera pas inutile d'y revenir très brièvement.

Dans le premier de ces deux moments en effet ou dans l'abstraction, condition nécessaire de l'universalisation proprement dite, la pensée se trouve coïncider, aux termes de l'hypothèse thomiste, avec l'objet, dont elle atteint les éléments essentiels et constitutifs. Si l'universalité sous laquelle elle les conçoit ensuite n'est pas susceptible de se situer dans les êtres eux-mêmes, qui n'existent qu'à l'état individuel, ces êtres individuels n'en sont pas moins façonnés sur un type uniforme, que l'intelligence peut dégager par l'effort de son analyse, c'est-à-dire par l'abstraction même[1]; si l'universel réflexe n'a d'existence, comme tel, que dans l'esprit, il n'en implique pas moins l'universel direct, qui, lui, prend pied dans la réalité[2]. Car l'idée générale n'emporte pas seulement la possibilité de reproduction illimitée d'une nature ou essence donnée, avant tout elle a pour contenu cette nature ou essence même; or celle-ci existe, actuellement multipliée dans les êtres particuliers, qui la réalisent autant de fois qu'ils sont, et ce que nous avons appelé l'universel direct n'est pas autre chose que ce caractère constitutif ou essentiel saisi

---

1. Cf. *Contra Gent.*, II, 77 : Naturas rerum sensibilium praesentant nobis phantasmata, quae tamen nondum pervenerunt ad esse intelligibile, cum sint similitudines rerum secundum proprietates individuales ; non igitur sunt intelligibilia actu. *Sed in hoc homine, cujus similitudinem repraesentant phantasmata, est accipere naturam universalem denudatam ab omnibus conditionibus individuantibus* (V, 123)... *quod est* (S. *theol.*, I p., q. LXXXV, a. 2 ad 2) *ipsam abstrahi* (I, 333).

2. Cf. encore *In III Sent.*, dist. v, q. 3, a. 1 ad 1 : Genus est quaedam intentio quam intellectus ponit circa formam intellectam... Tamen *huic intentioni intellectae respondet natura quaedam, quae est in particularibus*, quamvis secundum quod est in particularibus non habeat rationem generis (VII, 72).

par la pensée dans les êtres individuels à part des éléments individuels eux-mêmes. Tout ce qui reste en lui de subjectif, c'est d'être ainsi mentalement isolé des éléments individuels : il serait superflu de répéter qu'on ne voit plus ce qui pourrait de ce seul chef l'empêcher de se rapporter en lui-même et tout entier à l'objet.

III

En résumé, il appert du témoignage des faits eux-mêmes, que nos concepts, même les plus universels, ne représentent, considérés dans la totalité de leurs éléments, ni le produit exclusif de la réalité ni l'œuvre totale de la pensée. Il ne sont ni absolument subjectifs ni absolument objectifs. On y doit discerner un élément réel, à savoir le caractère (par exemple, causalité ou subsistance) ou la condition (par exemple, dépendance causale ou inhérence accidentelle) qu'ils expriment et dont la connaissance est manifestement tributaire de l'expérience — et un élément idéal, à savoir l'état abstrait dans lequel ils expriment cette condition ou ce caractère, avec l'universalité qui en résulte. Or la théorie kantienne de l'aperception, qui rapporte toute liaison à la pensée seule, est bien embarrassée d'expliquer le premier de ces deux éléments, et Kant lui-même en laisse échapper l'aveu implicite, lorsqu'il attribue, à l'encontre de son principe fondamental, une part d'intervention à l'expérience dans la synthèse des phénomènes. La théorie de saint Thomas au contraire, avec sa distinction précise entre abstraction et universalisation, rend compte des deux éléments à la fois de la manière la plus heureuse, puisque abstraire ici veut dire pénétrer dans la réalité expérimentée les principes constitutifs qui forment la matière du concept et auxquels il suffira d'ajouter la notion expresse de leur identité dans tous les cas pour avoir l'idée générale proprement dite [1]. Ainsi s'effectue le départ exact de ce qui revient à l'objet et de ce qui revient à l'esprit ; et la nécessité de recourir à l'expérience pour mettre sur pied le système entier de notre savoir — ce fait capital dont nous étions partis — n'a plus rien que de très intelligible.

On voit la différence entre cette argumentation et celle qui remplit le paragraphe précédent. Dans celui-ci, nous prenions d'emblée le problème tel que Kant le pose, c'est-à-dire ramené à la nécessité et à l'universalité des connaissances rationnelles, et, lui rendant à lui-même son propre jeu, comme il s'exprime dans sa réfutation de l'idéalisme matériel [2], nous montrions que le réalisme thomiste fournit de cette universalité et de cette nécessité une interprétation plus rigoureuse que le formalisme de l'aperception pure. Ici nous considérons plutôt le rôle que l'expérience joue, sans conteste possible, dans la détermination des lois naturelles ; et nous constatons que, sur ce point encore, c'est le réalisme thomiste qui se concilie le mieux avec les faits.

Il nous reste à établir qu'il offre au surplus et, à la différence de l'hypothèse rivale, l'avantage de demeurer d'un bout à l'autre fidèle à sa conception maîtresse, en un mot, qu'il ne l'emporte pas seulement au point de vue de l'accord avec les faits, mais aussi au point de vue de l'accord avec ses propres principes ou de la cohérence interne.

---

1. Cf., sans préjudice de tous les textes cités précédemment, *In I Sent.*, dist. XIX, q. 5, a. 1 : Quaedam sunt quae habent fundamentum in re extra animam, sed complementum rationis earum quantum ad id quod est formale, est per operationem animae, ut patet in universali. Humanitas enim est aliquid in re, non tamen ibi habet rationem universalis, cum non sit extra animam aliqua humanitas multis communis; sed secundum quod accipitur ab intellectu, adjungitur ei per operationem intellectus intentio secundum quam dicitur species (VI, 167).

2. Cf. *Critique*, etc., t. I, p. 288 (so dass das Spiel, welches der Idealismus trieb, ihm mit mehrerem Rechte umgekehrt vergolten wird [III, 199]).

C. — *Le réalisme thomiste et l'idéalisme kantien au point de vue de la cohérence interne.*

I

Impuissance absolue de la raison spéculative en matière de suprasensible ou de transcendant et primauté à cet égard de la raison pratique ; en termes plus précis, limitation de l'usage légitime des catégories ou des lois de la pensée au monde phénoménal, à l'exclusion du monde nouménal, inaccessible à leurs prises, c'est-à-dire à la science, et ouvert à la seule croyance (morale) — telle est, comme on le sait, l'idée mère de Kant, inspiratrice commune des deux *Critiques*, dont elle fait la profonde unité. Commençons par le côté négatif de cette thèse générale (inaccessibilité du noumène à la science). Il faut bien le dire : on a beaucoup de peine à comprendre que, tout en restreignant ainsi les catégories à l'ordre phénoménal, le père du criticisme ne paraisse se faire aucun scrupule d'y recourir, sinon pour établir l'existence du noumène lui-même, tout au moins pour déterminer sa relation aux phénomènes.

Admettons en effet, pour simplifier la discussion, que Kant ne soit réellement pas tombé dans l'illogisme que lui reproche si vivement Schopenhauer, c'est-à-dire qu'il ne se serve pas du principe de causalité pour introduire la chose en soi dans son système[1] : on ne peut contester qu'entre la chose en soi et la chose telle qu'elle nous apparaît ce soit bien en dernière analyse un rapport de cause à effet qu'il établisse — à moins que ce ne soit un rapport de substance à mode, ou plutôt encore tous les deux à la fois. Le passage suivant des *Prolégomènes* est

---

1. Cf. *Kritik der kantischen Philosophie*, p. 26 de la trad. fr.

particulièrement suggestif à cet égard : « Si nous considérons les objets des sens comme de simples phénomènes, nous reconnaissons par là qu'une chose en soi leur sert de *fondement (Grund)*, quoique nous ne sachions pas ce qu'elle est, mais que nous n'en connaissions que le phénomène, c'est-à-dire la manière dont nos sens sont *affectés par* ce quelque chose d'inconnu [1] ».

Pas si inconnu tout de même, puisque nous savons non seulement qu'il existe, mais qu'il nous affecte par le phénomène, et donc qu'il est doué d'activité ; puisque nous le connaissons dans son action même, d'où il n'y aurait peut-être pas bien loin à le connaître aussi en quelque manière dans son être [2]. Laissons toutefois cette conséquence et ne retenons que la proposition qui donnerait lieu de la tirer : le fondement transcendant du phénomène exerce donc sur nous une action, et c'est précisément de cette action que résulte le phénomène lui-même. Mais qu'on y prenne garde, la différence est bien petite, qui sépare action de causation, si tant est même qu'il y ait ici entre l'une et l'autre une différence appréciable ; parler ici d'action revient à faire appel à la catégorie de cause : comment donc celle-ci a-t-elle

---

1. *Op. cit.*, p. 101 (IV, 63). — Cf. *Ibid.* tout le § 58, et *Réponse à Eberhard* : « Nun ist ja das eben die beständige Behauptung der Kritik, dass sie diesen *Grund* des Stoffes sinnlicher Vorstellungen in etwas Uebersinnlichen setzt, was jenen zum Grunde liegt. Sie sagt : die Gegenstände, *als Dinge in sich, geben* den Stoff zu empirischen Anschauungen (sie enthalten den Grund, das Vorstellungsvermögen zu *bestimmen*, u. s. w.) » (VI, 31).

2. Car enfin, pourquoi le phénomène ne nous donnerait-il pas précisément une ouverture sur la chose inconnue, ou plutôt inaccessible *en elle-même* et *directement*, dont il procède ? Pourquoi ne nous représenterions-nous pas la cause à l'image de ses effets ? Si l'on nous objecte qu'il faut pour cela, attendu que la cause est ici d'ordre nouménal, admettre la portée nouménale aussi des principes rationnels, nous répondrons qu'on l'admet bien pour définir le rapport de ce noumène aux phénomènes : pourquoi donc pas aussi pour déterminer, dans la mesure du possible, ce qu'est le noumène lui-même ? Ou plutôt encore, l'un n'emporte-t-il pas l'autre ? le noumène n'est-il pas atteint par cela seul que son rapport aux phénomènes est défini ? et n'est-ce point là la mesure même dans laquelle il peut être déterminé ?

pu forcer la barrière qui lui interdisait l'accès du noumène ?
Cette barrière serait-elle si fragile ?

II

Il ne serait pas trop malaisé de montrer qu'avec la catégorie de cause celles d'existence et même de substance ont pris la même liberté. Et l'on ne voit pas qu'il serve à grand'chose d'alléguer que « la distinction des choses en soi et des choses telles qu'elles nous apparaissent étant vraie pour Kant avant les déterminations spéciales dont la revêt l'idée criticiste, la signification en est logiquement antérieure à la reconnaissance du domaine que gouvernent les catégories » ; en sorte que Kant puisse « se servir de l'argumentation proprement criticiste quand il s'agit d'établir que les objets compris dans l'expérience ne sont rigoureusement que des phénomènes, tandis qu'il se sert de l'argumentation rationaliste traditionnelle pour conclure que ce qui est phénomène, étant apparence, est l'apparence de quelque chose et suppose derrière soi une réalité [1] ».

Pour subtile qu'elle soit, cette distinction n'en laisse pas moins subsister, à notre avis, la difficulté tout entière. Quand on aura répété de toutes les manières que « le noumène est une présupposition indispensable de la doctrine kantienne [2] », on n'aura pas préservé cette doctrine d'aboutir logiquement à soustraire le noumène à toute application des catégories ; et par suite, puisque le noumène ne peut pourtant être conçu que par l'application de quelqu'une ou de quelques-unes d'entre elles, on n'aura pas préservé cette doctrine d'aboutir également à supprimer son propre point de départ. Loin d'être levée, la contradiction ne fait par là que s'accuser avec plus de

---

1. V. Delbos, *La philosophie pratique de Kant*, p. 196-7. — Cf. p. 201.
2. *Ibid.*, p. 197.

force que jamais. Autre chose est l'expliquer et rendre compréhensible que Kant n'y ait point pris garde, autre chose empêcher qu'il y soit tombé effectivement et qu'ainsi, suivant la juste remarque d'Ueberweg, « le commencement et la suite de la *Critique* se détruisent l'un l'autre[1]. »

Objectera-t-on que « l'existence attribuée aux choses en soi n'est pas l'existence qui a pour caractère de ne pouvoir être saisie que dans une intuition sensible ?[2] » — Mais, sans compter qu'il ne s'agit pas seulement ici d'existence, qu'il s'agit aussi de causalité et même de substantialité, toute la question est de savoir si, dans le système de Kant, les catégories, y compris celle d'existence, conservent encore une signification réelle, une fois détachées de toute intuition. Or, s'il y a un point sur lequel l'auteur de ce système insiste avec complaisance, c'est précisément que les catégories n'ont de sens que par rapport aux intuitions, dont leur rôle est d'effectuer la synthèse, et qu'en dehors de là elles n'ont plus de sens du tout. Et il est particulièrement remarquable à ce propos que le chapitre même qui a pour but d'éclaircir et d'approfondir la distinction entre les phénomènes et les noumènes ne soit pas celui où cette affirmation revient le moins souvent[3].

III

Il est vrai que, dans une note importante de la seconde édition, la *Critique* ne soumet de la sorte aux « conditions de l'intuition sensible » que la seule « connaissance ou détermination de l'objet » : la simple « pensée » de celui-ci leur échappe, en sorte que, par cette voie « un champ

---

1. *Grundriss*, t. III, p. 380.
2. V. Delbos, *op. cit.*, p. 197.
3. Cf. *Critique de la Raison pure*, trad. Barni, t. I, p. 299, 306-7, 308, 312, 314, 317, 319, 322. — Cf. p. 200, 206-7, 215-6, etc. (III, 205, 210-11, 212, 215, 216, 219, 220, 222. — Cf. 142, 145-6, 151-2, etc.).

illimité s'ouvre devant les catégories[1] ». Ainsi la chose en soi pourrait-elle relever de l'une, de la pensée, tout en se dérobant à l'autre, à la connaissance (proprement dite). Et c'est aussi à quoi revient, quant au fond, le concept « négatif » ou « limitatif » du noumène : on entendrait simplement par là la possibilité d'autres choses que les phénomènes eux-mêmes, par opposition auxquelles ils soient définis, que ces choses d'ailleurs existent ou n'existent point réellement, ce qu'il est justement impossible de savoir[2].

Mais il semble bien que nous soyons toujours loin de compte. Nous parlions tout à l'heure existence, et l'on nous répond à présent possibilité. Si le noumène n'est que l'antithèse idéale du phénomène, il n'en peut plus être le fondement réel. Ce ne sont point là deux thèses complémentaires qu'on devrait superposer l'une à l'autre, mais deux thèses exclusives entre lesquelles il faut choisir. Il ne semble pas que Kant ait jamais pris parti d'une manière définitive entre les deux. Comme on l'a justement observé, la *Critique* paraît osciller continuellement « de l'affirmation conditionnelle à l'affirmation catégorique[3] de la chose en soi[4] », du concept négatif au concept positif du noumène. Or, il faut le redire, les deux affirmations et les deux concepts restent pourtant inconciliables. La contradiction peut bien être ainsi transportée d'un point de la théorie à un autre, mais elle demeure : la déplacer n'est pas la faire disparaître.

On pourrait aller plus loin et soutenir qu'elle est même beaucoup moins déplacée que redoublée. De fait, que « les catégories *dans la pensée* ne soient pas bornées par les conditions de l'intuition sensible et qu'elles voient même

---

1. *Critique*, etc., t. I, p. 190 (III, 135).
2. *Ibid.*, p. 318 sq. (III, 219 sq.)
3. Sinon même apodictique.
4. E. Boirac, *L'idée du phénomène*, p. 93.

s'ouvrir alors devant elles un champ illimité », peu importe, si cette extension n'a précisément lieu que dans la pensée même. Que les catégories ne soient plus subordonnées aux intuitions dans la pensée même, il n'y a rien là qui doive étonner après tout, puisque, d'une part, elles expriment les lois suprêmes de son exercice, et que, d'autre part, comme pouvoir de synthèse des intuitions, la pensée domine nécessairement celles-ci. Seulement, cela ne préserve point les catégories de rester les pures formes de cette synthèse immanente des phénomènes, incapables, en dehors d'un tel usage, de toute signification déterminée ou d'aucun rapport à un objet [1] : au contraire cela même les condamne plus que jamais à n'avoir que cette valeur toute formelle. Et plus que jamais aussi il devient impossible de les transporter à l'ordre noumenal. Il reste donc vrai que, si on les y transporte quand même, ce ne peut être qu'en infligeant à sa propre théorie le plus rigoureux démenti. On n'a pas avancé d'une ligne : ou plutôt on n'a fait un long détour que pour en revenir juste au même point. Tout ce qu'on y a gagné, c'est comme nous le disions plus haut, d'ajouter une seconde contradiction à la première, par la juxtaposition incohérente de deux conceptions du noumène qui ne réussissent à se mettre d'accord, ni l'une avec l'autre, ni chacune par devers soi avec le principe fondamental du système.

IV

Passons au réalisme thomiste et montrons combien est forte, à ce point de vue de la cohérence interne, la position qu'il occupe. Il n'a pas commencé, lui, par s'interdire absolument, au nom de l'idéalité des concepts intellectuels, tout emploi de ceux-ci en matière de transcendant et de

---

1. Cf. *Critique de la Raison pure*, trad. BARNI, t. I, p. 308, etc. (III, 212).

suprasensible : qu'on se reporte, pour s'en convaincre, à nos précédentes analyses. Assurément, il ne se dissimule pas que, dans cet autre domaine, des conditions spéciales se rencontrent, qui exigent des procédés distincts, relativement distincts ; il ne nie pas que, pour s'appliquer légitimement à ce nouvel objet, les concepts en jeu ne doivent subir des corrections et des épurations qui les adaptent à leur fonction nouvelle. Mais ce n'est là, il le sait aussi, qu'une affaire de mise au point : ces épurations et corrections faites, ils continueront de fonctionner régulièrement, et tout danger d'erreur aura disparu.

Le lecteur entend bien que nous avons en vue la belle et profonde doctrine de l'École touchant le caractère *analogique* de notre connaissance du suprasensible et particulièrement du divin [1]. Cette doctrine est de nature à jeter la plus vive lumière sur la présente question : selon nous, elle en est la véritable clé, et toute notre ambition n'irait qu'à le faire bien comprendre. Ce n'est pas tout à fait dans le même sens que les catégories s'appliquent aux phénomènes et aux noumènes : voilà ce qu'on doit accorder au criticisme ; en termes plus exacts, voilà la distinction libératrice qu'il suffit de tirer au clair pour dissiper l'équivoque radicale dans laquelle, autrement, la discussion risquerait de s'embarrasser à perpétuité. Mais encore faut-il pour cela reconnaître aux catégories, à l'instar du dogmatisme traditionnel, une valeur indépendante, comme expression des lois des choses mêmes, et non pas les limiter, sur les traces de Kant, à l'un des deux domaines exclusivement. Autrement dit, il faut à cette fin attribuer à la raison un contenu ou un objet propre, positif, réel, *et surtout ne pas s'être enlevé tout droit de le lui attribuer*. Peut-être avons-nous réussi à faire voir comment l'idéalisme criticiste se trouve, de par ses propres principes, empêché de réaliser cette condition, au lieu que le réalisme thomiste n'a besoin

---

1. Cf. *supra*, ch. V, en particulier v sq.

que de rester d'accord avec lui-même pour y satisfaire pleinement.

En ce qui concerne celui-ci toutefois, nous n'insisterons pas davantage ici même sur cette considération, qui viendra plutôt à sa place dans le chapitre suivant. Il n'est guère possible en effet de la développer tout au long sans toucher au problème de la croyance et de sa relation à la science, problème auquel ce chapitre est précisément consacré.

———

Telle est, à notre avis, et en ne tenant compte que du problème de la science, la triple supériorité du système thomiste.

Elle se manifeste en premier lieu lorsqu'il s'agit d'expliquer la nécessité et l'universalité propres à nos connaissances rationnelles. Tandis que le formalisme subjectiviste de Kant rapporte ce double caractère à une action synthétique de la pensée élaborant suivant ses lois propres une matière sensible hétérogène, toujours susceptible dès lors de se dérober à leurs prises et par là de faire chanceler tout l'édifice de notre science, le réalisme conceptualiste de saint Thomas nous montre dans ces lois de la pensée tout simplement l'expression abstraite en nous des lois réelles des choses hors de nous, et par là même garantit beaucoup plus efficacement l'objectivité de notre savoir.

En second lieu, il y a un fait qui apporte à cette première conclusion une confirmation remarquable : c'est que l'ordre de la nature et la liaison des phénomènes ne sont pas tout entiers l'œuvre de la pensée, comme le prouve la nécessité de recourir à l'expérience pour la détermination des lois particulières, et que la pensée n'applique pas ses catégories au hasard. Il en résulte qu'on doit reconnaître l'existence d'un motif ou d'une marque objective et empirique de cette application. Et cette marque empirique et objective se confond dans les choses avec la catégorie elle-même. Ou plutôt ce qu'on appelle catégorie n'est que la conception abstraite — c'est toujours là qu'on en doit revenir — du rapport objectif, inhérent à la réalité expérimentée, et donc dégagé analytiquement de cette réalité par la pensée (réalisme intellectualiste), mais non pas imposé synthétiquement par la pensée à cette réalité (idéalisme formel).

Les inconséquences enfin auxquelles aboutit le criticisme idéaliste, lorsqu'après avoir limité l'emploi légitime des catégories au monde phénoménal il ne laisse pas de s'en servir malgré cela pour définir le mode d'existence du noumène et son rapport au phénomène, ne sont pas pour atténuer l'effet des considérations précédentes. Ce n'est pas en se rejetant sur le concept négatif et limitatif du noumène que l'on échapperait à cette troisième difficulté : car, sans compter que le concept négatif du noumène a toutes les peines du monde à se rejoindre en dernière analyse avec son concept positif, l'usage des catégories devient alors, c'est-à-dire si l'on essaie de les appliquer à la contre-partie absolue du phénomène, moins que jamais recevable. Et le spectacle de ces inconséquences devient d'autant plus instructif, quand on constate, en regard, la rigoureuse cohérence du réalisme thomiste au même point de vue.

Il s'en faut donc de beaucoup que notre savoir théorique soit impuissant à dépasser l'expérience, comme le soutient, à l'encontre du réalisme thomiste, l'idéalisme kantien. L'examen comparatif des deux doctrines sur le terrain de la raison spéculative nous a déjà fait découvrir de quel côté se trouve la vue la plus exacte sur la portée de notre science. Il nous reste à rechercher si leur parallèle sur le terrain de la raison pratique et de la croyance nous réserve la même conclusion.

CHAPITRE VIII

LE RÉALISME THOMISTE ET L'IDÉALISME KANTIEN.
— 2. LE PROBLÈME DE LA CROYANCE.

SOMMAIRE

I. La théorie kantienne de la croyance. — II. Méthode à suivre dans la discussion. — III. Premier trait commun entre la science et la croyance : identité de forme logique. — IV. Deuxième trait commun : universalité et communicabilité. — V. Croyance et catégories. — VI. Première instance (intervention de la loi morale) et réponse. — VII. Deuxième instance (symbolisme) et réponse. — Caractère spécial de l'emploi des catégories en pareil cas. — Retour sur la doctrine thomiste de l'analogie dans la connaissance du divin : comment elle éclaire toute la question. — VIII. Suite : critique de l'idée de symbolisme à ce point de vue. — Alternative, pour la croyance, ou de n'être rien ou de se ramener en dernière analyse à la science. — IX. Résumé et conclusion : Solidarité indissoluble de la raison spéculative et de la raison pratique ; d'où impossibilité d'attribuer à l'une la valeur absolue que l'on refuse à l'autre.

I

Tout le monde sait aujourd'hui à quoi s'en tenir sur le véritable rapport des deux grands ouvrages de Kant et sur l'unité profonde de dessein qui préside à son œuvre tout entière. Le temps n'est plus où l'on présentait la *Critique de la Raison pratique* comme le sauvetage tardif et quelque peu désespéré des grandes vérités morales et religieuses, menacées par la *Critique de la Raison pure* d'une totale submersion. Vrai contresens historique! Kant, au contraire, sait très bien ce qu'il fait, et le meilleur moyen, à ses yeux, de soustraire ces vérités capitales à toute espèce de contestation et de fluctuation, c'est précisément de commencer par établir l'absolue incompétence de la raison spéculative à leur endroit. Si en effet — et voilà le nœud de la question — elle est de tous points incapable de les établir (en toute certitude), elle n'est pas moins incapable de les ruiner; si elle ne peut rien pour elles, elle ne peut rien non plus contre elles. Dès lors, ainsi déblayé, le champ reste libre devant la raison pratique, à laquelle seule il appartient, au nom des exigences de l'ordre moral, de prononcer légitimement sur ces mêmes vérités [1].

Et ici encore, il faut bien comprendre la pensée du philosophe: en se prononçant sur elles, la raison pratique ne fait pas œuvre de science, mais de simple croyance (subjective et, strictement, incommunicable). Ces vérités restent en elles-mêmes, après comme avant son intervention, «transcendantes» ou inaccessibles à la raison spéculative, en dehors ou au-dessus des conditions de la

---

1. Cf. *Critique de la Raison pure*, trad. BARNI, t. I, p. 34 *sq.* (III, 24 *sq.*); t. II. (*Méthodologie transcendentale*. Ch. II, Canon de la Raison pure, p. 357 *sq.* (III, 526 *sq.*). Ch. III, Architectonique de la Raison pure, p. 403 *sq.* [III, 558 *sq.*]).— *Critique de la Raison pratique*, 1ᵉ p., l. II, ch. III, sect. 6 et 7. — « La métaphysique est tombée dans un discrédit général, parce qu'après lui avoir d'abord demandé plus qu'il n'était juste de le faire et s'être longtemps bercé des plus belles espérances, on s'est vu trompé dans son attente. On se sera suffisamment convaincu dans tout le cours de notre critique que, quoique la métaphysique ne puisse jamais servir de fondement à la religion, elle en restera toujours comme le rempart, et que la raison humaine, qui est déjà dialectique par la tendance de sa nature, ne pourra jamais se passer de cette science, qui lui met un frein, et qui, par une connaissance scientifique et pleinement lumineuse de soi-même, prévient les dévastations qu'une raison spéculative privée de lois ne manquerait pas sans cela de produire dans la morale aussi bien que dans la religion. » (*Critique*, etc., trad. BARNI, t. II, p. 403-4 [III, 558]). — On remarquera que ce texte est extrait de la *Méthodologie transcendantale*, c'est-à-dire de la première édition, et qu'il exprime bien ainsi la pensée originelle de Kant.

pensée scientifique[1]. Lorsque la raison pratique nous a ainsi restitué, en matière d'absolu, cette réalité qui fuyait devant la raison théorique comme d'une fuite éternelle, rien n'est changé pour la raison théorique elle-même, laquelle demeure à jamais, en soi, sans contact avec elle, avec la réalité. La première peut bien poser l'existence de Dieu, par exemple, comme un postulat de la moralité ; la seconde n'en reste pas moins absolument impuissante à décider par ses propres forces quoi que ce soit sur ce point[2]. La croyance, cet acte propre de la raison pratique, est d'une autre nature que la science, cet acte propre de la raison spéculative : non seulement la science est limitée aux phénomènes, qui, seuls, sont *connus* au pied de la lettre, ainsi que leur enchaînement selon les lois fonctionnelles de la pensée ; non seulement le noumène lui échappe et il n'y a que la croyance qui le puisse atteindre ; mais cette façon même de l'atteindre qui s'appelle croyance n'a rien de commun avec la science et n'est pas une connaissance proprement dite ; ce n'est qu'une affirmation pratique, autorisée exclusivement par des besoins pratiques[3]. Et c'est même, d'une certaine manière, parce que nous ne savons pas alors, parce que *nous ne pouvons pas savoir*, que rien ne nous empêche d'affirmer : Kant ne veut pas et ne croit pas revenir dans son dogmatisme pratique sur les conclusions de son idéalisme théorique ; il le veut et le croit si peu que, dans sa pensée, l'idéalisme théorique est même la préface obligée du dogmatisme pratique.

On peut donc sans contradiction dénier en métaphysique toute portée à la science et considérer la science comme un procédé légitime. On le peut, bien plus on le doit, puisque

---

1. Cf. *Critique de la Raison pratique*, trad. Picavet, p. 245 (V, 141). — *Critique de la Raison pure*, etc., *Méthodologie transcendantale*, ch. II, sect. 1.

2. *Ibid.*, sect. 6 et 7 (1ᵉ p. l. II, ch. II).

3. Cf. *Critique de la Raison pratique*, loc. cit., et *Critique de la Raison pure*, *Méthodologie transcendantale*, ch. II, sect. 3.

la raison spéculative, redisons-le, est une arme à deux tranchants, qui se retourne aussi bien contre les grandes vérités morales et religieuses qu'elle leur apporte une soi-disant démonstration, et que l'unique moyen de les mettre à l'abri de toute atteinte, c'est de la débouter de toutes prétentions à leur égard pour ne s'en rapporter qu'à la seule raison pratique. De là le mot célèbre : « *Ich musste das Wissen aufheben, um zum Glauben Platz zu bekommen*, je devais abolir le savoir pour faire place à la foi [1] ».

II

A peine est-il besoin d'observer que, dans ces conditions, le problème revient tout entier à celui-ci : est-il bien exact que la croyance, telle qu'on l'entend chez les kantiens [2], soit de tous points irréductible à cette science qu'ils veulent, dans le domaine du transcendant, abolir pour lui faire place ? Il est manifeste que, dans l'hypothèse de la négative, ou bien on continuera d'attribuer à la raison pratique une portée objective, et alors aussi à la raison théorique, n'y ayant plus lieu de séparer la cause de l'une de celle de l'autre ; — ou bien on persistera à frapper d'interdit la raison théorique, et alors aussi et pour le même motif la raison pratique : une solidarité étroite de destinées répondra, dans les deux cas, à l'identité foncière de nature.

---

1. *Critique de la Raison pure*, trad. BARNI, t. I, p. 34 (III, 24).
2. Il ne s'agit pas de rechercher ici si la véritable nature de la croyance (ou foi) n'est pas, en dernière analyse, celle que comporte l'acception traditionnelle du mot, qui est d'admettre une chose pour vraie sur le témoignage d'autrui. En un sens ce serait, ici même, une question de mots encore. S'il plaît à Kant et à ses disciples d'appeler *foi* ou *croyance* un jugement ou l'ensemble des jugements fondés sur les exigences de l'ordre pratique, libre à eux : il suffit de s'entendre. La vraie question, pour nous, n'est pas précisément là ; la vraie question, si nous y voyons bien, est de savoir si de telles adhésions, fondées sur les exigences de l'ordre moral, sont substantiellement d'une autre nature, considérées dans leur forme interne et logique, que les connaissances scientifiques ou proprement dites.

Et le lecteur n'entrevoit pas moins aisément, pour nous placer à cet autre point de vue, comment se révèlera dès lors sous un autre aspect, c'est-à-dire dans ce rapport même de la raison pratique à la raison spéculative, la contradiction radicale qu'enveloppe l'idéalisme criticiste. Si en effet nous parvenons à établir que la croyance kantienne est encore et malgré tout de la science ou qu'elle n'est rien, il apparaîtra clair comme le jour que refuser à la raison théorique, principe de la science, la valeur absolue que l'on reconnaît à la raison pratique, principe de la croyance, c'est se rendre coupable contre soi-même de la plus flagrante des infidélités.

Force nous est donc d'y regarder d'un peu plus près, d'examiner ce que peut bien valoir cette distinction fameuse entre *croire* et *savoir*, et, comme dirait Platon, de « scruter cette essence mobile et fuyante » qui a nom la croyance kantienne, « la frappant comme on frappe un vase pour s'assurer s'il rend un son bon ou mauvais [1] ». Nous choisirons pour centre de perspective celle des trois idées de la raison qui, par son importance hors de pair, communique au débat un intérêt plus vif, l'idée de Dieu.

III

« La théologie morale, lit-on dans la dernière partie de la *Critique* [2], a cet avantage particulier, sur la théologie spéculative, qu'elle conduit infailliblement *(unausbleiblich)*

---

1. *Théétète*, 179 B.
2. *Méthodologie transcendantale*, deuxième section du chapitre II : *De l'Idéal du Souverain Bien*. — On sait que Kant appelle théologie morale celle qui, non seulement, « s'élève de ce monde à une intelligence suprême comme principe de tout ordre et de toute perfection dans le règne moral » (*Critique*, etc., t. II, p. 220 [III, 429]) — et non plus dans le règne de la nature — mais aussi, on pourrait même dire surtout, qui ne s'y élève à ce titre que par voie de croyance, justement, et non plus de science proprement dite (*Ibid.*, p. 384, 386-7, etc. [III, 544, 546-7]).

au concept d'un premier être *unique, le plus parfait de tous* et *raisonnable,* concept que la théologie spéculative ne nous indique même pas par ses principes objectifs et de la vérité duquel, à plus forte raison, elle ne saurait nous convaincre. Nous ne trouvons en effet, ni dans la théologie transcendantale, ni dans la théologie naturelle, si loin que la raison puisse nous conduire, aucun motif suffisant de n'admettre qu'un Être unique qui domine toutes les causes naturelles et dont elles dépendent sous tous les rapports. Lorsqu'au contraire nous recherchons, du point de vue de l'unité morale, comme loi nécessaire du monde, la seule cause qui puisse faire produire à cette loi tout son effet et par conséquent lui donner aussi une force obligatoire pour nous, nous voyons que ce doit être une volonté unique et suprême, renfermant toutes ces lois. Car comment trouver en diverses volontés une parfaite unité de fins? Cette volonté doit être toute-puissante *(allgewaltig),* afin que toute la nature et son rapport à la moralité dans le monde lui soient soumis; omnisciente *(allwissend),* afin de connaître le fond des intentions et leur valeur morale; présente partout *(allgegenwärtig),* afin de pouvoir prêter immédiatement l'assistance que réclame le souverain bien du monde; éternelle *(ewig),* afin que cette harmonie de la nature et de la liberté ne fasse défaut en aucun temps, etc.[1] ».

Au vrai, a-t-on le droit de dire qu'un être dont on peut détailler de la sorte les caractères ne soit point connu? A-t-on le droit de dire que nous pouvons seulement l'affirmer, mais non pas le connaître, y croire sans en rien savoir? N'est-ce donc rien que d'en apprendre que c'est un Être unique, souverainement parfait et raisonnable, principe de tout l'ordre moral, raison subsistant par elle-même (comme parle Kant un peu plus haut [2]), ayant un

---

1. *Critique,* etc., t. II, p. 374 sq. (III, 537-8). — Cf. *Critique de la Raison pratique,* trad. PICAVET, p. 254 (V, 146).

2. *Critique de la Raison pure,* t. II, p. 374 (III, 537) *(selbstständige Vernunft).*

caractère de cause première, créant, entretenant, réalisant, suivant la finalité la plus parfaite, l'ordre universel des choses, volonté absolument droite, toute-puissante, omnisciente, partout présente, éternelle, etc.? Comment soutenir qu'apprendre cela, ce n'est rien apprendre de nouveau ?[1] Qu'est-ce que la « théologie spéculative » pourrait bien envier à cette « théologie morale » et même, au fond — nous entendons, il va de soi, la théologie spéculative naturelle —, que nous dit-elle autre chose ? Qu'on relise avec attention le texte qui vient d'être cité, on y retrouvera presque toutes les thèses fondamentales de la théodicée classique, les attributs métaphysiques, au moins quelques-uns, avec les attributs moraux.

Que tout ici se passe dans l'ordre pratique, dans l'ordre moral, cela ne fait rien à l'affaire. Toute la question est de savoir si la « raison pratique » emploie dans l'espèce, oui ou non, les mêmes procédés essentiels que la raison spéculative. Or à cette question, la réponse ne peut rester douteuse. C'est un raisonnement en bonne et due forme, par lequel la théologie morale de Kant s'élevait tout à l'heure à Dieu : il paraît difficile de s'inscrire en faux là-contre, de prouver en tout cas que l'on soit fondé à s'inscrire en faux là-contre. Sans doute, la mineure de ce raisonnement est empruntée aux faits de l'ordre pratique ou moral, au lieu que, dans les arguments ordinaires de la raison spéculative, on part plutôt des faits de l'ordre physique, tels que l'harmonie du monde matériel, le mouvement dans l'univers, etc. Mais, encore une fois, cela n'y fait rien, absolument rien. Tout d'abord, que la mineure soit de telle ou telle nature, peu importe, dès là précisément que c'est une mineure, c'est-à-dire l'une des deux prémisses d'un raisonnement, dès là, en conséquence, que l'on a affaire à un raisonnement. En second lieu et surtout, il y a la majeure, qui se retrouve justement identique de

---

1. *Critique*, etc., t. II, p. 277 (III, 540).

part et d'autre : c'est toujours au principe de raison suffisante que s'arc-boute l'effort de la pensée, c'est en lui qu'elle prend son point d'appui pour dépasser les faits et atteindre leurs conditions intelligibles. Car enfin, dire que la seule cause capable d'assurer l'unité morale des fins ne peut être qu'une volonté, et une volonté unique, parce que, autrement, cette parfaite unité de fins serait compromise, et une volonté toute-puissante, parce que, autrement, la subordination du jeu des forces naturelles au triomphe définitif de la moralité resterait problématique, et une volonté omnisciente, parce que, autrement, le fond des cœurs lui échapperait avec la valeur morale de leurs secrètes dispositions, et une volonté partout présente, parce que, autrement, son action ordonnatrice pourrait être mise en échec sur un point ou sur un autre, et une volonté éternelle, parce que, autrement, il pourrait arriver un jour ou l'autre que l'équilibre qu'elle fait régner entre la nature et la liberté fût subitement rompu, etc., — dire toutes ces choses, toutes ces excellentes choses, qu'est-ce donc, en dernière analyse, sinon appliquer sur toute la ligne ce principe, qu'à tout effet donné il faut une cause proportionnée ? Si ce n'est pas là faire acte de science, si ce n'est pas là connaître, démontrer, savoir, et non plus simplement affirmer, en vérité on se demande où il faudra chercher démonstration, science et connaissance[1].

« Ces idées morales, dit Kant un peu plus loin, produisirent un concept de la nature divine que nous tenons maintenant pour le vrai, non parce que la raison spécu-

---

[1] Cf. encore ce passage remarquable (*Ibid.*, p. 371). « La proportion du bonheur avec la moralité n'est possible que dans un monde intelligible gouverné par un sage Créateur. La raison se voit donc forcée d'admettre un tel être ou de regarder les lois morales comme de vaines chimères (*leere Hirngespinnste*), puisque la conséquence nécessaire (l'harmonie finale de la vertu et du bonheur), qu'elle-même rattache à ces lois, s'évanouirait sans cette supposition » (III, 536). On se demande toujours en quoi cette façon de procéder peut bien différer essentiellement des raisonnements ordinaires de la « théologie spéculative ».

lative nous en convainc, mais parce qu'il s'accorde parfaitement avec les principes moraux de la raison. Et ainsi en définitive c'est toujours à la raison pure, mais à la raison pure dans son usage pratique, qu'appartient le mérite de lier à notre intérêt suprême une connaissance que la simple spéculation ne peut qu'imaginer, mais qu'elle ne peut faire valoir, et d'en faire ainsi, non pas sans doute un dogme démontré, mais une supposition absolument nécessaire pour ses fins essentielles.[1] » Et le paragraphe 91 de la *Critique du Jugement* nous apprend qu' « admettre comme vrai ce qu'il est *nécessaire* de supposer comme condition de la possibilité de la fin morale suprême, à cause de l'obligation où nous sommes de la poursuivre, et quoique nous ne puissions apercevoir ou connaître théoriquement ni la possibilité ni l'impossibilité de cette fin suprême », voilà ce que c'est que la croyance [2].

Nous n'avons pas, ou plutôt nous n'avons plus, puisque c'est chose désormais faite, à rechercher en cet endroit s'il est bien exact qu'on ne puisse apercevoir ou connaître théoriquement ni la possibilité ni l'impossibilité de ce but final avec ses conditions nécessaires; si, en particulier, quand il s'agit du concept de Dieu, la raison spéculative est totalement impuissante à nous convaincre de sa valeur. En d'autres termes, nous n'avons pas, nous n'avons plus à examiner s'il nous est impossible d'atteindre les réalités suprasensibles et en particulier Dieu par le raisonnement métaphysique ordinaire, et si, au pied de la lettre, il ne nous reste pour aller à lui que la voie de l'ordre moral : nous voulons seulement montrer que, même à supposer

---

1. *Critique*, etc., t. II, p. 377 sq. (III, 539).
2. « Das, was zur Möglichkeit des höchsten moralischen Endzwecks als Bedingung vorauszusetzen nothwendig ist, wegen der Verbindlichkeit zu demselben als wahr anzunehmen, obzwar die Möglichkeit desselben, jedoch ebensowohl auch die Unmöglichkeit, von uns nicht eingesehen werden kann. » Et un peu plus haut : « Glaube ist die moralische Denkungsart der Vernunft im Fürwahrhalten desjenigen, was für das theoretische Erkenntniss unzugänglich ist. » (*Loc. cit.* [V, 486]).

qu'il en fût ainsi, on n'aurait pas affaire à je ne sais quelle manière inédite, insoupçonnée, originale, irréductible, d'entrer en commerce avec les objets ; que le procédé préconisé par Kant comme le seul valable en l'espèce est encore tributaire des conditions de la pensée scientifique, en un mot et comme nous disions tout à l'heure, que ce que Kant appelle croyance est encore et toujours science ou connaissance proprement dite. De dire que la preuve n'est valable que pratiquement, ce n'est pas l'empêcher d'être une preuve, ce n'est pas empêcher qu'elle apporte une vraie connaissance de la réalité qui tombe sous ses prises, qu'elle nous fasse savoir non seulement *que* cette réalité *est*, mais même, dans une certaine mesure, *ce qu*'elle *est* (puisque, par exemple, si je suis assuré que Dieu existe, parce que, sans lui, sans son action souveraine, toute bonne et toute sage, l'ordre ne régnerait pas en définitive dans le monde moral, j'apprends du même coup qu'il est au moins cela, c'est-à-dire une intelligence souveraine, précisément, et une volonté parfaitement droite). De dire que la preuve ne vaut que pratiquement, cela va donc tout simplement à constater qu'au lieu de partir de faits qui rentrent dans le domaine des sciences théoriques elle part des données et des exigences légitimes de la pratique, — ce qui, nous ne nous lasserons pas de le répéter, ne change rien à l'affaire.

IV

On nous opposera que la connaissance obtenue de la sorte n'est pas une connaissance valable pour tous les esprits indistinctement et fondant ainsi la possibilité d'une démonstration [1]. — Nous voulons bien qu'aux yeux de

---

1. C'est un caractère que Kant attribue expressément à la science. Cf. *Critique*, etc., t. II, p. 386 : « Tout savoir, quand il s'agit d'un objet de la raison pure, peut se communiquer par instruction (*durch Belehrung*) ». (III, 546).

Kant la conviction que nous arrivons à nous faire par cette voie soit purement subjective, à tel point que chacun de nous ne peut même pas dire : *il est* moralement certain qu'il y a un Dieu, mais : *je suis* moralement certain [1], ...etc. » Mais il échappe aussi à l'auteur de la *Critique* de faire à la page précédente cette autre déclaration : « Je suis très sûr aussi (*ich weiss auch ganz gewiss*) que personne ne connaît d'autres conditions conduisant à la même unité des fins sous la loi morale [2]. » Autrement dit, ce raisonnement — nous avons désormais le droit de nous servir de ce terme précis — par lequel je remonte du conditionné (ordre moral) au conditionnant (Dieu, raison souveraine et volonté infaillible), tous les hommes le font comme moi, et ils ne peuvent pas ne pas le faire comme moi. Or, au début de la même section 3ᵐᵉ du IIᵐᵉ chapitre de la *Méthodologie*, il nous est dit que « la pierre de touche servant à reconnaître si le fait de reconnaître quelque chose pour vrai (*das Fürwahrhalten*) est une conviction ou une simple persuasion consiste dans la possibilité de le communiquer et de le trouver valable par la raison de chaque homme, car alors il est au moins présumable que la cause qui produit l'accord de tous les jugements, malgré la diversité des sujets entre eux, reposera sur un principe commun, je veux dire sur l'objet, et que, tous (tous ces sujets) s'accordant ainsi avec l'objet, la vérité sera prouvée par là-même... Car la vérité repose sur l'accord avec l'objet, et par conséquent, par rapport à cet objet, les jugements de tous les entendements

---

1. *Critique*, etc., t. II, p. 386 (III, 546). — Non pas d'ailleurs que cette assertion soit dépourvue de tout fondement. Quiconque a un peu médité sur les conditions *réelles* (« vécues ») de nos certitudes concrètes a pu se rendre compte qu'il y a en celles-ci (en matière morale surtout), sans préjudice de leur valeur universelle et absolue (de leur rapport à la vérité universelle et absolue), un élément *personnel*, parfois le plus décisif pratiquement, qui, comme tout ce qui est personnel, est aussi incommunicable, parce que « ineffable » (*omne individuum ineffabile*). Il y a une impression subjective de la vérité objective. C'est, par parenthèse, tout ce que nous accorderions au dogmatisme moral.

2. *Critique*, etc., t. II, p. 386 (III, 545).

doivent être d'accord (*consentientia uni tertio consentiant inter se* [1]). »

Un intellectualiste impénitent ne parlerait pas d'autre sorte, et l'on ne voit guère ce qu'il pourrait dire de plus fort et de mieux pour établir que la « croyance » satisfait aux deux conditions exigées il y a un instant de la connaissance proprement dite ou scientifique, communicabilité et valeur universelle. Qu'on veuille bien remarquer, à ce propos, le ton d'un des morceaux cités tout à l'heure : « *La raison se voit donc forcée..*, etc. [2] » Kant parle ici de *la raison* dans un langage tout impersonnel : pourquoi ? sinon parce que cette nécessité qu'éprouve la raison, ce n'est pas seulement en moi qu'elle l'éprouve, mais dans tous les autres hommes, mais dans tous les autres esprits avec moi ; sinon parce que cette conviction est si communicable qu'elle est, à vrai dire, *commune*, si universellement valable qu'elle se produit, en effet, universellement.

On ne voit pas, au reste, et nous aurions pu nous en tenir à cette seule considération, qu'il en pût être autrement. Car enfin, s'il y a un point en particulier sur lequel Kant a insisté, c'est l'universalité, la nécessité, la valeur absolue du devoir ou impératif catégorique : c'est même le seul absolu qui trouve grâce devant sa critique impitoyable, et l'on a pu soutenir que cela n'allait point de sa part sans quelque inconséquence [3]. Or, le devoir, l'idée du devoir est, encore une fois, le pivot de son dogmatisme moral ; c'est par lui, par ce fait primitif de la raison pratique, que nous entrons seulement en possession, à titre de postulats, des grandes vérités morales et religieuses. Mais comment ce qui est postulé par la loi morale, ce qui est une suppo-

---

1. *Critique*, etc., t. II, p. 379-380 (III, 541).
2. Cf. *supra*, p. 197, note 1.
3. Cf. *Revue philosophique*, janvier 1905, article de M. Fouillée : *La raison pure pratique doit-elle être critiquée ?* (troisième chapitre, livre I, de l'ouvrage du même auteur : *Le moralisme de Kant et l'amoralisme contemporain*).

sition nécessaire exigée absolument pour ses fins essentielles et qui lui est tellement lié que sans lui elle s'évanouirait comme une chimère [1], comment donc cela ne serait-il pas connu et démontré avec la même valeur absolue, la même nécessité, la même universalité, que la loi morale elle-même ? Et comment Kant peut-il, dans ces conditions, persister à tenir pour illégitime la prétention de faire valoir hors de soi la foi morale, surtout lorsqu'il vient déclarer dans la *Critique du Jugement* [2] qu'il est raisonnable d'imposer aux autres hommes ses jugements de goût, lesquels, cependant, pour susceptibles qu'ils soient d'une règle fixe, comportent aussi un élément de variabilité et de relativité bien autrement considérable qu'en matière de morale ? [3]

V

Mais peut-être n'avons-nous encore qu'effleuré la question. Kant et ses disciples nous feraient sans doute observer ici que, valable universellement tant qu'il nous

---

1. *Critique*, etc., II, p. 371 (III, 536).
2. § 8 et 9 (V, 218 sq.).
3. Cf. enfin ce passage de *la Critique de la Raison pratique* (trad. PICAVET, p. 261, note), qui est plus net que tous les commentaires : « Dans le *Deutsches Museum* de février 1787, il y a une dissertation d'un esprit très fin et très lucide, de feu Winzenmann, dont la mort prématurée est regrettable, dans laquelle il conteste le droit de conclure d'un besoin *à la réalité objective* de l'objet de ce besoin, et explique sa pensée par l'exemple d'un amoureux qui, se complaisant follement dans l'idée d'une beauté qui est simplement une chimère de son propre cerveau, voudrait conclure qu'un tel objet existe réellement en quelque endroit. Je lui donne complètement raison dans tous les cas où le besoin est fondé sur le *penchant* ; car le penchant ne peut jamais postuler nécessairement pour celui qui en est affecté l'existence de son objet, *encore moins est-il de nature à s'imposer à chacun*, et c'est pourquoi il est un principe simplement *subjectif* du désir. Mais il s'agit ici d'un *besoin rationnel* dérivant d'un principe *objectif* de détermination de la volonté, c'est-à-dire de la loi morale, qui oblige nécessairement tout être raisonnable, par conséquent l'autorise à supposer a priori dans la nature des conditions qui y sont appropriées et qui rend ces conditions inséparables

plaira, cette connaissance à laquelle nous nous sommes efforcés de ramener la croyance, cette connaissance, si l'on préfère, que le procédé moral nous donne des réalités métaphysiques, n'en est pas plus pour cela une connaissance *déterminée* et applicable à l'expérience — et que telle est précisément la caractéristique essentielle du savoir proprement dit. A ces réalités métaphysiques, en effet, il n'y a plus moyen d'appliquer les catégories ordinaires de l'entendement, lesquelles ne valent que pour les objets d'expérience ; et partant, puisqu'une telle application est requise pour qu'il puisse y avoir connaissance théorique ou scientifique, la connaissance obtenue par voie pratique ne satisfait pas aux conditions de la science et n'est plus en toute rigueur de la science [1]. Il faut reconnaître que c'est là un problème beaucoup plus délicat. Regardons-y d'un peu plus près.

Tout d'abord nous demanderons ce que peuvent bien signifier en ce cas, dans l'exposé de la preuve morale de l'existence de Dieu [2], des lignes comme celles-ci : « Il est nécessaire que toute notre manière de vivre soit subordonnée à des lois morales, mais il est en même temps impossible que cela ait lieu, si la raison ne joint pas à la loi morale, qui n'est qu'une idée, une *cause efficiente* qui détermine, d'après notre conduite par rapport à cette loi, un dénouement correspondant exactement, soit dans cette vie soit dans une autre, à nos fins les plus hautes. Sans un Dieu et sans un monde qui n'est pas maintenant visible

---

de l'usage pratique complet de la raison. C'est un devoir de réaliser le plus que nous pouvons le Souverain Bien, par conséquent le Souverain Bien doit être possible, partant il est inévitable aussi *pour tout être raisonnable*, de supposer ce qui est nécessaire à la possibilité *objective* du Souverain Bien. Cette supposition est *aussi nécessaire que la loi morale.* » (V, 149).

1. Cf. v. g., et sans parler de l'*Analytique transcendantale*, *Critique de la Raison pratique*, l. II, ch. II, § 7 (trad. PICAVET, p. 243 sq. — *praesert.*, p. 247 [V, 140 sq.-142]).

2. En même temps que de la vie future.

pour nous, les magnifiques idées de la moralité peuvent bien être des objets d'approbation et d'admiration, mais ce ne sont pas des mobiles d'intention et d'exécution,... etc.[1] »
Une cause efficiente, *eine wirkende Ursache*, voilà bien une catégorie, ce semble, ou il n'y en a point. C'est même la plus considérable de toutes, au fond, celle sur laquelle ou plutôt contre laquelle l'*Analytique transcendantale* a particulièrement concentré l'effort de son argumentation. Il ne paraît pas que la théologie de la croyance lui soit si totalement fermée.

Et c'est ce qui ressortait déjà, de la manière la plus éclatante, des textes cités au début de ce chapitre. Il n'y est question d'un bout à l'autre que des *conditions* nécessaires de la loi morale, de la *cause*, encore une fois, capable d'en expliquer le caractère obligatoire et d'en assurer la suprématie définitive. D'où peuvent bien venir ces notions, si ce n'est de l'entendement, et que manque-t-il à la connaissance qui en résulte pour être « déterminée » ?

VI

Dira-t-on que nous n'avons pas bien pénétré la pensée de notre auteur ? que, s'il fait intervenir en pareil cas le rapport d'effet à cause ou de conditionné à conditionnant, ce n'est là qu'une manière de parler à laquelle il ne faut pas se laisser prendre, ou plutôt dont il ne faudrait pas triompher trop vite, et qu'il ne faut que le bien entendre : en partant de la loi morale, nous ne *savons* pas que Dieu est, mais nous *devons croire* qu'il est, parce que son existence est une condition de la possibilité du devoir qui, lui, est certain — plus exactement, une condition « de la possibilité du but final suprême que ce devoir nous com-

---

1. *Critique de la Raison pure*, trad. BARNI, t. II, p. 372 (III, 536). — Cf. *Critique de la Raison pratique*, trad. PICAVET, p. 228 sq. (V, 130 sq.).

mande de poursuivre » ? Voilà donc tout ce que l'on veut dire, voilà pourquoi il n'est justement plus question de science, mais simplement de croyance.

Mais, en premier lieu, il s'en faut de beaucoup que Kant l'entende tout à fait de cette sorte. Au contraire, il nous déclare en propres termes que la croyance en elle-même n'est pas et ne peut pas être la matière ou l'objet de l'obligation. Une croyance commandée serait même un non-sens[1]. Ce n'est pas de croire en Dieu, par exemple, qui nous est imposé par la loi morale, c'est de travailler de toutes nos forces à la réalisation du Souverain Bien : seulement, celle-ci ayant pour condition indispensable l'existence de Dieu, il est inévitable, notre activité une fois orientée en ce sens, que nous croyions que Dieu est[2]. Mais alors, les choses changent singulièrement de face : cette nécessité d'admettre l'existence de Dieu, n'étant pas morale en elle-même, ne peut plus être que logique ; c'est la même qui fait, dans toute démonstration quelconque, le lien des prémisses à la conclusion qui en dérive. Moins que jamais, on voit qu'il s'agisse en réalité d'autre chose que de science et que d'un usage scientifique des catégories.

Admettons au reste que Kant le prît vraiment comme on disait tout à l'heure : on va se rendre compte que l'on n'en sera guère plus avancé. « Nous ne savons pas, mais nous devons croire » — soit : toujours est-il que, si nous devons croire que Dieu est, c'est pour cette raison même qu'on a rappelée, parce que si Dieu n'existait pas, l'harmonie finale de la vertu et du bonheur (le Souverain Bien) ne serait plus possible, n'y ayant plus de cause capable de la ménager. Or, on a beau dire et beau faire intervenir le devoir, c'est là une démonstration semblable de tous

---

1. Cf. *Critique de la Raison pratique*, trad. PICAVET, p. 261. — Cf. p. 229 et 264 (V, 130 — 131 et 152).

2. *Ibid.*, p. 228 sq., 235, 261 (V, 131-135-149).

points, dans sa forme logique, aux démonstrations scientifiques ordinaires, entre autres aux démonstrations de la théodicée classique : en particulier, on y postule sans hésitation qu'il faut une cause à cette harmonie finale, et donc que tout fait en a une, et cela non seulement pour nous, mais en soi et absolument. Le raisonnement n'enchaîne à première vue et directement que des obligations, en seconde ligne seulement et d'une manière indirecte, des existences : cela empêche-t-il que ce soient des existences et que le raisonnement les enchaîne, elles aussi, et les atteigne ? Cela empêche-t-il que ce soit même uniquement, en dernière analyse, parce qu'il atteint et enchaîne des existences, qu'il enchaîne pareillement et parallèlement des obligations ?

En d'autres termes, il paraît bien qu'on ait affaire ici à une sorte d'équivoque. Si j'admets le devoir, je *dois* admettre l'existence de Dieu ; or je *dois* admettre le devoir ; donc je *dois* admettre l'existence de Dieu : — Je *dois* ne changerait-il pas de sens du second membre de la majeure conditionnelle (si j'admets le devoir, je *dois* admettre l'existence de Dieu) à la conclusion (donc je *dois* admettre l'existence de Dieu) ? ou, en tous cas, ne prendrait-il pas dans celle-ci, en plus du sens qu'il avait dans celle-là, un nouveau sens qu'il n'avait pas dans celle-là ? Dans le second membre de la majeure conditionnelle, je *dois* a bien l'air en effet de marquer une nécessité rationnelle tout à fait de même nature que celle que mettent au jour les preuves physiques ou métaphysiques courantes ; dans la conclusion, il exprime (il exprime en plus) une obligation morale. Mais, à dire vrai, l'argument est ici tout entier dans la majeure conditionnelle, précisément (le devoir ne s'entend, en dernière analyse, que s'il y a un Dieu [1]) : la conclusion (donc je dois admettre que Dieu est) va tout

---

1. Qu'en soit le principe ou le simple garant, ce n'est pas de quoi il est ici question. Kant s'est-il jamais vraiment prononcé entre l'un et l'autre ?

juste à relever un fait d'ailleurs incontestable et sur lequel ce serait un des mérites de Kant d'avoir attiré l'attention, à savoir que la certitude de l'existence de Dieu, étant liée à l'ordre moral, offre un caractère moral elle-même ; que, sans préjudice de sa valeur absolue, elle soutient de ce chef avec les dispositions morales d'un chacun un rapport très étroit, qui peut même aller très vite jusqu'à lui faire partager le sort de celles-ci, chancelant avec elles, se fortifiant avec elles [1]. Or, si l'argument est ici tout entier dans la majeure conditionnelle et qu'il s'y appuie, comme nous venons de voir, sur le principe de causalité, n'en revenons-nous pas toujours au même point : la croyance procédant par les mêmes voies que la science, en particulier ne se faisant aucun scrupule de recourir comme elle aux catégories et de se déterminer par les catégories ?

VII

Pure ressemblance verbale, nous objectera-t-on enfin, et pour trancher le mot, pur symbolisme ! Ce qui importe uniquement, c'est le triomphe de la moralité. Nous ne pouvons, il est vrai, nous le représenter que comme l'effet d'une cause intelligente, tenant sous sa dépendance l'ordre universel et le faisant concourir par son action souveraine à ce grand but final [2]. Mais plus que jamais, ce n'est là

---

1. On trouverait au reste chez tous les maîtres de la spiritualité chrétienne, à commencer par saint Thomas, d'innombrables allusions à la même idée, ou même des développements *ex professo* d'une grande pénétration psychologique (Cf. v. g. M. B. SCHWALM, *Le dogmatisme du cœur et celui de l'esprit*, dans la *Revue thomiste*, novembre 1898, praes. p. 610 *sq.* [VIII, L'inspiration morale du dogmatisme de saint Thomas]). Le mérite de Kant est surtout de l'avoir introduite dans l'ordre de la spéculation abstraite et proprement philosophique.

2. Cf. v. g. *Critique de la Raison pratique*, trad. PICAVET, p. 263-4 : « *Notre* raison trouve impossible *pour elle* de concevoir une connexion si exactement proportionnée (entre la vertu et le bonheur)... si ce n'est en supposant un sage auteur du monde... Ici se présente une condition

qu'une façon de parler. Car il faut bien parler, et parler le langage dont nous disposons : or ce langage est fait à la mesure de l'expérience, par rapport à laquelle seule les mots dont il se compose offrent réellement un sens, n'ayant plus de sens véritable en dehors d'elle. L'emploi des concepts de l'entendement dans le cas donné ne tire pas autrement à conséquence : qui l'a compris une bonne fois se rend compte qu'il ne prouve rien.

Il est permis de trouver l'explication insuffisante. Commençons par tirer au clair et par mettre hors de conteste un point qui nous paraît capital — et c'est par où nous allons retrouver cette grande conception de l'École que nous n'avons pas craint d'appeler la clé de la question pendante entre réalistes et idéalistes. Il ne s'agit donc pas de méconnaître que les catégories ne s'appliquent plus au transcendant, à l'absolu, à Dieu, tout à fait de la même façon qu'aux choses qui ressortissent à l'expérience ou qui s'en déduisent univoquement : il y a des corrections à faire; au vrai, c'est même presque le sens des mots qu'on est alors obligé de changer. Nous voulons dire qu'il ne suffit pas de dégager de tout mélange et d'élever à l'infini les perfections dont on puise l'idée dans les réalités expérimentales pour les attribuer, ainsi épurées, à l'objet divin et essayer de se faire de celui-ci un concept qui, sans l'exprimer adéquatement — chose à jamais impossible à une intelligence finie, si supérieure qu'on l'imagine — ne lui soit pourtant pas trop infidèle. Ou pour parler avec plus d'exactitude, le défaut et la limite nous apparaissent, dans ces réalités expérimentales, comme quelque chose de si essentiel que notre unique ressource pour concevoir

---

subjective de la raison, la seule manière théoriquement possible *pour elle* de se représenter l'harmonie exacte du royaume de la nature et du royaume des mœurs comme condition de la possibilité du Souverain Bien » (V. 151). — Remarquer ces paroles : « la seule manière *théoriquement* possible, etc. » : n'est-ce pas un aveu implicite que la croyance pratique emprunte tout son sens et tout son contenu à la connaissance spéculative ?

l'absolu à l'aide des perfections dont nous leur empruntons l'idée, que notre seule façon de les élever à l'infini, justement, c'est de *nier* qu'elles conviennent à l'absolu, ou moins *dans le sens* où nous les entendons des choses relatives : le procédé de négation (*via negationis*) doit s'ajouter au procédé de transcendance (*via eminentiae*), ou plutôt encore, le procédé de transcendance se trouve opérer la plupart du temps, en tous cas n'obtient son plein et entier effet précisément que par le procédé de négation.

C'était le sens profond avec l'idée très juste et très solide de la célèbre doctrine des Alexandrins et des Pères grecs, suivant lesquels il faut distinguer une double théologie, une théologie positive ou affirmative (καταφατική), qui attribue à Dieu toute espèce de perfections et le représente comme la sagesse infaillible, la beauté sans ombre, la bonté sans limites, etc., et une théologie négative (ἀποφατική), qui ensuite lui retire, pour ainsi parler, tous ces attributs et s'efforce par là-même de le concevoir dans son absolue transcendance, infiniment supérieure à toute perfection[1]. Et ils donnaient à cette seconde théologie l'avantage sur la première, précisément pour cette raison, parce que, de la sorte, nous approchons plus près de l'ineffable, parce que, de la sorte, Dieu nous apparaît mieux comme ce qu'il est réellement, comme absolument hors de pair, comme absolument au-dessus de tout ce qui n'est pas lui et, si l'on peut ainsi s'exprimer, comme absolument incommensurable avec tout ce qui est au-dessous de lui. Nous ne disons pas que ces vues ne soient point, par certains côtés, un peu vertigineuses, et qu'il ne faille pas, dans cet ordre d'idées, surveiller son langage avec une extrême vigilance. Peu

---

1. Cf. en particulier le PSEUDO-ARÉOPAGITE. *Theologia mystica*, praes. c. 5. — On trouvera tous les textes patristiques relatifs à cette question dans les *Theologica dogmata* de PÉTAU (*De Deo*, l. I, c. 5 et 6). — THOMASSIN, *De Deo*, l. IV, c. 7-11. — KLEUTGEN, *Institutiones theologicae*, l. I, q. II, c. 6, a. 4. — Pour les Alexandrins, cf. E. ZELLER, *Die Philosophie der Griechen*, III° Th., II° Abth.

importe pour le moment : nous n'en retenons que ce qui est à retenir, et qui est d'ailleurs considérable; c'est ce qui a passé dans la tradition de l'École, dans cette belle et grande et profonde doctrine de l'analogie, d'où tout danger d'exagération a désormais disparu et qui est bien, au point de vue logique comme au point de vue métaphysique, la solution la plus satisfaisante qu'on ait jamais proposée du redoutable problème des rapports du fini et de l'infini. Il ne sera pas inutile d'y revenir en quelques mots.

Nous avons vu précédemment qu'en matière d'attributs divins autre chose est, aux yeux de saint Thomas, la perfection que chacun d'eux exprime, autre chose la manière dont il l'exprime : au premier point de vue les noms qui les désignent conviennent plutôt à Dieu qu'aux créatures, au second point de vue plutôt aux créatures (d'où la notion en est prise d'abord) qu'à Dieu; d'où il résulte, tout compte fait, qu'elles ne s'énoncent qu'analogiquement de l'un et des autres, *de Deo et creaturis analogice dicuntur* [1]. Appliquons cette vue générale aux catégories et à leur double usage, phénoménal et nouménal [2]. En un premier sens, en tant que la première idée nous en est fournie par l'expérience et aussi longtemps que l'on s'en tient à la manière précise dont elles s'y réalisent, on devra dire qu'elles ne valent rigoureusement que pour elle. Mais en un second sens, en tant qu'elles la dépassent, dans leur pure notion idéale, dégagée des limitations empiriques, on devra

---

1. Cf. *Cont. Gent.*, I, 34 (V, 27). — Cf. *supra*, chap. V, v, p. 126 sq.

2. Saint Thomas lui-même n'a pas, bien entendu, fait directement cette application; on pourrait même dire, en un sens, qu'il ne pouvait pas la faire (cf. *supra*, chap. prélim., p. 16 sq.). Mais rien ne nous interdit de la faire de notre côté, en nous inspirant des principes de sa doctrine (*Ibid.*). — Nous disons qu'il ne l'a pas faite, qu'il ne pouvait même pas la faire *directement* et au point de vue propre où nous nous plaçons ici même. Ce n'est pas qu'il ne l'indique à l'occasion d'une manière indirecte et à un autre point de vue, par exemple *In I Sent.*, Dist. VIII, q. 1, a. 2 : Invenimus tres modos causae agentis. Scilicet causam aequivoce agentem... item causam univoce agentem... Neutro istorum modo Deus agit... unde est tertius modus causae agentis *analogice* (VI, 68).

dire qu'elles valent aussi par delà pour le suprasensible. Et comme la première signification qu'elles offrent pour nous, leur signification obvie et directe, est précisément leur signification expérimentale, comme leur signification transcendante ne vient qu'ensuite et la plupart du temps par négation de leur signification expérimentale elle-même, on conçoit que, étendues à l'ordre des noumènes, elles se présentent avec un caractère d'imperfection et d'inadéquation qui pourrait faire croire, de prime abord, à une insuffisance totale. Mais l'on voit assez par tout ce qui précède qu'il n'en est rien: ce rapport à l'expérience qu'elles retiennent malgré tout dans le second cas et qui se traduit par leur caractère analogique, n'est à vrai dire qu'un accident, tenant à l'union en nous de l'entendement avec une sensibilité et à sa dépendance objective ou extrinsèque vis-à-vis de celle-ci. Si nous étions esprits purs et que notre pensée ne fût pas obligée d'emprunter aux sens la matière de ses concepts, les catégories se purifieraient de cet alliage: nous entendrions que, de soi, elles valent avant tout pour le transcendant et que c'est leur application immanente qu'il faut considérer comme secondaire et dérivée.

Soit en particulier la catégorie de causalité. Il est trop clair que Dieu n'est pas cause comme les créatures. La cause créée est toujours plus ou moins engagée dans son effet, même extérieur et transitif, elle se modifie elle-même en le produisant, elle pâtit en même temps qu'elle agit et même, en un sens, *parce qu*'elle agit. Nous disons *en un sens*, car il ne faut pas un très grand effort de réflexion métaphysique pour se rendre compte que ce n'est point là, après tout, un caractère essentiel de la cause en tant que cause, mais simplement une conséquence de ce fond de potentialité qu'enveloppe par nature toute cause *créée et finie :* la cause en tant que cause, la cause pure et absolue, pose et ne peut que poser son effet tout entier hors d'elle-même, restant elle-même immobile dans son éternelle et souveraine actualité. On aboutirait au même résultat, en partant non plus de la passivité des causes empiriques, mais du caractère successif de leur action — pour autant que les deux considérations ne se continuent point l'une l'autre. Ici encore, on doit se garder d'oublier que toute la question est de savoir si c'est précisément comme causes que les causes empiriques sont tributaires du changement et du temps. Or tel est si peu le cas qu'elles ne font que déchoir par là de la perfection même de la causalité, *et sic deficiunt a perfectione causalitatis*. L'observation nous révèle que plus elles sont vraiment causes, moins elles changent elles-mêmes du fait de leur action, plus par conséquent leur être tend à se concentrer et pour ainsi dire à se ramasser en une actualité plus une et plus pleine : et le raisonnement métaphysique nous fait entrevoir dès lors comme le type suprême et l'idéal achevé de la causalité la cause tout entière en acte, *apud quam non est transmutatio nec vicissitudinis obumbratio*[1], la contingence de ses effets laissant intacte la parfaite immutabilité de son essence, en un mot la cause transcendante, la cause éternelle. — Loin donc que la notion de cause ne se puisse appliquer à l'absolu, on pourrait dire que c'est plutôt à celui-ci qu'elle convient dans sa perfection dernière. En tous cas, elle ne cesserait pas de lui convenir effectivement, et c'est tout ce que nous voulions établir.

Voilà, emprunté à la plus considérable peut-être des catégories, un exemple des corrections et des épurations que réclame l'emploi de ces catégories lorsqu'on raisonne sur le transcendant. Et si ce n'était que cela que les kantiens voulussent dire, l'on serait sans doute moins éloignés de s'entendre. Le véritable dogmatisme, le dogmatisme pondéré et sage, et, pour couper court à toute espèce d'équivoque, l'intellectualisme raisonnable, n'a garde de méconnaître les limites trop évidentes de notre science,

---

[1]. Ep. de saint Jacques, I, 17.

surtout quand il s'agit de ce transcendant par excellence qui s'appelle, de son nom adorable, Dieu. Jamais nous n'avons émis cette prétention, qui serait vraiment trop absurde, que Dieu nous soit, si l'on peut ainsi s'exprimer, transparent jusque dans ses dernières profondeurs — nous ne le disons même pas de la réalité contingente et finie ![1] Que, même ainsi rectifiées, les catégories ne nous livrent pas le secret de l'auguste mystère; que, même après notre recours à cette suprême ressource, celui-ci continue de nous dépasser infiniment; que nous n'arrivions par là à nous faire de la causalité divine en particulier qu'un concept inadéquat, analogique, plus négatif même que positif, c'est encore une fois, ce que nous contestons si peu, que c'est précisément notre thèse [2]. Ou pour mieux dire, ce n'est qu'un aspect de notre thèse. Et qui le met en lumière n'est pas condamné pour cela à laisser l'autre dans l'ombre. Car enfin, concept inadéquat, analogique, négatif, impropre tant que l'on voudra, toujours est-il que c'est un concept, un concept par lequel nous pensons quelque chose, et

---

1. Cf. *Contra Gent.*, I, 3 : Idem (scil. quod « quaedam sint intelligibilium divinorum quae omnino vim humanae rationis excedunt ») manifeste apparet ex defectu quem in rebus cognoscendis quotidie experimur. Rerum enim sensibilium plurimas proprietates ignoramus, earumque proprietatum quas sensu apprehendimus rationem perfecte in pluribus invenire non possumus. Multo igitur amplius illius excellentissimae substantiae transcendentis (quae est Deus) omnia intelligibilia humana ratio investigare non sufficit (V, 3).

2. Et la raison en est toujours la même : n'ayant d'idée adéquate et propre que de ce qui rentre dans notre expérience, et n'expérimentant jamais que la causalité créée et finie, il n'est pas étonnant que le comment de la causalité incréée et infinie ainsi que son rapport à ses effets dans le temps (ou plutôt de ses effets à elle) se dérobe, dans son fond intime et à sa nature absolue, aux regards de notre courte sagesse. — Au surplus, on pourrait observer que, dans la solution de la troisième antinomie, Kant lui-même ne paraît nullement embarrassé de rapporter à une cause non phénoménale et intemporelle (la liberté intelligible) des effets (les actions humaines) qui, considérés en eux-mêmes, se rencontrent dans le phénomène et dans le temps. Et si l'on objecte que c'est de causalité intelligible qu'il s'agit alors, et non plus sensible ou empirique, nous répondrons que c'est précisément cette distinction que vise la doctrine de l'analogie, en même temps qu'elle l'explique et la justifie.

quelque chose qui se tient, qui offre un sens, qui donne prise à l'intelligence, qui n'est pas un pur vide et comme un blanc dans l'esprit, mais qui y représente en fin de compte du solide et du réel.

Autrement, qu'on veuille bien le remarquer, c'en serait fait de la croyance elle-même, qui perdrait tous ses avantages. Nous revenons, et pour la pousser définitivement, à l'alternative indiquée dès le début de ce chapitre : ou bien la croyance se résout, en dernière analyse et à quelques restrictions près tenant au caractère analogique de nos connaissances d'ordre suprasensible, en éléments de science et reste somme toute de la science, — ou bien elle n'a aucune réalité ni valeur, *même subjective et pratique*. Il suffira, pour nous en convaincre, de serrer d'un peu plus près, à la lumière des considérations précédentes, cette notion même de symbolisme qu'on nous objectait tout à l'heure comme une instance décisive et à laquelle nous sommes aussi et ainsi ramenés.

VIII

C'est peut-être vite dit, en effet, symbolisme ; il faudrait voir si l'on échappe vraiment par là à la difficulté. De fait, qu'entend-on ici par symbolisme ? Oui ou non, y a-t-il ici entre le symbole, entre la synthèse discursive de concepts qui constitue le symbole, et la réalité qu'elle figure, un rapport objectif, tenant à la nature même de cette réalité ? y a-t-il, oui ou non, une raison réelle et objective de choisir tel symbole plutôt que tel autre comme mieux approprié à l'expression ou à la traduction de la réalité ? Telle est, si nous ne nous trompons point, la question ultime, le suprême et décisif dilemme dans lequel vient se concentrer le débat tout entier.

Or, s'il n'y a pas de rapport réel du symbole à la chose absolue qu'il est censé exprimer, ni conséquemment de raison objective du choix de tel symbole plutôt que de tel autre, pourquoi donc choisir tel symbole plutôt que tel autre ? Mais alors, ce n'est sur toute la ligne que fiction pure, qu'on le dise donc sans ambages ! Mais alors, l'absolu vivant et personnel n'est plus atteint : on n'a même plus le droit de l'*affirmer* comme réel, de nous parler d'une croyance qui, à la différence de la science, impuissante à le saisir, aurait le privilège de l'affirmer comme réel. On n'avance pas d'une ligne : on s'obstine, on s'entête, allions-nous dire, à affirmer la suprématie de l'ordre moral et à l'affirmer envers et contre tout, sans rime ni raison, puisque l'on constate d'une part que le jeu des lois naturelles ne le favorise pas, bien plus lui serait plutôt opposé, et que d'autre part, on réduit à une pure fiction, encore un coup, dans tout le plein sens du mot, le seul moyen qu'on entrevoyait de subordonner certainement l'un à l'autre. Contentez-vous de déclarer la science insuffisante, mais ne nous parlez plus d'une croyance qui nous ferait prendre pied, en son lieu et place, dans l'absolu inaccessible à ses prises.

Admettra-t-on une raison objective du choix, avec un rapport réel ? Mais si, dans cette seconde hypothèse, la croyance recouvre ses droits, c'est en se rejoignant à la science, dont on la voulait pourtant radicalement distincte. Car, non seulement alors la croyance, en nous permettant d'affirmer un absolu réel, nous découvre un aspect authentique de sa vraie nature, mais elle ne nous permet de l'affirmer et elle ne nous le révèle partiellement de la sorte qu'en recourant à ces mêmes catégories dont l'emploi est précisément caractéristique de la connaissance scientifique. Le symbolisme ne fait plus rien à l'affaire, qu'on veuille bien y prendre garde ; on ne parle plus de symbolisme que par comparaison et presque par métaphore ; il y a symbolisme, en ce sens que les concepts sont inadéquats à la réalité, mais sans cesser pour cela de se rapporter à elle, de même que, dans le symbole proprement dit, l'image représentative de l'idée reste au dessous de celle-ci, mais sans en être empêchée le moins du monde de la représenter effectivement; il y a symbolisme, en ce sens que les catégories ordinaires ne peuvent être appliquées à la détermination de l'absolu qu'avec des restrictions et des précisions nécessaires, mais sans qu'il en résulte qu'on doive s'interdire de tous points de les affecter à cet usage. Concept symbolique équivaut tout simplement, en ce sens même, à concept imparfait, « défaillant »[1], inexhaustif, à concept analogique aussi : qu'on prouve donc que ce soit en même temps et de toute nécessité concept infidèle, erroné, et de nulle valeur. Mais à ce compte, tous les concepts le sont, symboliques, ou peu s'en faut, il y a longtemps que Leibniz en a fait la remarque, et ce n'est peut-être des uns aux autres qu'une question de plus ou de moins. Pour être symboliques de cette manière, les notions rationnelles ainsi employées ne laissent donc pas de conserver une portée objective, et l'on ne voit plus trop ce qui nous sépare. On ne voit guère qu'une chose, c'est qu'une fois de plus le système tourne sur lui-même, puisque, après avoir posé entre science et croyance une hétérogénéité radicale, il est logiquement contraint de rétablir leur radicale homogénéité.

IX

En résumé, la prétention d'attribuer à la raison pratique une valeur absolue qui ferait défaut à la raison spéculative est une prétention injustifiable. Il ne sert à rien de mettre en avant le devoir et la loi morale : comme de toute manière on est obligé d'en revenir aux catégories, ou bien les catégories ont en cette circonstance une signification réelle et objective, et alors on ne voit plus pourquoi elles n'auraient pas la même signification quand c'est la raison spéculative

---

1. I. e. « deficiens ab eminentia objecti ».

qui les emploie, et alors celle-ci recouvre *pari passu* son objectivité en même temps que la raison pratique ; — ou bien la raison spéculative et les catégories restent frappées d'interdit, et alors la raison pratique est atteinte du même coup. Ou bien l'absolu peut vraiment être affirmé, par exemple lorsqu'on se représente la finalité morale sous la forme de l'action d'une volonté suprême, toute sage, toute bonne et toute-puissante, — auquel cas il peut aussi, tout compte fait, être su ou connu ; ou bien il ne peut être connu ou su au pied de la lettre, — auquel cas *il ne peut pas davantage être affirmé*. En d'autres termes, c'est pure illusion que de s'imaginer qu'on a le droit de conserver la croyance en rejetant la science : étant donné qu'il y a toujours de la science dans la croyance, la proscription de la première finit, en bonne logique, par englober la seconde. Ou il faut les condamner toutes deux, ou il faut les maintenir toutes deux.

Ce n'est donc pas de cette manière que l'on doit entendre la différence qui sépare, sans conteste possible, l'usage transcendant des notions rationnelles de leur usage empirique. De cette différence, le réalisme thomiste est encore la doctrine qui apporte, tout bien considéré, la meilleure interprétation, puisqu'il la ramène à un rapport d'analogie et que par là non seulement il sauvegarde le caractère propre de notre savoir métaphysique sans préjudice de son objectivité, mais qu'il échappe aussi à l'illogisme précité. Ainsi les éléments divers de notre connaissance viennent-ils s'ordonner sur cette perspective harmonieuse, où ils s'éclairent les uns par les autres et prennent par cette détermination réciproque tout leur sens à chacun et toute leur valeur.

CONCLUSION

SOMMAIRE

I. Le point vif du débat. — II. Triple supériorité du réalisme thomiste. — III. Intuitions et concepts dans cette doctrine. — IV. Importance de ce résultat. — Valeur de la notion d'Absolu. — V. Résumé final. — Possibilité d'une métaphysique spéculative.

Reprenons en terminant les idées maîtresses de ce travail, au moins celles qui en inspirent la partie critique, et essayons de dégager les conclusions dernières auxquelles nous croyons pouvoir nous arrêter. Invités à procéder de la sorte par l'exemple de Kant lui-même, sinon par ses propres paroles [1], nous nous sommes efforcés de ramener d'abord le problème à quelque fait précis, positif, incontestable, et qui, également reconnu de part et d'autre, nous servît de fil conducteur à travers la discussion. Or ce fait, c'est que notre savoir nous est donné comme impliquant un double élément de nécessité et d'universalité qui représente le contenu proprement dit de nos connaissances rationnelles. La doctrine de Kant, maintenant, d'après laquelle ce double élément est introduit dans l'expérience

---

[1]. Cf. *Prolégomènes*, Appendice : « Il aurait fallu que mon critique (l'auteur d'un article paru dans les *Nouvelles savantes* de Goettingue, 19 janvier 1782, et où la *Critique de la Raison pure* était prise à partie) montrât, ou que cette question n'a pas l'importance que je lui attribue, ou qu'elle ne peut pas être résolue par ma conception des phénomènes, ou qu'elle peut l'être mieux par un autre moyen. » (Trad. nouvelle, p. 252 [IV, 125]).

par l'unité synthétique primitive de la pensée (en sorte que les lois de celle-ci ne valent que pour effectuer la synthèse immanente des phénomènes) est une hypothèse; la doctrine de saint Thomas, d'après laquelle l'activité de l'esprit dégage cet élément de la réalité expérimentée (en sorte que les lois de la pensée coïncident avec celles des choses mêmes, qu'elles ne font que redoubler idéalement) est une seconde hypothèse. De ces deux hypothèses, nous demandions-nous, quelle est, tout compte fait, la plus satisfaisante ? — Pour prévenir toute espèce de malentendu, nous avions pris soin d'établir au préalable que, conduite suivant cette méthode, notre discussion n'a plus à craindre aucun reproche de pétition de principe ou de cercle vicieux, puisqu'elle ne postule les principes rationnels qu'à titre de simples lois de la pensée, en laissant entière la question de leur portée objective, que son but est précisément de résoudre [1].

II

Or est-il que l'hypothèse idéaliste de Kant présente en premier lieu l'inconvénient, assez grave, semble-t-il, de se retourner contre elle-même, par une contradiction qui l'atteint dans son principe fondamental. Tout en faisant profession en effet de restreindre à l'ordre phénoménal l'usage légitime des catégories, elle n'hésite pas à y faire appel pour définir le mode d'existence du noumène et sa relation au phénomène [2]. Et il ne servirait de rien de se réclamer de la croyance, autorisée qu'elle serait à se départir pratiquement de la neutralité que la critique impose théoriquement à la science; car 1° il ne s'agit pas ici de pratique, c'est l'élaboration de la partie la plus

---

1. Cf. supra, chapitre préliminaire, B. — *Méthode*.
2. Cf. supra, ch. VII, C.

spéculative du système qui est en jeu ; 2° et fût-ce affaire de croyance, cette croyance n'en recourrait pas moins aux catégories comme au seul moyen de se déterminer et de prendre un sens, si bien qu'en tout état de cause on est ramené à cet usage nouménal des catégories que l'on s'était interdit tout d'abord [1]. — En transférant les notions rationnelles à l'ordre transcendant, le réalisme thomiste reste au contraire en parfait accord avec lui-même, puisque sa thèse est précisément qu'on peut les y transférer : il faut seulement se souvenir qu'elles revêtent alors un caractère d'insuffisance relative, qui s'explique par leur dépendance originelle de la sensibilité, et qui, sans porter atteinte à leur objectivité radicale, les condamne pourtant à n'avoir en ce cas qu'une valeur analogique [2].

En second lieu, l'idéalisme kantien a toutes les peines du monde à s'accommoder du rôle incontestable que joue l'expérience dans la détermination des lois naturelles. Si toute liaison procède de la pensée législatrice des phénomènes, d'où vient que l'on remarque en ceux-ci une part de synthèse irréductible à son action ? Si c'est la pensée qui confère leur ordre aux choses, comment peut-il se faire que les choses soient ordonnées, au moins implicitement et en partie, indépendamment de la pensée ? — Supposons au contraire que celle-ci ait pour office, non plus d'imposer sa forme à l'objet, mais à l'inverse de dégager de l'objet sa forme, pour la concevoir dans son idéal abstrait et scientifique : le fait allégué s'entendra sans peine. Or telle est justement la supposition fondamentale du réalisme thomiste, qui, de ce chef encore, retient la primauté [3].

Enfin, et en troisième lieu, et pour en revenir aux termes précis dans lesquels la question se posait d'abord, il est évident que des deux hypothèses en présence la

---

1. Cf. supra, ch. VIII, v sq.
2. Ibid., vii sq.
3. Cf. supra, ch. VII, B.

meilleure est celle qui assure le mieux la nécessité et l'universalité des connaissances rationnelles, ce point central auquel on a vu que Kant a ramené lui-même tout le débat. Et il n'est pas moins évident que cette nécessité et cette universalité sont singulièrement mieux assurées là où elles sont prises des choses elles-mêmes, comme dans la doctrine thomiste, que là où elles ne dérivent que de l'action de l'entendement, toujours précaire et incertaine dans ses résultats, toujours susceptible d'être mise en échec par une matière sensible qui ne procède pas d'elle, — comme c'est le cas pour la théorie kantienne [1].

III

Sans doute on est tenté à première vue de taxer de chimère irréalisable cette prétention de dégager les lois nécessaires et les éléments universels de la réalité du sein de la réalité même. Étant donnée notre constitution mentale actuelle, nous n'atteignons le réel que par notre expérience, limitée et contingente : comment faire sortir de là quoi que ce soit d'universel et de nécessaire ? La plus grave difficulté, une des plus graves du moins qui tourmentent notre esprit à propos des connaissances rationnelles, réside dans le caractère de généralité abstraite qui leur est propre, opposé à l'individualité concrète des intuitions qui nous font saisir les existences réelles : il semble bien en résulter du premier coup que l'on doive, à la suite de Kant, se rabattre sur le sujet et sur ses formes constitutives, et que les principes rationnels n'expriment d'autre universalité et d'autre nécessité que celles du dynamisme mental qui les met en jeu.

Or cette difficulté, formidable d'ailleurs, ne viendrait-elle pas de ce qu'on s'attache d'emblée à la forme d'univer-

---

1. Cf. *supra*, ch. VII, A.

salité des concepts intellectuels, mise en regard, d'emblée aussi, du caractère concret des intuitions ? et le tort qu'on a, n'est-ce pas de séparer tout de suite, *en droit*, intuitions et concepts par une sorte de cloison étanche qui rend impossible tout rapport réel des unes aux autres, plus exactement qui isole à tout jamais la connaissance rationnelle de la vraie réalité ? Le péripatétisme thomiste, en tout cas, ne l'a pas pris de cette sorte ; et c'est en ce point qu'il nous paraît, dûment interprété, d'une singulière profondeur. En détaillant pas ses savantes analyses tous les intermédiaires ou plutôt tous les éléments de l'opération complète et complexe que nous appelons aujourd'hui d'un mot la généralisation ; en faisant d'une main sûre le départ entre ce qui revient vraiment à l'esprit et ce qu'il faut rapporter en définitive à l'objet ; en distinguant la connaissance de la nature prise en elle-même à l'état absolu ou en compréhension (universel direct) de la connaissance de cette même nature ultérieurement universalisée et considérée comme dans l'exercice de sa fonction logique ou en extension (universel réflexe) ; en montrant dans l'acte primitif de l'abstraction-perception où se réalise cette connaissance de la nature ou essence en elle-même, la rencontre, pour ainsi parler, et comme le point de coïncidence entre l'objet et l'esprit ; en reconnaissant dans l'universalisation proprement dite un procédé discursif et logique, qui ajoute, il est vrai, à la nature prise en elle-même une relation extrinsèque de multiplicabilité illimitée, mais qui ne change rien au contenu intime de cette nature [1], ni, par suite, au commerce direct de la pensée avec les choses ; en limitant d'autre part et enfin aux principes les plus universels le domaine proprement dit de l'abstraction intuitive elle-même [2] ; — en faisant tout cela,

---

1. Puisque nous disons justement qu'elle se retrouve foncièrement identique dans la multitude indéfinie d'objets qui la peuvent reproduire.
2. Cf. *supra*, ch. III, II, sq. — et ch. VII, A, II.

le système idéologique du grand docteur nous semble résoudre la difficulté avec une maîtrise peu commune. Il explique on ne peut mieux que nous ne soyons pas réduits en abstrayant à perdre tout contact avec la réalité ; il rend intelligible que la pensée, en concevant l'abstrait et, par lui, l'universel, en s'élevant de la région inférieure des sensations à la sphère supérieure des concepts et des idées, ne s'égare point dans un monde de fantômes qui seraient seulement l'œuvre de sa spontanéité et qu'elle transformerait par une illusion fondamentale en objets indépendants ; bref il aide à comprendre qu'elle ne fasse pas nécessairement comme « la colombe légère, qui, lorsqu'elle fend d'un vol rapide et libre l'air dont elle sent la résistance est tentée de croire qu'elle volerait mieux encore dans le vide[1] », mais qu'au contraire, dans tout son travail de systématisation et de synthèse, si haut même qu'elle le pousse, elle puisse vraiment prendre son point d'appui dans la réalité objective et atteindre la réalité objective.

IV

L'importance d'un tel résultat n'échappe à personne. Serait-ce tout à fait indiscrétion que d'y insister encore, en choisissant pour point de vue le concept même « qui termine et couronne toute la connaissance humaine[2] », à savoir le concept de l'absolu ou de Dieu? Et de fait, une fois établi que les principes de la raison représentent, non pas de simples exigences fonctionnelles de la pensée, mais bien l'expression abstraite en nous des lois réelles des choses hors de nous, la conséquence va de soi : lorsque sous l'impulsion du plus considérable de ces principes nous achevons la série causale en posant une cause

---

1. *Critique de la Raison pure*, trad. Barni, t. I, p. 52-3 (III, 38).
2. *Ibid.*, t. II, p. 227 (III, 434).

première qui soit sa propre raison à elle-même en même temps que la raison de tout le reste hors de soi, ce n'est plus « un pur jeu de représentations [1] » auquel nous avons désormais affaire, mais jusqu'au bout un enchaînement de termes réels ; c'est bien alors le rapport objectif d'un être proprement dit à d'autres êtres que nous déterminons, et non pas uniquement le rapport subjectif d'une simple idée à des concepts [2] ; non pas seulement le suprême idéal, pour reprendre et retourner encore une autre formule de Kant [3], mais, sans conteste possible, la suprême réalité.

En d'autres termes, si au lieu de ne désigner qu'une condition *a priori* sous laquelle les choses nous apparaissent, le principe de causalité exprime une condition nécessaire et universelle des choses telles qu'elles sont indépendamment de notre pensée et découverte en elles par l'activité propre de celle-ci [4], le résultat, c'est trop clair, change du tout au tout : la dépendance essentielle par rapport à une cause transcendante que l'application intégrale de ce principe nous fait concevoir dans les choses représente un aspect réel de leur nature réelle, bien loin de trahir simplement notre impuissance à embrasser une série infinie de termes se conditionnant l'un l'autre [5] ; et c'est un absolu réel, par conséquent, que les arguments de la théologie spéculative nous font objectivement atteindre, tout aussi réel que ces choses mêmes qui ne peuvent s'expliquer que par lui. On peut bien, comme disait Platon, « ne l'apercevoir qu'avec peine » (μόγις ὁρᾶσθαι) et imparfaitement, ce n'est pas nous qui irons à l'encontre et nous allons encore

---

1. *Critique de la Raison pure*, trad. BARNI, t. I, p. 215 (III, 151).
2. *Ibid.*, t. II, p. 174 (III, 397).
3. *Ibid., Dialectique transcendantale*, ch. III, sect. 3, sect. 5 et appendice (III, 400, 411 sq., 435 sq.).
4. S'il représente, comme dirait Kant lui-même, non pas simplement « la condition d'une expérience possible, ne se rapportant *a priori* qu'à des phénomènes », mais « une condition de la possibilité des choses en général, se rapportant à des objets en soi » (*Critique*, etc., t. I, p. 200 [III, 142]).
5. Cf. *Critique*, etc., t. II, p. 200 (III, 416).

y revenir ; on ne peut pourtant l'apercevoir, même de cette sorte, de cette faible, infirme et caduque sorte, « sans se rendre compte qu'il est le principe, non seulement de toute intelligibilité », comme unité systématique définitive de notre connaissance, mais avant tout « de tout être », comme existence absolue et souverainement parfaite, — et mieux, et en dernière analyse, que c'est précisément parce qu'il est principe de tout être qu'il est aussi principe de toute intelligibilité [1].

V

Plus que jamais nous pouvons mesurer par cet exemple considérable l'intérêt qui s'attache aux conclusions de cette trop imparfaite étude. En dernière analyse, le formalisme criticiste n'est-il pas avant tout jugé par lui-même? S'étant proposé comme la seule hypothèse qui réussit à rendre compte d'un fait donné — nous n'avons plus à rappeler lequel — il acceptait du même coup qu'on lui appliquât les règles ordinaires de la logique de l'hypothèse. Si cette application se trouvait lui avoir tourné à mal, ce serait tant pis pour lui, après tout, et non pour la logique. Et ce serait tant mieux pour la métaphysique, qui se trouverait aussi et ainsi recouvrer tous ses droits.

N'ayons garde, assurément, de les exagérer. N'oublions pas que c'est surtout dans ce domaine que les occasions ne nous manquent point de vérifier le mot de Bossuet, à savoir que « la sagesse humaine est toujours courte par quelque endroit », et même par beaucoup d'endroits. Nous avons déjà dit que le dogmatisme raisonnable est non seulement un dogmatisme « critique », c'est-à-dire raisonné [2], mais aussi et surtout un dogmatisme modéré [3]. Et nous avons

---

1. Cf. *République*, VI, 509 B — VII, 517 B.
2. Cf. *supra*, chapitre préliminaire, p. 12, p. 17 *sq.*
3. Cf. *supra*, chapitre VIII, vii et viii.

essayé, en particulier, d'expliquer comment le caractère analogique de nos connaissances d'ordre suprasensible nous serait à lui seul, à cet égard, une leçon de réserve. Mais, d'autre part, pour imparfaites et inadéquates qu'elles demeurent, ce n'en sont pas moins, nous nous sommes également efforcés de l'établir, de vraies et solides connaissances, tributaires, comme les notions proprement scientifiques, des principes communs de la pensée et susceptibles comme ceux-ci d'un usage transcendant : ces restrictions nécessaires n'ôtent rien, quant au fond, à leur valeur réelle. On peut avec saint Thomas les limiter de cette manière sans se croire engagé le moins du monde à les tenir en suspicion.

Idéalisme kantien ou réalisme thomiste, il paraît donc bien que le second l'emporte en définitive. Et cela suffit sans doute pour que notre raison spéculative ne soit pas condamnée, en matière de métaphysique, aux doutes forcés à perpétuité.

VU :

Clermont-Ferrand, le 9 juillet 1906,

Le Doyen de la Faculté des Lettres,

E. DES ESSARTS.

VU ET PERMIS D'IMPRIMER

Clermont-Ferrand, le 10 juillet 1906,

Le Recteur,

A. COVILLE.

TABLE ANALYTIQUE

AVANT-PROPOS I

INDEX BIBLIOGRAPHIQUE IX

Chapitre préliminaire. — Objet, méthode et division du présent travail.

- **A. Objet.** — I. Sens propre dans lequel on prend ici réalisme. — Saint Thomas et le problème critique. — II. La théorie de l'universel et de l'abstraction au point de vue de ce problème. — III. La doctrine de l'analogie au même point de vue.
- **B. Méthode.** — Difficulté ultime à laquelle se heurtent d'habitude les critiques de l'idéalisme kantien. — Comment on espère y échapper. — II. Autre expression de la même idée en partant de l'abstraction. — III. Instance criticiste et réponse. — IV. Preuve tirée de Kant lui-même. — Origine de l'hypothèse kantienne : conséquence à notre présent point de vue. — V. D'un reproche du même genre souvent adressé aux néo-thomistes. — Critique.
- **C. Division générale.** — Partie doctrinale et partie critique. . 1

PREMIÈRE PARTIE
EXPOSÉ DU RÉALISME THOMISTE

Chapitre I. — Vue d'ensemble de la doctrine thomiste.

I. Principe général de la théorie. — Rapport à l'anthropologie et à la métaphysique générale de l'auteur. — II. Distinction de deux moments dans l'opération intellectuelle : abstraction et universalisation proprement dite. — III. Distinction parallèle de deux pouvoirs intellectuels : intellect actif et intellect passif. — Que le second seulement connaît au pied de la lettre, le premier ne faisant que réaliser une condition de la connaissance. — IV. Développement de la même idée dans son rapport à la théorie générale de la connaissance. — V. Origine des principes premiers. — L'*habitus naturalis principiorum*. — VI. Nature discursive de notre savoir humain. — VII. Conséquence de tout ce qui précède : caractère analogique de notre connaissance du suprasensible, surtout du suprasensible divin. — VIII. Division générale de la première partie 25

Chapitre II. — La nature de l'opération intellectuelle. —
1. Notion plus approfondie de l'abstraction. — Son fond intuitif.

I. — Abstraction ancienne et abstraction moderne. — La première relève de la connaissance directe et consiste à dégager l'intelligible du sensible. — II. Inclusion matérielle de l'intelligible dans le sensible et par suite de l'idée dans l'image. — III. En quoi l'opération intellectuelle est abstractive, en quoi perceptive. — IV. Nécessité de distinguer dans cette opération deux moments, répondant à la compréhension et à l'extension du concept. — L'abstraction ne se rapporte qu'au premier de ces deux moments. — V. Caractère spontané de cette opération : par elle l'intelligence conçoit les caractères essentiels séparément, et non comme séparés. — Élégante démonstration de saint Thomas. — VI. Deux observations : *a)* compénétration habituelle de l'image et de l'idée ; — primitivement et directement l'intelligence ne connaît pas l'individuel ; *b)* compénétration habituelle des deux moments du processus généralisateur, résultant de l'éducation de l'intelligence ; — elle ne doit pas nous faire oublier leur distinction. — VII. Conséquence de tout ce qui précède : universel direct ou métaphysique et universel logique ou réflexe. — L'abstraction n'a trait qu'au premier. — VIII. Qu'il n'y a pas lieu dès lors de *corriger* ou de *compléter* la théorie thomiste et qu'il ne faut que la bien entendre. — IX. Raisons historiques du choix de ce terme d'abstraction : c'est toujours à l'immanence potentielle de l'intelligible dans le sensible qu'il en faut revenir. — X. Résumé et conclusion   44

Chapitre III. — La nature de l'opération intellectuelle. —
2. Limites de l'intuition et rôle du discours.

I. Difficulté que soulève la théorie telle qu'elle a été exposée dans le chapitre précédent. — Intuition et discours. — II. Interprétation plus satisfaisante : l'abstraction intuitive ne nous fournit que les concepts les plus universels, à l'aide desquels la pensée construit synthétiquement et discursivement tous les autres. — III. Textes divers qui appuient cette interprétation. — IV. D'une autre interprétation récente de la doctrine thomiste dans son rapport au problème de l'induction. — Réduction à l'unité, par cette voie, de l'induction et de la généralisation, considérées l'une et l'autre comme un procédé foncièrement intuitif. — V. Critique : difficulté de concilier pareille interprétation avec les faits ; en quoi l'induction reste discursive. — VI. Suite : d'ailleurs, au point de vue thomiste, on ne doit tenir l'induction pour intuitive que dans le dégagement des lois les plus hautes (telles que la loi de causalité universelle), tout comme la généralisation n'est intuitive (au premier moment, universel direct) que dans la mise en lumière des notions les plus génériques. — VII. Résumé et conclusion. . . .   72

Chapitre IV. — Les principes de l'opération intellectuelle.
— Intellect agent et intellect possible.

I. Rapport au précédent. — II. La doctrine des deux intellects et en particulier de l'intellect agent chez Aristote. — III. Fortune variée de cette doctrine dans le péripatétisme. — La conception individualiste de l'intellect agent est fixée par le péripatétisme de l'École. — IV. Exposé de la théorie chez saint Thomas. — La critique de l'averroïsme. — V. Difficulté qui demeure dans cet exposé. — Elle ne paraît tenir qu'à un respect exagéré des formules aristotéliciennes et n'atteint pas le fond de la doctrine elle-même. — VI. L'intellect passif. — Sens précis de cette passivité. — VII. Rapport des deux intellects. — Si saint Thomas les tient pour deux facultés distinctes, il semble bien, ici encore, que la terminologie péripatéticienne l'influence plus que de raison. — VIII. Où est le véritable intérêt de la question avec le sens profond de la doctrine. — IX. Résumé et conclusion 92

Chapitre V. — Les produits de l'opération intellectuelle. — Caractère analogique de notre connaissance du suprasensible.

I. Conséquence de tout ce qui précède relativement à la portée de la connaissance intellectuelle. — II. Son objet propre et immédiat : les « universaux » du monde des corps. — Elle n'atteint les réalités spirituelles qu'ensuite et *ad modum rerum corporearum*. — Imperfection inévitable d'un tel mode de connaissance. — III. Application à l'idée de Dieu. — Nous ne nous élevons à lui que par la voie des créatures et nous ne nous formons de lui qu'une notion plus que jamais imparfaite. — IV. Nécessité qui en résulte de recourir aux négations. — V. En quel sens précis il faut l'entendre. — VI. Les trois procédés de la théodicée et leur synthèse dans la méthode d'analogie. — VII. Distinction nécessaire entre la question de l'existence et la question de la nature. — Que même pour celle-ci on ne doit rien exagérer. — VIII. Résumé et conclusion 117

DEUXIÈME PARTIE

LE RÉALISME THOMISTE au POINT DE VUE CRITIQUE

Chapitre VI. — Le réalisme thomiste et l'idéalisme en général.

I. Objet de ce chapitre. — D'un reproche d'empirisme adressé souvent à la doctrine thomiste. — II. Réponse : différence radicale entre celle-ci et l'empirisme. — L'activité de l'esprit et le véritable rôle des images. — III. Instance : la pensée subordonnée malgré tout aux choses. — IV. Réponse : sens exact de cette subordination. — Entendement fini et entendement absolu. — Rapport inverse des choses à l'un et à l'autre. — Primauté définitive de la pensée. — V. Résumé et conclusion : synthèse de l'idéalisme et du réalisme dans une conception plus haute, qui retient le fond de vérité de l'un et de l'autre. 135

Chapitre VII. — LE RÉALISME THOMISTE ET L'IDÉALISME KANTIEN.
— 1. Le problème de la science.

Comment reparaît l'opposition entre le réalisme thomiste et l'idéalisme. — L'idéalisme kantien. — Division du chapitre.

A. *Le réalisme thomiste et l'idéalisme kantien comme explications de la nécessité et de l'universalité des connaissances rationnelles.* — I. Équivalence tout d'abord des deux hypothèses à ce point de vue. — II. Difficulté inhérente au réalisme : comment dégager l'universel et le nécessaire de la réalité limitée et contingente ? — De quelle manière le réalisme thomiste résout cette difficulté. — Retour sur la distinction entre l'universel direct et l'universel réflexe ou entre l'abstraction (intuitive) et l'universalisation (discursive) ; dans le premier cas la pensée coïncide avec les éléments essentiels de la réalité, considérés en eux-mêmes et à part, qui forment la matière des concepts universels. — III. Rapport au problème des jugements synthétiques *a priori*. — Nécessité de pousser plus avant la discussion, en établissant non plus seulement l'équivalence des deux hypothèses, mais la supériorité de l'une sur l'autre. — IV. Exposé du formalisme kantien. — L'aperception pure et la déduction transcendantale. — V. Critique : que l'on y postule une harmonie préétablie entre l'entendement et la sensibilité, sans rien qui la garantisse, si bien qu'en dernière analyse l'accord des deux fonctions et, partant, l'universalité (ou *resp.* la nécessité) des lois rationnelles demeurent problématiques. — VI. Critique du réalisme thomiste au même point de vue : dans celui-ci, ce sont les conditions universelles et nécessaires des choses elles-mêmes que la pensée atteint dans les choses elles-mêmes, en sorte que l'objectivité de notre savoir y est aussi solidement fondée que possible.

B. *Le réalisme thomiste et l'idéalisme kantien dans leur rapport direct à l'expérience.* — I. La doctrine de l'aperception pure et la nécessité de recourir à l'expérience pour la détermination des lois naturelles. — Impossibilité de concilier l'une avec l'autre. — II. Comment le réalisme thomiste fournit l'interprétation toute simple de ce fait. — III. Autre forme de la même argumentation. — IV. Différence entre celle-ci et l'argumentation précédente. — Passage au paragraphe suivant.

C. *Le réalisme thomiste et l'idéalisme kantien au point de vue de la cohérence interne.* — I. Difficulté que soulève l'idéalisme kantien : les catégories appliquées malgré tout à l'ordre des noumènes. — II. Instance : la distinction du phénomène et du noumène est présupposée par le système lui-même. — Réponse : cela n'empêche pas que le système aboutisse finalement à soustraire le noumène aux catégories. — III. Nouvelle instance : distinction entre connaissance et pensée ; légitimité de l'application des catégories aux noumènes dans le second cas, c'est-à-dire comme limite idéale des phénomènes. — Réponse : on n'échapperait à une contradiction que pour retomber dans une autre. — Au surplus, la valeur purement immanente des catégories n'est jamais mieux établie que par là. — IV. Cohérence rigoureuse du réalisme thomiste à cet égard.

Résumé et conclusion. — Triple supériorité du réalisme thomiste. . 147

Chapitre VIII. — Le réalisme thomiste et l'idéalisme kantien. — 2. Le problème de la croyance.

> I. La théorie kantienne de la croyance. — II. Méthode à suivre dans la discussion. — III. Premier trait commun entre la science et la croyance : identité de forme logique. — IV. Deuxième trait commun : universalité et communicabilité. — V. Croyance et catégories. — VI. Première instance (intervention de la loi morale) et réponse. — VII. Deuxième instance (symbolisme) et réponse. — Caractère spécial de l'emploi des catégories en pareil cas. — Retour sur la doctrine thomiste de l'analogie dans la connaissance du divin. — Comment elle éclaire toute la question. — VIII. Suite : critique de l'idée de symbolisme à ce point de vue. — Alternative, pour la croyance, ou de n'être rien ou de se ramener en dernière analyse à la science. — IX. Résumé et conclusion : solidarité indissoluble de la raison spéculative et de la raison pratique; d'où impossibilité d'attribuer à l'une la valeur absolue que l'on refuse à l'autre 190

CONCLUSION.

> I. Le point vif du débat. — II. Triple supériorité du réalisme thomiste. — III. Intuitions et concepts dans cette doctrine. — IV. Importance de ce résultat. — Valeur de la notion d'Absolu. — V. Résumé final. — Possibilité d'une métaphysique spéculative. 219

ERRATA. 235

ERRATA

Page 27, note 5, au lieu de *a quibus sunt rebus creatis indita*, lire *a quibus sunt rebus creatis inditae*.

P. 29, n. 2, au lieu de *advenit ei igitur universalitatis, intentio... dum intellectus*, lire *advenit ei igitur universalitatis intentio,... dum in tellectus*.

P. 49, ligne 10, au lieu de *en restent dès lors empêchés*, lire *en restent dès lors empêchées*.

P. 96, note 1, ajouter — C. PIAT, *Aristote*, p. 215 sq.

P. 101, lignes 18 et 19, au lieu de *l'assenctiment*, lire *l'assentiment*.

P. 191, ligne 10, au lieu de *ponr elles*, lire *pour elles*.

P. 192, ligne 29, au lieu de *considérer la science*, lire *considérer la croyance*.

P. 209, ligne 4, au lieu de *ou moins*, lire *au moins*.

P. I, note 1, au lieu de *Litteratur... Littera-*, lire *Literatur... Litera-*.

P. VII, note 1, au lieu de *Litterarischer*, lire *Literarischer*.

P. XI, ligne 23, au lieu de *thomistiche*, lire *thomistische*.

IMPRIMERIE LEFEBVRE-DUCROCQ, LILLE

Original en couleur
NF Z 43-120-8

www.ingramcontent.com/pod-product-compliance
Lightning Source LLC
Chambersburg PA
CBHW070649170426
43200CB00010B/2172